AF343923

1926

Barnier, Th.-L.

*Au service de la chose publique*

Th.-L. BARNIER

# Au Service

de la

# Chose publique

Contribution à l'étude

d'un meilleur outillage administratif

BERGER-LEVRAULT, ÉDITEURS

NANCY - PARIS - STRASBOURG

1926

# Au Service

de la

# Chose publique

Th.-L. BARNIER

# Au Service

## de la

# Chose publique

---

## Contribution à l'étude
## d'un meilleur outillage administratif

PARIS

BERGER-LEVRAULT, ÉDITEURS

136, Boulevard Saint-Germain (VIᵉ)

1926

# TABLE DES MATIÈRES

## CHAPITRE II

### De quelques autres méthodes.



## CHAPITRE III

### De quelques autres systèmes.



## CHAPITRE IV

### Des agents.



# TROISIÈME PARTIE

## LES CELLULES ADMINISTRATIVES, LEURS SERVICES ET LEURS AGENTS

### TITRE I

#### LE CADRE NATIONAL

## CHAPITRE I

### Les Assemblées parlementaires



## CHAPITRE II

### Le pouvoir exécutif.

## CHAPITRE III

### Les grands corps de l'État.



## TITRE II

### LA RÉGION

## CHAPITRE I

### La région administrative.



## CHAPITRE II

### De quelques autres buts du régionalisme.



## CHAPITRE III

### L'organisation régionale actuelle de certains services publics.



## TITRE III

### DE L'EXTENSION DU CADRE DÉPARTEMENTAL

## CHAPITRE I

### Les Associations ou syndicats de départements

## CHAPITRE II



# TITRE IV

## LE DÉPARTEMENT

### CHAPITRE I

**L'entité administrative et ses organes propres.**



### CHAPITRE II

**Vue d'ensemble sur l'organisation générale proposée
des services publics** . . . . . . . . . . .   206

### CHAPITRE III

**Les organes de direction générale, d'impulsion, de coordination et de contrôle.**



### CHAPITRE IV

**L'organisation et le fonctionnement de chaque direction.**

## CHAPITRE V

### Les organismes délibératifs. — Les conseils.



## CHAPITRE VI

### Le contentieux administratif.



## TITRE V

### L'ARRONDISSEMENT

### CHAPITRE UNIQUE



## TITRE VI

### LE CANTON

### CHAPITRE UNIQUE

## TITRE VII

### LA COMMUNE

### CHAPITRE I

**La cellule communale, ses services et ses agents.**



### CHAPITRE II

# PROLÉGOMÈNES

Au cours des discussions auxquelles donna lieu devant le Tribunat la loi de pluviôse, le « citoyen Gillet » signalait à ses collègues, pour marquer l'importance du sujet de leurs débats, le rôle de l'Administration, touchant à tout et à tous (1).

« Cherchez, disait-il, dans la machine politique quel est le point qui touche tous les gouvernés, et qui les touche à tous les instants, et vous verrez que c'est l'Administration.

« Cherchez quel est le mouvement qui soutient les constitutions les plus irrégulières quand il est bon, quel est celui qui entraîne la chute des constitutions les plus solides quand il est mauvais, et vous verrez encore que c'est l'Administration. »

« Cherchez par quel pouvoir les mécontentements sont irrités ou adoucis, par qui les lois utiles deviennent dangereuses, et par qui les lois dangereuses peuvent devenir utiles ; par qui, enfin, commencent et finissent les révolutions, et vous verrez toujours que c'est par l'Administration. »

Or, l'opinion publique, qui a tendance à concrétiser ses aversions comme ses dilections des choses sur les hommes qui en sont la vivante représentation, s'en prend aux fonctionnaires des vices qu'elle croit constater dans notre

_________

(1) Tribunat : présidence du citoyen Demeunier. Séance du 24 pluviôse. Discours du citoyen Gillet. *Archives parlementaires des Chambres françaises*, p. 192 à 207.

système ou dans notre outillage administratifs et leur impute facilement à crime de nuisance délibérée des complications qui ne sont point de leur fait et qui leur sont aussi bien à charge.

On vitupère inconsidérément l'employé derrière son bureau ou son guichet ou le gendarme sur la route, alors que ces modestes serviteurs exécutent une consigne dont ils ne sont évidemment pas les auteurs.

Que de fois s'appliquent-ils, au contraire, à trouver la « solution de bon sens » dans quantité d'affaires, en interprétant dans le sens le plus libéral les règles trop étroites qui s'y devraient appliquer.

Il est, d'ailleurs, toujours vrai que « notre ennemi c'est notre maître » et surtout celui que l'on voit de près ! Et rien n'est plus humain, sinon plus recommandable, que cette phobie à l'égard de tous ceux dont c'est le métier de nous astreindre au respect des lois, c'est-à-dire de limiter l'exercice de notre indépendance.

Il est ainsi assez compréhensible que, quel que soit l'aménagement de nos administrations publiques, — fût-il le meilleur — il demeurera en discussion.

Aussi bien, en matière de réformes, se contente-t-on souvent de peu — de trop peu — et les exemples sont nombreux et frappants — de fonctions dont il a suffi de modifier la dénomination pour écarter d'elles la réprobation générale.

On peut donc supposer que tout a été dit — ou à peu près — sur les défectuosités de notre organisation administrative et les travers de ses agents.

« Il n'y a guère qu'une catégorie de gens qui ne disent pas de mal des médecins, quoique les seuls à s'en passer et les plus fondés à s'en plaindre : ce sont les morts », écrivait un humoriste !

Bien que pareillement seuls aussi à n'y point avoir recours, mais pourtant sans raison de nourrir à leur égard une rancune particulière, il n'y a guère aussi que les ressortissants de Pluton qui ne critiquent point les fonctionnaires.

Mais les plus acharnés à en médire se rencontrent peut-être parmi ceux pour lesquels l'occasion ne s'est pas offerte encore de trouver leur chemin de Damas vers l'un de ces bureaux dont plus que le souci de leur meilleur rendement, l'envie de s'y installer excitait la verve!

La plupart des contempteurs ne devraient-ils pas commencer par dire leur coulpe?

M. H. Berthélémy (1), dont nous appellerons souvent en témoignage les avis frappés au coin de la plus grande science et de la plus haute sagesse, dresse cette confession :

« Sourds aux avertissements qui, cependant, n'ont pas manqué, administrés et contribuables se sont laissés engluer dans une réglementation touffue, confuse, complexe, dont les intentions sont pures, mais dont les précautions, les injonctions et les prohibitions émoussent les efforts les meilleurs et les initiatives les plus louables. On se récrie alors contre M. Lebureau! Mais on oublie que ses fonctions tatillonnes et la gêne qu'elles impliquent est notre œuvre. Nous avons voulu cela. »

Et quelle pitié pourraient aussi suggérer quantité de ces récriminations.

Quand, dit M. Maxime Leroy (2), « on suit avec quelque attention les critiques des citoyens, on constate avec une profonde tristesse qu'elles sont aussi vides de méthodes et de principes que l'action dont ils se constituent les

---

(1) *Traité élémentaire de Droit administratif*, par H. BERTHÉLÉMY, doyen de la Faculté de Droit de Paris. Dixième édition. 1923. Préface, p. XI.
(2) *Pour gouverner*, par Maxime LEROY, p. 48.

censeurs intransigeants. Incoordination, là dans l'action, ici dans le mécontentement ».

On est encore injuste pour la raison qu'on attend tro de l' « Administration » — comme si cette personne morale pouvait trouver ses moyens d'action dans l'abstrait — en dehors des hommes et de leurs misères !

En tout cas, il semble qu'au service de la chose publique les hommes dussent avoir toutes les vertus ! On pardonne à l'industrie privée, sans qu'on attaque son principe, combien de défaillances ! Mais les fonctionnaires paraissent relever du *summum jus...*

Quoi qu'il en soit, et sans nier qu'on puisse tirer de lui un meilleur parti, notre corps de serviteurs de la chose publique en France mérite mieux que l'indifférence ou l'hostilité. Il se situe certainement dans une position avantageuse vis-à-vis de ceux d'autres nations. Nous aurons à examiner pour quels motifs, la plupart indépendants de leur pouvoir et de leur vouloir, nos fonctionnaires ne remplissent pas cependant, tout leur mérite.

Nous essaierons de reprendre leur procès dans ses détails et aussi de le reviser en partie.

Mais, d'une manière générale, nous estimons que beaucoup de travaux touchant les réformes administratives se ressentent trop de directives doctrinales : les solutions envisagées sont alors moins une fin qu'un moyen pour leurs protagonistes — une occasion à saisir — de faire sortir à effet tel ou tel « système » de réorganisation du pays.

C'est aussi pour quelques-uns à des fins d'un nouvel aménagement politique que doit servir le bouleversement administratif qu'ils préconisent.

C'est de toute autre chose qu'il s'agit pour nous.

Sans doute, peut-on défendre qu'une décentralisation

politique est désirable; nous ne l'envisagerons que dans la mesure où elle rentre dans le cadre des améliorations et des simplifications administratives que nous recherchons.

L'étude que nous entreprenons n'a point, non plus, pour objet de colliger la volumineuse documentation qui pourrait être réunie ayant trait à l'histoire de nos administrations publiques, à travers nos vicissitudes sociales; et nous ne rechercherons pas davantage, pour en faire la critique, les systèmes présentés pour en améliorer le fonctionnement, lorsque leur évocation n'aurait d'autre but.

Nous nous rendons compte, d'ailleurs, que nous sommes imparfaitement renseignés sur toutes les propositions qui ont pu se faire jour tendant à l'adoption de nouvelles méthodes administratives ou de meilleur aménagement des services publics.

Quelque souci qu'il apporte à se tenir au courant des travaux accomplis dans l'ordre de spéculation qui est envisagé ici, il n'est pas contestable, en effet, que le provincial est très mal placé pour réunir les matériaux par quoi se fait jour la pensée, les facilités de recherche qu'offre la capitale pouvant seules permettre la compilation nécessaire.

Enfin, et pour les mêmes raisons, il nous arrivera, sans doute, au cours de cette étude, de présenter comme nous étant propres, par coïncidence d'opinion, certaines solutions dont l'initiative peut revenir à d'autres qu'à nous-mêmes.

Ceux-là voudront bien nous en excuser, en considération de ce que, si, pour les œuvres d'imagination pure, il est difficile à nos romanciers, en toute bonne foi, de ne point se rencontrer pour traiter le même sujet et en termes presque identiques, avec tels de leurs prédécesseurs, nous ne pouvons avoir pour ce qui nous occupe la prétention d'inventer quoi que ce soit.

Nous pensons que la preuve de notre souci de références se trouvera dans les nombreuses citations dont nous avons cru devoir étayer notre raisonnement; nous avons, en effet, préféré reproduire, dans le texte où nous les avons rencontrées, les opinions déjà émises sur les sujets que nous traitons, plutôt que d'avoir, comme M. Jourdain, — qui a fait école! — le souci de novation dans la forme pour nous approprier l'idée.

Poursuivant des solutions pratiques, nous nous méfierons des formules : contrairement au vieil adage, elles ont peu de vertu propre!

« L'emploi du singulier, dit M. H. Berthélémy (1), suppose d'ailleurs que ceux qui promettent la réforme administrative ont en tête un plan d'ensemble, un programme de reconstruction intégrale de l'édifice vermoulu. » L'éminent doyen constate qu'il n'en est rien. Et il conclut « qu'il est dangereux d'attendre d'une formule unique le remède aux maux dont souffrent actuellement nos Administrations françaises ».

Il faut renoncer à réclamer « la réforme administrative ». Demandons-nous plus modestement quelles réformes administratives sont opportunes et réalisables. Nous n'avons pas d'autre prétention.

Mais, notre désir de nous appliquer à la recherche de solutions pratiques ne nous empêchera point et même nous incitera à remonter aux causes du malaise que traverse notre Administration.

C'est ainsi que les économies si désirables à obtenir ne peuvent être, à notre avis, que résultat d'incidence.

---

(1) *Traité élém.*, *op. c.*, p. XXII.

Il convient, en effet, de ne point tomber dans le piège d'économies plus apparentes que réelles. Ainsi, la suppression d'un fonctionnaire parfaitement réalisable à première vue sans compromettre la marche du service auquel il se rattache peut, dans bien des cas, affecter l'économie générale dans une proportion très supérieure à la dépense dont on aura déchargé le budget en cause par son éviction. Il serait, par exemple, illusoire, de supprimer un tribunal pour une économie de quelques milliers de francs, si, sans compter les désagréments qui ne se peuvent chiffrer pour eux, ses justiciables doivent, pour se rendre à un autre et plus lointain chef-lieu, dépenser en journées perdues et en frais supplémentaires — *lucrum cessans et damnum emergens* — une somme beaucoup plus élevée.

Nous entendons que, *d'abord, le service de la chose publique soit le mieux possible satisfait*, et, dans ce but, nous attendons beaucoup plus d'une réformation des méthodes et de l'esprit de nos administrations publiques, que d'un bouleversement dans leur aménagement, ou d'une compression pure et simple de leur personnel.

C'est, en tout cas, cette pensée qui nous guidera dans notre étude.

Celle-ci était à peu près terminée, dans ses grandes lignes, quand est paru le rapport rédigé au nom de la Commission supérieure des économies par son président M. Louis Marin et qui a produit dans tous les milieux une si profonde impression.

Mais nous avons la bonne fortune de nous trouver à peu près complètement d'accord avec l'honorable parlementaire quant aux principes qui doivent inspirer les réformes à réaliser.

Si quelques divergences ressortent des solutions que nous proposons par rapport à celles préconisées par

M. Louis Marin, nous ne pensons pas qu'elles soient inconciliables.

Toutefois, nous pousserons plus loin encore que la haute Commission, le souci qu'elle a affirmé en de nombreuses suggestions de pallier les inconvénients graves de l'excessive centralisation — de l'éparpillement de l'autorité et partant de son éclipse — de l'incoordination dans le fonctionnement des services publics — de l'insuffisance du contrôle... Et préoccupés d'activer la collaboration des citoyens à la gestion de la chose publique, nous serons amenés à proposer de l'accroître sous diverses formes.

Par contre, alors que la Commission supérieure a fait porter ses investigations sur tous les rouages de notre mécanisme administratif, nous avons dû nous borner à étudier simplement les conditions d'aménagement et de fonctionnement des administrations publiques civiles proprement dites; c'est-à-dire à l'exclusion de tout ce qui concerne la justice et la guerre, et la gestion des monopoles dont nous n'examinerons que le principe.

Enfin, nous nous abstiendrons d'alourdir de « conclusions » les fins de chapitres : il nous a paru que notre opinion se dégagerait suffisamment des discussions auxquelles nous nous livrons sur chaque sujet et des avis autorisés que nous mettons en évidence en les marquant de nos critiques ou de nos préférences. Aussi bien ces conclusions pratiques sont-elles incluses dans les propositions qui font l'objet de la troisième partie de notre étude.

# PREMIÈRE PARTIE

## LA FORMATION DE LA CHOSE PUBLIQUE

# CHAPITRE I

## LA LOI

Généralités. — La préparation des lois. — La collaboration du Conseil
d'État. — Les lois de finances et leurs complications. — La codification.
— La diffusion des lois.

---

### § 1. — Généralités.

La Chose publique, dont nous essaierons plus loin de déterminer les raisons d'énorme développement, est évidemment née
de la « loi », ce terme étant pris dans le sens général de détermination des règles, qu'elles tirent leurs forces de la tradition, des
coutumes ou de textes précis.

Au fur et à mesure que s'intensifiait l'activité de production
et d'échange des hommes, la nécessité leur apparaissait de s'en
garantir mutuellement l'exercice, d'en défendre le fruit vis-à-vis
les uns des autres; et inévitablement aussi, à chaque société
ayant pris corps, les précautions nécessaires s'imposaient pour
la préserver des atteintes des autres communautés.

Au fur et à mesure que se développaient les possibilités de
communication entre les hommes, ces règles tendaient à s'uni-
formiser. C'est ainsi qu'après avoir réalisé l'unité nationale,
la réglementation des droits et des devoirs des citoyens français est formulée aujourd'hui par des texes s'appliquant uniformément à l'ensemble du pays; c'est l'œuvre de la Révolution
et cette date marque aussi l'organisation de l'outillage administratif dont nous serons amenés, par la suite, à examiner le
mécanisme.

## § 2. — La préparation des lois.

Plusieurs organismes ont en France un pouvoir de réglementation. La loi proprement dite est l'œuvre des Assemblées parlementaires et nul n'est censé l'ignorer (nous aurons l'occasion de voir combien le développement formidable de notre législation et les moyens employés pour sa diffusion rendent aujourd'hui ce postulat difficilement admissible).

Les initiatives, qui peuvent suggérer aux Assemblées le vote des lois, naissent, non seulement du Gouvernement, mais encore de chacun des membres de ces Assemblées; mais, quelle qu'en soit l'origine, elles sont généralement discutées sans avoir été soumises à l'épreuve du dehors : ce sont des fleurs de serre dont on ne peut dire comment elles s'acclimateront en plein air.

C'est, à notre avis, une faute, parce que les législateurs se privent des lumières de ceux-là qui, ayant contact direct avec les citoyens, peuvent apporter, sinon pour modifier l'esprit de la loi, du moins pour la rédaction des textes, un concours dont on ne saurait méconnaître l'intérêt.

Mais au point de vue psychologique la faute commise est plus grave encore.

Appeler « en consultation » les Assemblées qui vivent en contact étroit avec les citoyens, et le corps des fonctionnaires qui devront veiller à leur application, c'est s'assurer, quel compte que l'on ait tenu de leur avis, une collaboration beaucoup plus étroite que si l'on néglige délibérément de les associer à l'œuvre d'élaboration.

« De quoi se plaignent les divers « Corps » dont le labeur, l'activité, les initiatives, assurent la vie de la nation? C'est de ne pas être consultés pour la préparation des lois qui touchent leurs intérêts intimement liés à ceux de l'État; de voir même parfois des textes votés rapidement sans les avoir connus et avoir pu formuler à temps la moindre observation (1). »

L'industriel avisé qui veut appliquer à son œuvre telle ou

_______

(1) *La Réforme de la représentation nationale*, par M. Charles DELONCLE, sénateur de la Seine, dans *La France active*.

telle méthode nouvelle de travail n'a garde, même s'il a le ferme propos d'arriver à son but contre le gré de ses collaborateurs, de leur notifier purement et simplement sa décision, de réaliser son intention sans prendre leur avis.

Le législateur, si soucieux qu'il soit des intérêts du pays, quelle que soit sa compétence, reconnaîtra que si la pratique du referendum rencontre des inconvénients, et ne serait d'ailleurs praticable que pour décider d'innovations extrêmement importantes, il y aurait grand avantage à ce que les projets ou propositions de lois fussent en même temps que renvoyés aux Commissions parlementaires, soumis à l'examen des conseils généraux (réunis extraordinairement si l'urgence de la loi est déclarée), ces Assemblées étant éclairées elles-mêmes par les rapports du représentant du Gouvernement leur transmettant les avis des chefs de service intéressés, ceux-ci s'étant entourés de renseignements auprès de leurs collaborateurs.

Cette méthode ne diminuerait en rien les droits du Parlement qui déciderait, en dernière analyse, mais elle apporterait dans les débats des éléments d'appréciation dont les législateurs ne manqueraient pas de tirer profit. Elle aurait un autre avantage : c'est de préparer le pays à se conformer à la loi nouvelle, alors que bien des fois un délai extrêmement bref s'écoule entre la discussion d'une loi et son vote, c'est-à-dire son application, et que les citoyens sont d'autant moins préparés à y obéir que les administrations elles-mêmes, chargées de les appliquer, n'ont rien pu prévoir pour assurer leur fonctionnement.

« Naguère, la loi était considérée comme ayant une valeur par elle-même. C'était un ordre qui possédait en lui, comme certains mots magiques, la puissance de se faire obéir, immédiatement, par la généralité des citoyens. Maintenant, on enseigne qu'elle a besoin, pour se réaliser, de la « participation populaire », c'est-à-dire, en bon français, de l'agrément de ses sujets récalcitrants. Dans un discours de sa charge, en 1911, le président du Sénat, M. Antonin Dubost, osa même dire, fort justement, que « les lois ne valent que par les citoyens auxquels elles sont « remises et par l'intelligence sociale qu'ils apportent à leur « exécution ».

« A la vérité, on ne compte plus les lois votées à grand fracas qui sont inappliquées, au milieu de l'indifférence universelle. Si quelques textes particulièrement litigieux soulèvent des mécontentements brutaux, voire des émeutes, plus nombreux sont ceux qui meurent d'atonie (1). »

Cependant nous n'admettons pas la proposition suivante du même auteur qui équivaudrait à restaurer l'ancienne autorité des Parlements provinciaux, les conséquences néfastes étant évidentes qui en résulteraient au point de vue de l'unité nationale.

« On concevrait aussi que des lois générales ne fussent déclarées applicables que dans les départements ou les villes qui le demanderaient, ou que des lois générales ne fussent votées qu'à temps, pour voir comment elles réagissent sur la vie nationale.

« Par ces pratiques, très souples, on habituerait les grandes collectivités qui, seules, ont l'expérience des choses, à participer à la vie nationale sur tous les points du territoire. Plus de vœux; pas de regrets stériles. On leur conseille l'action; or, c'est le champ de développement qui leur manque. »

### § 3. — La collaboration du Conseil d'État.

Il y a plus : les lois souvent hâtivement votées n'ayant pu comporter toutes les stipulations de détails, le Parlement doit, pour ce soin, s'en remettre aux règlements d'administration publique à intervenir.

Ce n'est point là tout. Le Conseil d'État, qui assume cette tâche ingrate, est quelquefois très limité dans le temps et il ne lui est pas toujours possible de prévoir toutes les répercussions du règlement qu'il propose. Des instructions, émanant souvent de plusieurs échelons de la hiérarchie administrative, doivent donc déterminer ensuite les conditions d'application de la loi et du règlement; il en résulte que la « loi » n'est plus, en vérité, le texte en quelques articles promulgué au *Journal officiel*, mais est constituée d'une multitude de documents portant des noms divers et dont la connaissance pour les techni-

---

(1) Maxime LEROY, *op. cit.*, p. 303.

ciens eux-mêmes représente, pour veiller à leur application, un effort considérable. Qu'est-ce donc pour le citoyen sans initiation administrative ?

« Les règlements d'administration publique, œuvres provisoires de simples bureaucrates, et les jurisprudences incertaines et inconstantes, œuvres des praticiens, ont supplanté le vieux rationalisme révolutionnaire au profit d'un empirisme juridique fort oublieux de la loi.

« Il n'est plus question de belles et larges lois fastueusement jetées sur le désordre social, mais des « à-peu-près », d'un art législatif subalternisé par la pratique (1). »

Enfin, brochant sur le tout, des modifications législatives interviennent aux lois existantes pour tel ou tel de leurs articles qui appellent nécessairement des modifications au règlement et font encore l'objet de circulaires, alors qu'il serait si simple de reprendre la loi entière de manière à éviter aux administrations et au public cette superfétation de textes.

« La paperasserie bureaucratique est l'œuvre de gens qui n'ont presque jamais travaillé dans les services actifs; d'où ces circulaires auxquelles nous devons faire remonter, presque exclusivement, toutes les complications dont souffre le public. Pas d'expérience pratique dans ces papiers dont les Administrations sont si prodigues (2). »

Et M. H. Berthélémy (3) indique la voie :

« Pour bien faire les lois, il faut associer au Parlement organe de l'opinion, un corps de compétence, Conseil supérieur ou Académie de législation n'ayant sans doute qu'un rôle consultatif, mais ayant l'expérience de ce qu'on peut mettre dans les textes et de la façon dont on doit les rédiger. »

Nous avons indiqué combien le rôle du Conseil d'État devenait difficile s'agissant pour lui de rendre administrativement applicables, sans en modifier l'esprit et en en respectant la lettre, les lois qui lui sont renvoyées pour les enrober d'un règlement d'administration publique.

En réalité, c'est une espèce de jurisprudence préventive qu'il

---

(1) Maxime LEROY, *op. cit.*, p. 307.
(2) Maxime LEROY, *op. cit.*, p. 309.
(3) *Traité élém.*, *op. cit.*

établit ainsi et qui ne voit les inconvénients graves de ce système.

Ainsi la confusion, trop souvent réalisée par le Parlement au détriment du Gouvernement, trouve, sans profit, sa contrepartie dans l'intrusion de l'exécutif dans le domaine du législatif par suite des méthodes vicieuses dont nous venons de parler.

Or, le rôle du Conseil d'État n'est pas limité à ce travail *a posteriori*; il peut parfaitement et devrait être consulté *avant* la confection des lois.

Sans doute, étant donné le rôle prépondérant qu'a joué cette Haute Assemblée sous les régimes antérieurs, le Parlement a-t-il pu hésiter, par crainte de diminuer son prestige devant le pays, à réaliser ce qui lui apparaissait comme un dessaisissement.

Nous croyons que cette crainte serait fondée s'il était entendu que les lois seraient de règle constante examinées par le Conseil d'État avant toute immixtion du Parlement.

Mais, s'il est convenu que le Conseil d'État ne sera chargé que de la mise au point d'une législation dont les principes généraux auraient déjà été fixés par le Parlement, il n'agira ainsi que comme conseil juridique. Et nous n'apercevons pas en quoi le Parlement pourrait craindre déchoir en adoptant ce système.

Aussi bien, le Parlement se dessaisit-il bien plus lorsque, votant une loi de quelques articles, il s'en remet du soin d'en fixer les détails au Conseil d'État; nous l'avons fait remarquer.

Ce *modus faciendi*, dont nous venons de parler, est apparu depuis longtemps comme pouvant avoir les meilleurs effets, et déjà, en 1889, M. Charles Floquet, alors président du Conseil, l'avait inséré dans son projet de revision constitutionnelle.

Depuis lors, de nombreux auteurs et des plus éminents s'en sont déclarés partisans, parmi lesquels de distingués parlementaires.

Tout récemment encore, M. Isaac, en prônait l'adoption dans un discours qu'il tenait à l'Assemblée générale de la Fédération républicaine au mois de juillet 1922 : « Il faut assurer aux Chambres la collaboration du Conseil d'État dans l'élaboration des lois. »

Et il en donnait les raisons. Elles sont criantes de vérité.

En effet, l'avancement de notre civilisation nous porte aux

conceptions d'humanité les plus généreuses qui trouvent leurs expressions naturelles dans les mandataires du suffrage universel.

Notre vie, sans cesse plus trépidante et hâtive, nous incite à réaliser, dans le moindre délai, toute cette idéologie sans un suffisant examen.

Nous ne savons plus faire « oraison » avant de nous déterminer ainsi que le conseillent les scolastiques. Pourquoi les parlementaires ne mettraient-ils pas à profit pour cette réflexion qu'ils ne peuvent s'imposer, pour ce travail de mise au point juridique, qui n'est pas leur fait, pour la rédaction méthodique, dont ils ne peuvent assumer la charge, l'assemblée d'hommes compétents vieillis sous le harnais administratif et juridique et dont l'indépendance ne saurait être mise en cause?

### § 4. — Les lois de finances et leurs complications.

Nous nous permettrons de citer un exemple des difficultés administratives, tant pour les fonctionnaires que pour les citoyens, qui naissent de la complication des textes. Nous voulons parler de la « loi de finances » où le commun des mortels ne songerait point à rechercher autre chose que le règlement du budget et où toutes sortes de stipulations législatives sont intercalées, modifiant les lois antérieures ou constituant des lois nouvelles de toutes pièces.

M. J. Laferrière a consacré à cette question un fort intéressant paragraphe de sa chronique financière, dans la *Revue des Sciences et de Législation financi.res* (1).

« Il est inutile, dit-il, de revenir une fois de plus sur les inconvénients du système *des adjonctions budgétaires* (2). » Tout en faisant du procédé l'usage abusif que l'on sait, la Chambre était la première à en reconnaître les défauts.

Le 16 décembre 1906, elle avait même voté la proposition de résolution suivante, due à l'initiative de M. Chabert :

(1) Tome XIII, n° 1, p. 88 et suivantes.
(2) Jèze, *Adjonctions et disjonctions budgétaires*, dans cette revue, 1907, p. 249, et *Le Budget*, I, 165, cf. Laferrière, *Revue*, 1912, p. 77.

« La Chambre invite M. le ministre des Finances à étudier un projet de loi portant que, désormais, la loi de finances ne pourra comprendre que des articles ayant trait à la perception ou au rendement des impôts à l'exclusion de toutes autres questions. »

La résolution avait été adoptée à une très grosse majorité mais le projet de loi ne fut jamais présenté.

En 1913, la proposition fut reprise, sous la forme d'un article additionnel à introduire dans la loi de finances (1).

« Aucun amendement ayant pour objet de modifier une loi organique ne peut être déposé sur la loi de finances. Ne sont en conséquence recevables sur cette loi que les amendements entraînant directement une diminution ou une suppression de dépenses, ainsi que les amendements entraînant directement une augmentation de recettes.

« Au cours de la discussion de la loi de finances, lorsque le président ou le rapporteur d'une des grandes Commissions établies, soit par le règlement, soit par des résolutions spéciales de l'Assemblée, demanderont qu'un amendement leur soit renvoyé pour avis, le renvoi sera de droit. »

Sur l'observation de la Commission du budget que l'amendement ainsi rédigé était de portée trop large et qu'il devait être renvoyé à la Commission de réforme du règlement, M. Ajam modifia sa proposition de façon à ne viser que les seules adjonctions budgétaires.

« Vous apercevez le but de la disposition proposée. Je peux dire qu'il n'est pas monté depuis huit jours un seul orateur à la tribune sans que l'observation développée par moi en ce moment ait été présentée. Les orateurs ont presque tous pris la précaution élémentaire de dire à la Chambre : « Nous vous « présentons un article de loi de finances qui, dans notre esprit, « constitue un abus, mais nous commettons cet abus parce qu'il « est devenu la règle. » Eh bien ! il est temps d'en finir ! Voici, en effet, ce qui se passe à l'heure actuelle. Nous introduisons dans la loi de finances des articles qui sont, en définitive, des lois

---

(1). Amendement de MM. Ajam, Dariac, Chalamel et Raynaud, Chambre des Députés, séance du 18 mars 1913, *J. O.*, Débats, p. 1105.

organiques, si bien que la loi de finances n'est plus une loi budgétaire, mais un code civil, un code pénal, un code d'instruction
criminelle, un code de procédure civile. Je vous parle non seulement au nom de mes collègues qui ont pu éprouver la répercussion de ces abus, mais au nom de tous les juristes, de tous les
avocats, de tous les magistrats qui ne peuvent plus aujourd'hui
retrouver dans les codes les textes dont ils ont besoin...; nous
sommes en train de faire une législation encore plus touffue
que la législation anglaise. »

Professeur des Facultés de Droit, M. le député Guernier
appuya l'argumentation de M. Ajam de l'autorité de sa propre
expérience :

« Nous qui sommes obligés d'interpréter les lois, nous avons
le droit de vous dire qu'un très grand nombre de lois votées
dans le budget sont incompréhensibles, incohérentes et que
vous aboutissez à rendre impossible l'œuvre de la jurisprudence. » Et il qualifiait les lois improvisées sur le budget de
« fouillis juridique tel que les jurisconsultes ne peuvent plus
s'y reconnaître ».

Ceux qui combattirent l'amendement firent valoir plusieurs
objections. « La réforme sera tout à fait inopérante », déclara
M. Aubriot. « Il sera toujours aisé, à qui d'entre nous voudra
introduire une disposition dans le budget, de l'accompagner,
pour lui donner un caractère de recevabilité, d'une dépense ou
d'une recette. Par conséquent, c'est, en vérité, un coup d'épée
dans l'eau. Si la réforme n'est pas inopérante, elle risque d'être
oppressive pour la minorité. Qui fera la distinction entre les
amendements budgétaires et les autres (1)? »

« Je ne voterai pas l'amendement de M. Ajam, déclara M. Germain Périer, parce que je me demande qui fera la distinction
entre les amendements qui intéressent les finances et ceux qui
ne les concernent pas. Il se peut que la Commission accepte
les amendements présentés par des amis et repousse les
autres (1). »

Mais la principale objection fut d'un autre ordre. Elle fut
dirigée, en effet, non pas directement contre la restriction appor-

______

(1) *J. O.*, p. 1107.

tée à l'initiative de chaque député pris individuellement, mais contre la renonciation bénévole que la Chambre allait consentir à son moyen d'action le plus efficace sur le Sénat :

M. Paul Aubriot. — « Tant que vous serez en présence de deux Chambres qui ont un droit égal en matière législative, vous serez obligés de conserver le budget comme un moyen privilégié de faire aboutir, à l'heure où vous le désirez, un certain nombre de réformes. C'est, en effet, le seul moyen pour vous de poser devant l'autre Assemblée les problèmes législatifs en même temps que de lui fixer un délai pour les résoudre.

Ces observations — très exactes en fait — constituent un argument de plus en faveur de la suppression des adjonctions budgétaires.

C'est mal défendre une institution que de proclamer qu'elle sert à une Assemblée à tourner la Constitution.

Voté à la Chambre par 405 voix contre 151, l'amendement de M. Ajam a été adopté sans discussion au Sénat (1). Il est devenu l'article 105 de la loi de finances du 30 juillet 1913 (2).

Article 105. — « Il ne peut être introduit dans la loi de finances que des dispositions visant directement les recettes ou les dépenses à l'exclusion de toutes autres questions. »

Il est à noter que c'est la première fois qu'une réforme de ce genre est réalisée par la loi et s'impose aux deux assemblées. Jusque-là, toutes les mesures se rapportant à la discussion du budget avaient été prises par simple modification du règlement de la Chambre des Députés.

Quelle a été au juste la portée de la réforme?

Il suffit, pour s'en convaincre, de jeter un coup d'œil sur les dispositions que contiennent nos lois de finances de ces quinze dernières années !

C'est un véritable capharnaüm où voisinent les matières les plus hétéroclites en des articles qui n'ont d'autre relation de continuité que leur numérotation, et dont tout le mérite serait de brièveté, si celle-ci était la conséquence d'un désir de concision.

Mais chacun sait que c'est souvent au bénéfice de la rapidité

_______

(1) Sénat, 5 juin 1913, *J. O.* du 6, Débats, p. 857.
(2) *J. O.*, 31 juillet 1913, p. 6782.

avec laquelle sont votées les lois de finances que les auteurs des articles hétérogènes qui s'y intercalent en obtiennent l'insertion, quelquefois par surprise. C'est ainsi trop souvent la raison pourquoi le texte de ces propositions est si compendieux.

Pour se faire une idée du microcosme de législation générale que peuvent représenter nos lois de finances, nous ne résistons pas à la tentation de reproduire les plus typiques des dispositions étrangères à leur objet qu'elles renferment depuis 1907.

En 1907, la loi de finances consacre un certain nombre d'articles : aux soutiens de famille; à la classification des directeurs d'écoles normales; aux musées et leur personnel, et au personnel du Conseil d'État.

En 1908, elle renferme des dispositions pour les retraites d'une série d'employés de l'État; pour l'assistance aux vieillards; pour le traitement des maîtres-adjoints d'écoles normales; pour la fixation des cadres de l'enseignement technique ; pour la nomination des facteurs de ville.

En 1909, les articles 40 et suivants ont trait aux auditeurs de la Cour des Comptes; au cautionnement des comptables; à la réserve des emplois de receveurs des Finances aux percepteurs; à la nomination des essayeurs de garantie; au service de collection de lois étrangères; à la personnalité civile accordée à l'École Polytechnique; aux encouragements à la grande pêche; au personnel des écoles primaires supérieures et des écoles maternelles; aux brevets d'invention; aux subventions aux services automobiles; aux concessions sur les cours d'eau.

En 1910, il s'y agit de l'organisation du Conseil d'État; du Musée Guimet; de l'aménagement des cours d'eau.

En 1911, la loi de finances traite : de la fabrication des vinaigres; des vins de diffusion; des clichés d'imprimerie; du personnel des chemins de fer de l'État; des certificats de vie; des jeunes détenus; du personnel du Conseil d'État; des vacations des juges de paix; du repos hebdomadaire aux clercs des officiers ministériels; des enfants abandonnés; de l'appel des instituteurs dans la réserve; des pères légaux de quatre à six enfants; de la personnalité civile à l'Académie de Médecine; de l'exemption des frais d'étude à divers fonctionnaires; de la conservation des sites et rues de Paris; de concessions de mines.

En 1913 : des commissions de classement des travaux; du personnel du Conseil d'État; des fonctionnaires de l'enseignement.

En 1914 : de créations d'écoles.

En 1918 : du personnel des pupilles de la Nation; des règles d'avancement des instituteurs; de la création d'un emploi de chef de bureau aux P. T. T.; des conseils généraux des colonies; de création d'emplois de directeurs au ministère des Travaux publics.

En 1919 : des pêches maritimes, de la création d'un emploi d'administrateur à la Direction générale des Douanes et de chef de bureau; du prélèvement sur les fonds du Pari Mutuel pour les œuvres de bienfaisance; de la création de divers emplois aux ministères des Finances, de la Marine, du Commerce; du recrutement des vétérinaires départementaux; des cimetières militaires; du personnel de l'enseignement primaire supérieur.

En 1921 : des magistrats attachés au ministère de la Justice; de l'avancement des magistrats; du binage des justices de paix; des traitements du personnel de l'enseignement (plusieurs articles divers); des chemins de fer des colonies; d'un office des recherches scientifiques; de l'allocation aux femmes en couches; du monopole des alcools d'industrie; du régime des pensions civiles; des valeurs étrangères; de l'assistance aux vieillards.

En 1922 : des loyers; des marchands ambulants; des fabricants de billards; des objets mobiliers présentant un intérêt historique; des monuments historiques; la réduction de 50.000 fonctionnaires; des chargés de cours; des juges assermentés; d'un emploi de directeur au ministère de l'Intérieur, etc...

## § 5. — La codification.

« Les lois nouvelles modifient ou abrogent de droit les dispositions des lois anciennes qui leur sont contraires : *Lex posterior derogat priori.* La clause abrogatoire expresse ne devient nécessaire que lorsqu'il s'agit d'abroger la loi antérieure dans son ensemble et même dans les dispositions qui ne sont pas contraires à la loi nouvelle : *posteriores leges ad priores pertinent, nisi contrariæ sint.*

« Les lois nouvelles succédant aux lois anciennes laissent subsister souvent beaucoup d'obscurité sur les textes qui sont abrogés totalement ou partiellement. En 1881, divers députés avaient demandé que ce fût l'œuvre du législateur de mettre les lois d'accord. Leur proposition était ainsi conçue :

« Quand une matière se référant à une législation antérieure « sera l'objet d'une nouvelle disposition législative, la loi qui « interviendra contiendra les textes des lois précédentes qui se- « ront conservés. Si la loi nouvelle n'est qu'une modification à « une loi déjà codifiée, elle sera insérée dans les articles de ladite « loi. »

« Cette proposition n'a pas été adoptée par la Chambre des Députés. L'idée d'où elle était sortie se trouve exprimée en termes précis dans la Constitution de la Pensylvanie : « Une « loi ne pourra être remise en vigueur ou amendée et le bénéfice « de ses dispositions étendu ou conféré au moyen d'une simple « référence au titre de ladite loi; toutes les dispositions de cette « loi qui seront remises en vigueur ou amendées, ou dont le béné- « fice sera étendu ou conféré, devront être promulguées et publiées « dans leur entière teneur (1). »

Daunou faisait — déjà — une remarque analogue au Tribunat à propos de trop fréquents renvois à d'autres lois que contenait la loi de Pluviôse et il marquait sa préférence pour un texte qui se comportât sans références à d'autres lois, elles-mêmes, d'ailleurs, souvent modifiées (2) :

« L'observation que nous avons à vous présenter sur ces ré-dactions n'a point pour objet l'emploi qu'on y fait des temps présents et futurs; emploi qui est tel, néanmoins, que ce projet, devenu loi et dans la suite une loi ancienne, semblera affirmer que tout ce qui est aboli par elle existe encore.

« Ce qui nous a principalement frappés dans ces renvois jus-qu'ici trop usités, c'est que, si l'on persiste à les employer dans les projets divers qu'on doit vous offrir, ils vont rendre à jamais

---

(1) *Traité de droit politique électoral et parlementaire*, par Eug. PIERRE, secrétaire général de la présidence de la Chambre des Députés, p. 89 et 90.

(2) Tribunat. Présidence du citoyen Demeunier. Séance du 23 pluviôse. Rapport du citoyen Daunou sur le projet de loi relatif à la division du territoire et aux admi-nistrations locales. *Archives parlementaires des Chambres françaises, de 1800 à 1860,* p. 179 à 192.

subsistantes, à jamais nécessaires ou à suivre, ou du moins à consulter, cette multitude énorme de lois dont le poids nous accable, dont la confusion désespérante embarrasse les relations privées et déconcerte l'Administration publique. Il nous semble que la loi sur le nouveau système administratif et le règlement qui la doit accompagner, pourraient être conçus de telle manière que l'instant de leur promulgation fût aussi celui de l'abrogation absolue et de l'inutilité complète de tout ce qu'on a rendu depuis 1789 de décrets et d'arrêtés sur la même matière. Ce n'est point là, sans doute, un motif de rejet que la Commission propose; c'est un vœu qu'elle forme pour le perfectionnement de la législation nationale. »

La déplorable pratique ainsi stigmatisée s'est tant aggravée, et l'amoncellement des textes depuis plus de cent ans en rend l'usage si dangereux, que la suggestion de Daunou réclame une urgente réalisation.

Cette réforme de méthode ne doit être qu'une étape car il est indispensable de codifier notre réglementation administrative, qu'elle soit de source législative ou réglementaire.

Pour ce qui est des lois, il ne s'agirait pas de présenter à l'approbation du Parlement une modification quelconque de nos lois existantes : une fois la codification votée, le Parlement aurait toute latitude et beaucoup plus de facilité d'ailleurs, pour remanier telle ou telle disposition. Notre pensée serait simplement de l'appeler à reprendre en textes juxtaposés tout ce à quoi les citoyens sont actuellement obligés pour que ceux-ci en soient pertinemment informés d'abord et pour faciliter la tâche de ceux qui doivent les y contraindre. C'est là la première réforme qui doit permettre de diminuer le nombre de ces derniers.

M. Ducroq dit à ce sujet :

« Les deux arguments invoqués contre la codification des lois administratives sont, d'une part, leur multiplicité, et, de l'autre, leur mobilité. »

« On exagère même la portée de la première objection, en voulant joindre aux lois les règlements, que paraît viser seuls l'Ordonnance de 1824, et auxquels celle de 1839 adjoignait les lois. Pourquoi augmenter inutilement l'étendue de la tâche? Nos autres codes sont des lois! La rédaction d'un code est une œuvre législative. Elle s'applique à des lois éparses. Elle est l'œuvre du pouvoir législatif. Nous verrons que les règlements émanent du pouvoir exécutif. Ils sont actuellement en dehors, à côté et au-dessous, des lois administratives isolées. Ils doivent rester en dehors de la codification de ces lois, sauf à n'y faire entrer que celles de leurs dispositions qui présenteraient un caractère législatif. »

« Ce point établi, nous avons reconnu que les lois administratives sont plus nombreuses que les lois civiles. Mais les lois civiles ont été condensées par la codification. Les lois administratives le seraient également. Le Code administratif, dût-il avoir plus de 3.000 articles, et même davantage — tandis que le Code civil en a moins de 2.300 — il en contiendra toujours beaucoup moins que tous nos codes actuels réunis et cette multiplicité de lois diverses à codifier n'a pas empêché la rédaction de nos différents codes. Ce n'est qu'une différence du plus au moins. Ce n'est pas un obstacle absolu. Ce pourrait être une cause de difficultés plus grandes. Ce n'est pas une impossibilité.

« Dans l'état actuel du Droit administratif en France à la fin du XIXᵉ siècle, sa codification présente moins de difficultés intrinsèques que n'en présentait celle du Droit civil en 1803-1804. Il ne se compose pas d'éléments disparates, comme ceux qui constituaient alors le droit civil et entre lesquels, sur chaque point, les rédacteurs du Code civil devaient choisir. »

Il va sans dire que la nécessité de codification s'applique aussi bien aux textes réglementaires émanant du pouvoir exécutif, ministres ou préfets. La même confusion y règne, le même chevauchement des textes. Et le public a au moins autant de difficultés à s'y reconnaître.

## § 6. — La diffusion des lois.

Nous irons plus loin : si l'on avait la prétention de croire qu'avec l'organisation actuelle, l'application des lois existantes est assurée par leur suffisante diffusion on se tromperait étrangement. Car, contrairement au postulat dont nous avons dit ce qu'il en fallait penser, non seulement un grand nombre des citoyens qui y doivent obéir ignorent les textes législatifs ou réglementaires qui se succèdent ou sont hors d'état d'en faire application à leur cas, mais ceux-là mêmes qui doivent gérer cette Chose publique, chacun à sa place, ne sont plus à même, quelles que soient leur compétence et leur conscience professionnelle, de poursuivre l'application de textes si souvent touffus et vraiment trop nombreux.

Or, il n'est pas douteux que la connaissance imparfaite de nos lois, que l'on rencontre dans tous les milieux, tient beaucoup à la défectuosité des modalités de leur confection. Les redressements que nous avons proposés pour remédier à cet état de choses auraient donc, à notre avis, une grande influence pour pallier les inconvénients sérieux que constitue dans une organisation démocratique la méconnaissance, par la majorité des citoyens, de la législation à laquelle ils sont assujettis.

Dans un article de la *Grande Revue* (1), M. Joseph Cernesson souligne cet état de choses avec un rare bonheur :

« L'ignorance sociale du public est un de ces lieux communs qu'on énonce ordinairement sous une forme sceptique : on entend qu'il n'y a rien à faire et que le mieux est d'en rire. Cependant si le progrès en cette matière n'est pas un plus vain mot qu'ailleurs, il vaut mieux mettre ce lieu commun en pleine lumière, la première condition de remédier au mal étant de le connaître dans toute son étendue.

« L'ignorance des lois sociales n'est qu'un cas particulier de l'ignorance générale des lois. Les lois, avec leurs enchevêtrements et leur vocabulaire sont l'affaire des avocats, comme dans l'antiquité l'interprétation des présages était celle des Aruspices. Si telle est la conception du simple citoyen, on peut juger de celle des collectivités.

« Dans toute association, la masse des adhérents ne se soucie pas outre mesure de savoir où elle va, ni par quelle voie et quels obstacles elle peut rencontrer. Elle s'en remet invariablement à ses prophètes. Or, tant qu'il en sera ainsi, la plupart de nos lois sociales seront singulièrement ajournées; promulguées, elles nécessiteront des retouches; appliquées, elles ne produiront pas leur plein effet.

---

(1) Numéro du 2 février 1921.

« L'indifférence du plus grand nombre — j'entends de ceux
qui sont directement intéressés à une certaine loi en cours,
dont le « grand public » ne connaît pas le premier mot — paralyse d'abord l'activité législative qui, insuffisamment surex-
citée, hésite devant la clameur plus forte des intérêts privés
hostiles. Même la loi adoptée, au bout de quelques lustres
législatifs, n'apporte souvent qu'un bienfait purement virtuel
à des gens qui ne sauront pas en faire usage. Sans compter que
dans ce pêle-mêle d'intérêts contradictoires, chaque parti,
ignorant presque tout de l'existence du parti hostile, tout est
fait pour perpétuer la confusion des débats avant la loi et,
après la loi, pour gêner son application. »

Mais quelques précautions que l'on prenne pour que la loi
soit rédigée dans un sens pratique répondant au désir du pays
avec le maximum de clarté dans le cadre d'une codification
établie, il n'est pas indifférent de se préoccuper des modes de
sa publication.

Et j'entends ici, non seulement la loi proprement dite, mais
tout ce qui est règlement général astreignant les citoyens à
certaines obligations négatives ou positives.

### Le *Journal officiel*

En dehors du *Bulletin des Lois* dont l'utilité n'apparaît pas
puisqu'il fait double emploi avec le *Journal officiel*, en ce qui
concerne la publication des lois, c'est ce dernier organe qui constitue le véritable organe de diffusion dans les administrations
et le public des actes officiels du Parlement et du Gouvernement.

Il est censé parvenir dans toutes les mairies, en même temps
qu'aux chefs des administrations publiques. Mais d'abord ceci
n'est point exact. Dans certains départements, les deux tiers
des communes n'y sont pas abonnées. Quant à celles qui le
reçoivent... il faut se représenter ce que peut être, dans les
petites communes de France, qui sont la majorité, la lecture
d'abord, puis le classement de ce document essentiel de notre
outillage administratif.

Le *Journal officiel* contient d'ailleurs, pêle-mêle, tant de matières n'intéressant que de très loin et même point du tout les
administrateurs communaux que, rebutés par la complexité

et le volume de cette publication, la plupart du temps, il faut bien le dire, ils n'entreprennent pas d'y rechercher ce qui peut et doit les intéresser.

Sans doute, la présentation des textes dans le *Journal officiel* a-t-elle été déjà sérieusement améliorée; mais que d'émondages à faire encore, ou même de simples reclassements! Ainsi, les décisions concernant le personnel : nominations, promotions, décorations, dont il y aurait lieu de faire un chapitre à part et dont on pourrait limiter le tirage, dont les communes pourraient fort bien se passer.

La division du *Journal officiel* pourrait être ainsi comprise :

1o Les lois;

2o Et, par ministères, comme présentement, les décrets, arrêtés, règlements, instructions, circulaires ·(à l'exclusion de toutes décisions individuelles), mais en y ajoutant *les réponses aux questions écrites*, qui ont pris une grande extension et qui constituent pour les services publics de précieuses directives; elles sont, à l'heure actuelle, rejetées à la suite des débats parlementaires; et comme quantité de communes ou de services ne sont pas abonnés à cette partie du *Journal officiel*, elles sont ignorées d'eux. Cette jurisprudence interprétative reste donc inconnue de ceux-là mêmes qui auraient grand profit à la compulser;

3o Les débats parlementaires;

4o Les documents parlementaires;

5o Par ministère, les décisions individuelles.

Nous répétons que la plupart des administrations, y compris les communes, pourraient limiter leur abonnement à la partie du *Journal officiel* représentée par les deux premiers paragraphes ci-dessus, d'où, non seulement une plus grande assurance de lecture mais une économie appréciable.

### Les Bulletins départementaux

Dans les départements, la publication des actes administratifs est assurée et par le *Recueil des Actes administratifs* de la préfecture, et par le *Bulletin de l'Enseignement primaire*. Cette dualité nous paraît condamnable.

En effet, si les instituteurs ont intérêt à suivre les évolutions de la vie administrative du département, appelés qu'ils sont pour la plupart à devenir secrétaires de mairie, ou à collaborer à quantités d'œuvres sociales, enfin à donner à leurs élèves quelque enseignement à cet égard, — ce dont on ne se préoccupe pas, à notre avis, suffisamment, — il n'est pas douteux d'autre part, que les maires devraient être tenus informés des directives que reçoivent les maîtres de l'école publique de leur commune.

Nous tenons donc pour désirable que ces deux publications soient fondues en une seule, qui pourrait être intitulée *Recueil ou Bulletin de l'Administration départementale* et où seraient publiées, sous la responsabilité du préfet, toutes les communications répondant à ce vocable.

Cette publication serait servie aux conseillers généraux et d'arrondissement, aux maires, aux chefs de service (en nombre d'exemplaires suffisant pour que tous leurs subordonnés y ayant intérêt en reçoivent un exemplaire, et notamment aux instituteurs), aux chambres de commerce, chambres d'agriculture, sociétés d'agriculture, syndicats agricoles, syndicats professionnels, etc...

A notre sens, ce Recueil ou Bulletin devrait être mis en vente surtout par abonnement.

Tous ces procédés ont, il va de soi, comme but de répandre le plus possible la connaissance des actes du pouvoir, de manière à lutter contre l'indifférence des citoyens à s'occuper de la Chose publique et contre la crise du civisme qui en résulte.

Le Bulletin, dont la publication devrait être rigoureusement mensuelle, comprendrait donc, à notre avis :

1° Le rappel des lois, décrets et circulaires importants, soit simplement par leur titre, soit exceptionnellement leur reproduction intégrale suivant l'importance de ces documents;

2° Les arrêtés et instructions préfectoraux;

3° Les instructions ou communications des chefs de service.

# CHAPITRE II

## LA CHOSE PUBLIQUE, SES EMPIÉTEMENTS
## ET LEURS CAUSES

Les origines. — Les tendances à l'étatisation et à l'interventionnisme.
La crise du civisme.

### § 1. — Les origines.

Si le développement de la Chose publique est la rançon du progrès social, il est assez curieux de remarquer que son domaine s'est accru précisément en fonction de ce que s'élargissaient les droits de l'individu et que s'accroissaient leurs facultés d'entreprise.

Ainsi que nous l'indiquions plus haut à propos de « la loi », il semble que, dès la formation des premières sociétés humaines, la conception de la Chose publique, — qui en est issue, se soit imposée aux membres d'une même collectivité, sous deux impératifs : domaine intérieur, défense vis-à-vis de l'extérieur.

Du point de vue intérieur elle était représentée par l'attribution, — bénévole ou contrainte, — à une autorité agissant au nom de tous : et de la propriété de certaines choses dont la conservation ou la gestion apparaissaient comme ne pouvant être laissées à l'initiative ou à la responsabilité individuelles (l'entretien du feu a peut-être été la première de celles-là); — et du soin de contenir ou de sauvegarder les droits de chacun.

La société naissante est, en effet, tout de suite dans l'obligation de se défendre contre les tendances brutales des individus dont elle se compose :

« En temps ordinaire, nous ne les remarquons pas (1); comme elles sont contenues, elles ne nous semblent plus redoutables. Nous supposons qu'elles sont apaisées, amorties; nous voulons croire que la discipline imposée leur est devenue naturelle et qu'à force de couler entre les digues, elles ont pris l'habitude de rester dans leur lit. La vérité est que, comme toutes les puissances brutes, comme un fleuve ou un torrent, elles n'y restent que par contrainte; c'est la digue qui, par sa résistance, fait leur modération. Contre leurs débordements et leurs dévastations, il a fallu installer une force égale à leur force, graduée selon leur degré, d'autant plus rigide qu'elles sont plus menaçantes, despotique au besoin contre leur despotisme, en tous cas contraignante et répressive; à l'origine un chef de bande, plus tard un chef d'armée, de toute façon un gendarme élu ou héréditaire, aux yeux vigilants, aux mains rudes, qui, par des voies de fait, inspire la crainte et, par la crainte, maintienne la paix. Pour diriger et limiter ses coups, on emploie divers mécanismes : constitution préalable, division des pouvoirs, code, tribunaux, formes légales. Au bout de tous ces rouages, apparaît toujours le ressort final, l'instrument efficace, je veux dire le gendarme armé contre le sauvage, le brigand et le fou que chacun de nous recèle, endormis ou enchaînés, mais toujours vivants, dans la caverne de son propre cœur (2). »

C'est cet appétit fondamental de bien-être qui groupe les individus et qui fait s'engager entre eux cette course, qu'on appellera plus tard la lutte pour la vie, et dans laquelle nous éprouvons sous un autre nom toutes les passions qui animent les coureurs.

Comment ce groupement prend-il la forme d'une société organisée?

« Pour le faire comprendre, Hobbes, fidèle à sa méthode déductive, imagine l'hypothèse d'un état de nature, d'où il déduit *a contrario* la nécessité de l'état de société. Cet état de nature peut être défini par une formule juridique : le droit de tous à tout. L'égoïsme profond de l'homme en fait un loup

---

(1) Ces « puissances brutes qui gouvernent la vie humaine ».
(2) *Les Origines de la France contemporaine*, par H. TAINE. L'ancien régime (p. 316). L'esprit de la doctrine.

pour ses semblables. C'est la guerre de tous contre tous. Chacun défend sa vie par tous les moyens. Un tel état ne saurait durer, parce qu'il heurte un instinct aussi fondamental en nous que la tendance qu'a une pierre à tomber sur le sol : c'est l'instinct de conservation. La société naît (1). »

Du point de vue des préoccupations d'ordre extérieur, la Chose publique représentait la somme de ces intérêts particuliers, acquis, organisés et contenus, de tous les biens et de tous les sentiments d'une même réunion d'hommes; il leur fallut songer à défendre leur petite patrie errante contre les menaces des autres agrégations : n'est-ce pas ce danger même qui, forçant les hommes à se grouper, fit apparaître à leurs yeux la conception de l'intérêt général, c'est-à-dire de la Chose publique telle que nous venons de la définir?

Ainsi, la Chose publique, dont nous parlerons dans ce travail, représente la somme des intérêts communs à l'ensemble des citoyens ou à un certain nombre dont, — avec l'aveu de la majorité d'entre eux dans notre organisation démocratique, — les pouvoirs publics se sont arrogé l'administration.

### § 2. — Les tendances à l'étatisation et à l'interventionnisme.

Les diverses solutions que l'on a données à la question de l'intervention des pouvoirs publics ne dépendent pas seulement de considérations économiques, mais encore de considérations sociales et politiques, de la notion particulière que l'on se fait de l'intérêt général et de la confiance qu'inspirent la nature et la forme du Gouvernement dans chaque pays et à chaque époque. Cette question se posera toujours tant qu'existeront une société et un gouvernement et nécessitera toujours de nouvelles réponses adaptées aux conditions nouvelles que l'histoire créera.

De même que, dans l'échelle des êtres, les plus élevés sont ceux qui présentent à la fois les organes les plus différenciés et les mieux coordonnés, de même en histoire, à mesure qu'on

_______________

(1) *L'Individualisme économique et social*, par Albert SCHATZ. (Les théories politiques de Th. Hobbes), p. 48.

passe d'une forme sociale inférieure à une forme supérieure, « l'État progresse en étendue et en efficacité; son action gagne en extension et en intensité. L'État organisé ne présente pas seulement, d'un degré à un autre de l'évolution, une plus haute complexité, chaque fonction spéciale étant liée de plus en plus à un organe spécial; il présente toujours une harmonie plus marquée : les organes sociaux, de plus en plus variés, sont placés dans une dépendance croissante par rapport à un organe central. En d'autres termes, dans l'échelle des organismes sociaux, comme dans celle des êtres vivants, c'est la division du travail et la centralisation qui fixent le grade plus ou moins élevé qu'occupe l'organisme dans la hiérarchie (1) ».

En effet, dans le développement des collectivités administratives nées des fortunes changeantes de l'histoire, le régime administratif constitue une nouvelle étape dans la centralisation de la Nation par le Gouvernement, qui est, pour une forte part, une centralisation économique.

A son origine, le régime est individualiste : la Chose publique est limitée à l'emprise des seuls droits et devoirs que l'individu ne peut pas isolément exercer utilement. Dans ce régime individualiste, chacun est incité à exercer, à ses risques et périls, ses droits étant peu limités, tous ses moyens d'action. Mais le régime d'État ne se tient pas longtemps dans cette réserve. Il entraîne une séparation de la vie publique et de la vie privée qui s'établit sur la distinction de l'intérêt général et de l'intérêt particulier.

Or, rien de plus élastique que la notion de l'intérêt général.

Peu à peu on entre dans le régime administratif; l'État se charge de services qui, jusque-là, ou bien n'existaient pas du tout, — et le public s'en passait, — ou bien étaient assurés par des entreprises particulières. On entre si bien dans cette voie et l'on y marche si vite, que l'on en arrive à offrir au public des services qu'il ne demandait pas et dont il n'usera pas; surproduction administrative comparable à la surproduction industrielle.

Avec le temps, l'État ou les collectivités administratives

---

1) Rodbertus, *Zur Geschichte der Römischen Tributsteuer*, t. **VIII**, p. **446, 447**.

auront constitué, sous le nom de services publics ou de monopoles, un substratum de la vie privée à raison de leur régularité,
et de leur continuité. Notre individualité, notre personnalité, s'a-
menuisent, dans ces conditions, chaque jour, au profit (?) de la
vie grégaire. De méchants esprits pourraient y découvrir le
signe que le progrès humain est près de voir se fermer son cycle !

En outre de ces causes historiques générales, qui tiennent
à la constitution même des éléments, et à l'évolution naturelle
de la vie nationale, le développement des attributions de l'État
tient aussi à des causes occasionnelles, spéciales, conditionnées
par des circonstances particulières.

C'est ainsi qu'à mesure que les classes ouvrières ont pris
une plus grande part au gouvernement, elles ont cherché à
utiliser la législation à leur profit.

« Les besoins communs, sacrifiés par l'intérêt privé dans la
course aux bénéfices, s'affirment de plus en plus à travers les
lois sur le travail en usines, les essais de municipalisation, les
lois sanitaires et le reste. En d'autres termes, les diverses fonctions de la société, qui opéraient à l'origine indépendamment
l'une de l'autre, tendent à se grouper sous la sujétion d'une volonté et d'un intérêt communs au groupe entier; avec le temps,
les groupes eux-mêmes tendent à être complètement absorbés
dans l'organisme entier et à agir conformément à sa volonté et
à son intérêt (1). »

Les lois d'assurance, les mesures de protection, les interventions dans les conditions du travail, sont l'expression de cette
tendance, indépendamment même de toute conception doctrinale préconçue.

Avec le règlement des rapports entre patrons et ouvriers,
les pouvoirs publics ont étendu leur intervention à la production, surtout à cause du caractère nouveau de la vie sociale.
Les grands travaux publics se sont multipliés grâce à la puissance des forces productives. Les services d'utilité générale
se sont développés en fonction de la concentration croissante
de la population dans les villes. La vie commune empiète de
plus en plus sur la vie isolée et dispersée d'autrefois. La com-

--------

(1) J. RAMSAY MACDONALD, *Le Socialisme et la Société*, p. 78.

munauté d'intérêts s'est étendue des limites du village à celles de la grande ville ou de la Nation. Sur tous les marchés économiques, la concentration fait place à l'ancienne dispersion. Les monopoles sont partout. L'entreprise collective a cessé d'être l'exception. L'opinion s'habitue à voir l'État, l'être collectif par excellence, concentrer en lui des attributions dont beaucoup devraient être assumées par l'initiative individuelle.

Bien mieux, l'opinion intoxiquée finit par éprouver le besoin d'une exacerbation de cette situation.

« L'interventionnisme n'a pas su se borner. L'État, fournisseur normal de justice et de sécurité, s'est fait, en outre, commissionnaire, banquier, armateur, constructeur de navires, bibliothécaire, collectionneur, graveur, placier, maître d'école, entrepreneur de spectacles, marchand d'eaux minérales, médecin, philanthrope, imprimeur, tapissier, sylviculteur, éleveur, fabricant de cigares, marchand d'allumettes, assureur, journaliste, bookmaker, etc... Quand l'Administration n'agit pas par elle-même, elle contrôle et réglemente l'action privée. Elle se mêle de tout. En même temps, une foi nouvelle est née : les Français d'aujourd'hui croient à la toute-puissance des règlements. Les gouvernants, d'ailleurs, encouragent volontiers cette illusion, persuadés que leur puissance s'accroît avec leur rôle (1). »

Et l'on s'achemine ainsi, petit à petit, vers l'étatisme. On marche peu à peu vers cet état de choses, soit par l'évolution normale du régime politique, soit par l'application d'un système politique selon lequel l'État doit se charger d'assurer le bonheur universel en redressant les inégalités choquantes entre les hommes et en intervenant dans la répartition des richesses et dans leur production. Tout étant sacrifié à la grandeur de l'État, l'Administration tend à s'élargir jusqu'à être toute la Nation, exclusivement composée de fonctionnaires, les uns fonctionnaires administrateurs, les autres fonctionnaires producteurs.

« Or, il est indéniable, écrivait M. le député Ajam (2) que, plus

_______________

(1) *Traité élémentaire*, H. BERTHÉLEMY, *op. cit.*, préface p. X.
(2) *Revue politique et parlementaire* (19 juillet 1908), p. 46. La décentralisation. Où en sommes-nous?

l'État s'arroge le droit de moraliser le contrat de travail, plus il étend ses fonctions de bienfaiteur public, plus il se substitue à la charité privée, plus il crée de fonctionnaires, plus il demande de ressources aux contribuables, plus le poids de l'impôt devient intolérable. »

On en vient ainsi à justifier l'opinion de Dupont White : « La règle et l'organe d'une société c'est l'État... De quelque façon qu'il soit constitué, l'État vaut mieux que les individus... (1). »

Tout récemment encore, l'un des leaders du parti travailliste en Angleterre, dans un ouvrage auquel nous avons déjà été amené à nous reporter, a défini en termes fort habiles la théorie de l'adaptation de la société à la forme socialiste.

« Le socialiste, dit-il, se refuse à considérer l'État comme une simple collection d'individus, dans laquelle la majorité opprime la minorité. Il voit en lui le moyen qui permet à la majorité et à la minorité d'exprimer une volonté qui leur appartient en commun parce que la minorité est organiquement liée à la collectivité pour laquelle agit l'État; selon lui l'œuvre législative et administrative ne doit donc pas être une limitation coercitive de la liberté individuelle puisqu'il ne peut pas considérer la collectivité comme une masse d'individus dont chacun, muni de droits naturels et inviolables, se replie sur lui-même et n'a en vue que ses propres fins. Pour lui, la vie commune est aussi réelle que la vie d'un organisme constitué par plusieurs cellules vivantes. Donc, lorsqu'on lui dit que l'aide personnelle et l'activité de l'État sont en opposition, qu'il y a incompatibilité entre la liberté individuelle et ce recueil confus des lois, que l'action que les électeurs exercent au moyen du Parlement ou des municipalités diffère en soi de l'action qu'ils exercent au moyen des Trades-Unions, des sociétés coopératives, des compagnies à capital collectif, ou que la propriété commune limite la propriété privée, le socialisme avoue que l'argument est au-dessus de ses forces.

« Il n'y a pas opposition entre ces choses. Non seulement elles existent côte à côte, mais elles ont naturellement une existence séparée et indépendante. Elles indiquent que la loi

______

(1) *L'Individu et l'État*, p. 65.

du bien-être individuel est une loi de personnalité sociale et que l'aide mutuelle comme la lutte individuelle, est un élément du processus du progrès, l'État est donc essentiel au socialisme et nous devons considérer l'influence du socialisme dans la politique et en rapport avec les partis politiques (1) »...

« Il me semble qu'il y ait une conscience de cellule qui diffère de la conscience du corps organisé avec son cerveau spécialisé et son système nerveux; il y a une conscience sociale avec son système sensitif et moteur superposé sur la conscience individuelle : les deux réunies forment la conscience individuelle réelle (2) »...

« ... Le socialisme marque le développement de la société et non le soulèvement d'une classe. La conscience dont il cherche à hâter l'avènement n'est pas celle de la solidarité de classe, mais celle de l'unité sociale et la marche vers un tout organique. Le mot d'ordre du socialisme n'est donc pas la conscience de classes mais la conscience de la collectivité (3). »

Mais l'auteur socialiste se rend compte de l'aventure que peut faire courir à son système l'acceptation par les masses de formules tentantes sans qu'elle soit précédée d'une conviction raisonnée et profonde et il écrit :

« De quelque manière qu'on l'envisage, l'appel à l'intérêt de classe est un appel à l'intérêt personnel. La propagande socialiste, menée comme guerre de classes, n'inspire aucun de ces idéals de qualité civique morale dont abonde la littérature socialiste : « chacun pour tous et tous pour chacun »: «servir la collectivité est le seul droit de propriété », et tant d'autres. C'est un appel à l'individualisme·et son seul résultat est de faire accepter des formules socialistes aux hommes sans en faire des socialistes (4). »

Nous aurons à étudier plus loin quels sont précisément les moyens à mettre en œuvre pour que, en marge de l'État et le plus souvent sous sa surveillance, cela va de soi ou, plutôt,

------

(1) J. Ramsay Macdonald, *op. cit.*, p. 202.
(2) P. 39.
(3) P. 194.
(4) P. 99..

cela doit être entendu, puissent se développer les activités individuelles ou collectives dont la carence est le meilleur argument des étatistes déterminés.

Enfin, M. Ramsay Macdonald lance cet avertissement :

« Lorsque le palliatif législatif est incompatible avec le système auquel il est imposé, la conscience morale naissante qui suggère la demande doit s'apercevoir que cette demande condamne l'état de choses existant dans son essence même et non pas seulement dans quelques-unes de ses caractéristiques superficielles et variables.

« J'estime que ceci est de la plus haute importance pour le succès futur du socialisme. L'ingérence de l'État sous le régime du commercialisme est confinée dans d'étroites limites. Si nous dépassons ces limites, nos expériences aboutiront à des échecs et, comme les ateliers nationaux de Paris en 1848, fourniront contre nous des arguments écrasants aux réactionnaires. La propriété publique généralisée — le socialisme, après tout, n'étant pas autre chose — doit être distinguée de l'intervention de l'État qui n'est, elle, qu'un acheminement vers le socialisme et encore pas toujours. On ne doit pas tolérer que cette propriété publique soit reléguée un seul instant à l'arrière-plan de l'effort socialiste. Dans l'intérêt d'un mouvement plus étendu on doit quelquefois rejeter des mesures qui, comme les commissions de salaires et le salaire minimum légal, sont de simples palliatifs (1). »

Mais, c'est hélas ! tout le problème !

Aucun régime ne serait de nature à nous effrayer s'il s'appuyait sur une éducation civique parfaite. Or, elle est toute à faire, nous en reparlerons plus loin.

M. Vandervelde, dont l'autorité morale est si considérable dans les milieux socialistes, est allé plus loin encore que ses confrères anglais, dans la netteté de ses déclarations. On en trouvera l'essentiel dans son ouvrage intitulé *Le Socialisme contre l'État :*

« ... Dans l'esprit public, écrit-il, il semble que cette mainmise gouvernementale sur la production et l'échange apparaisse

---

(1) *Op. cit.*, p. 22.

plus que jamais comme une obligation et une réalisation des principes socialistes (1)... »

A quoi il oppose très nettement (2) : « A l'heure où, par le fait de la guerre ou des charges formidables qui résultent de la guerre, les mainmises de l'État sur les grandes industries tendent à se multiplier, il importe plus que jamais de réagir contre la tendance trop générale que n'évitent pas certains socialistes eux-mêmes, à confondre le socialisme et l'étatisme, à voir dans les progrès de l'étatisation, autant de victoires partielles du collectivisme, à se figurer que, pour assurer l'avènement du socialisme, il suffirait de pousser jusqu'à ses conséquences dernières le développement des régies municipales et des monopoles d'État. »

Et plus loin :

« Nous avons dit que nombre de socialistes et aussi d'adversaires du socialisme voient, dans ces progrès de l'étatisation, autant de victoires partielles des idées collectivistes.

« C'est là, pour le moins, une exagération manifeste. La vérité est qu'en « étatisant » certaines industries, les gouvernants d'avant-guerre obéissaient à des préoccupations très complexes dont les unes étaient d'ordre militaire et fiscal, les autres d'ordre social (3)... »

. « ... Nous l'avons mis en garde (le prolétariat) contre les excès d'un doctrinalisme stérile qui lui ferait repousser toute intervention de l'État, fût-ce en vue de préparer sa destitution.

« Nous le mettons en garde, bien plus encore, contre l'exagération de la tendance contraire qui lui ferait voir, dans l'extension des régies, dans la mainmise du Gouvernement sur les principales industries, la forme dernière et le triomphe du socialisme (4).

« Certes, monopole pour monopole, il peut être préférable, malgré tout, de substituer le monopole de l'État au monopole de grandes compagnies capitalistes. Mais, il y a, pour le moins, une âme de vérité dans l'opinion de ceux qui tiennent l'État

---

(1) P. 170.
(2) Introduction, p. XIII.
(3) P. 79.
(4) P. 170.

pour un mauvais commerçant et un mauvais industriel, qui redoutent de voir, par suite des progrès de l'étatisation, se développer une bureaucratie routinière et lente, qui répugne à la pensée de voir s'affaiblir les initiatives individuelles et voient une sérieuse menace pour la liberté dans la fonctionnarisation d'un nombre toujours croissant de citoyens.

« Seulement, on ne saurait assez le dire et le redire, ce n'est pas à l'État, tel qu'il est aujourd'hui constitué, que les socialistes veulent attribuer la propriété collective des moyens de production et d'échange (1). »

Enfin, M. Vandervelde, tout imprégné de l'influence anglaise, voit l'aboutissement du socialisme non pas dans l'enflure de l'État industriel, dont il condamne le principe d'une manière formelle, mais dans la pratique de la solidarité.

« Il ne s'agit point, écrit-il, de remplacer le capitalisme privé par le capitalisme d'État, mais le capitalisme privé et le capitalisme d'État par la coopération des travailleurs, maîtres des moyens de production et d'échange. Et pareille transformation — qui supprime la distinction entre capitalistes et travailleurs — n'est rien moins qu'une révolution (2). »

« Une autre cause d'extension du fonctionnarisme, écrit M. le vicomte G. d'Avenel (3), ce sont les besognes dont le pouvoir public s'est chargé sans qu'elles lui incombassent; tels, dans le domaine industriel, les chemins de fer, dits de l'État, qui auraient dû plusieurs fois faire faillite en fin d'exercice s'ils marchaient dans les conditions normales d'une entreprise ordinaire, mais qui fournissent aux partis l'occasion si tentante de récompenser par des emplois les gens qu'ils affectionnent, tels les canaux politiques, les voies ferrées électorales, les ports et bassins de propagande. »

« Certain canal de l'Est, dit M. Lesguillier, ancien sous-secrétaire d'État des Travaux publics, a été entrepris pour amener de la houille à une localité industrielle déjà desservie par le chemin de fer. Rendue aux usines, la houille coûtait jusqu'alors

_________

(1) *Op. cit.*, p. 87.
(2) *Op. cit.*, p. 167.
(3) *La Réforme administrative*, par le vicomte G. D'AVENEL, p. 326 (« L'extension du fonctionnarisme »).

25 francs par tonne. L'intérêt de la dépense d'établissement du canal, réparti sur la consommation, atteindra 28 francs par tonne. Il en résulte que si, au lieu de construire le canal, l'État achetait la houille sur le carreau de la mine, payait son transport par chemin de fer et la livrait gratuitement aux usiniers, il gagnerait encore 3 francs par tonne. »

Et encore (1) : « De sages et hauts esprits avaient blâmé, dès la deuxième République, l'extension démesurée du personnel public. En examinant l'ensemble de l'administration du pays, disait Berryer, dans son rapport sur la loi de finances (1850), nous sommes obligés de signaler la ruineuse multiplicité des fonctions et des emplois, que nous voyons s'accroître périodiquement, et qui appellent trop d'hommes, au moment de leur entrée dans la vie, à solliciter de l'État une existence bornée, mais commode et sûre. Ainsi se perdent l'énergie et l'honorable indépendance de l'homme obligé d'assurer par lui-même son avenir; ainsi s'éteignent trop de capacités qui auraient pu honorer et servir plus utilement le pays; ainsi s'augmente pour les contribuables la charge de ces existences auxquelles il faut pourvoir, sans obtenir de leur travail une valeur égale à ces rémunérations accordées en trop grand nombre. »

« Un peuple de solliciteurs, s'écriait Montalembert quelques années plus tard, est le dernier des peuples. Il n'y a pas d'ignominies par où on ne puisse le faire passer. Le désir immodéré et universel des places est la pire des maladies sociales; elle répand dans tout le corps de la nation une humeur vénale et servile qui n'exclut nullement même chez les mieux pourvus, l'esprit de faction et d'anarchie. Le parti auquel appartenait cet homme d'État avait conformé, c'est une justice à lui rendre, sa conduite à ses doctrines. »

Les nécessités de la guerre ont été également, comme l'indique Vandervelde, une cause nouvelle de l'augmentation des attributions de l'État. Dans les conditions exceptionnelles créées par elles, l'État dut se charger dans le domaine économique, de missions qu'en temps normal il eût abandonnées à l'initiative privée. Dans ces circonstances, en effet, toute l'ac-

----

(1) *Op. cit.*, p. 300.

tivité nationale devait tendre vers un seul but, la somme des intérêts particuliers se trouvant confondue dans l'intérêt général. Et devant celui-ci les égoïsmes, même les plus légitimes, devaient céder. On vit ainsi l'État s'immiscer, sur le terrain économique, dans le jeu de la loi de l'offre et de la demande, se faire industriel, contrôleur de la production, grand ravitailleur des diverses collectivités et des particuliers. Il était, en effet, nécessaire qu'une autorité supérieure groupât en un faisceau puissant les entreprises individuelles dispersées et leur imprimât une impulsion ferme vers une direction unique, la défense nationale.

Quelles qu'en soient les causes, l'augmentation des attributions de l'État et la centralisation, qui en est le corollaire, sont un fait dont il convient maintenant d'envisager les conséquences généralement déplorables.

Comment marquer les domaines respectifs de l'État et des individus ? Il faut, pour cela, procéder à un partage d'attributions, puisqu'il est impossible, à moins d'imaginer un changement radical de la psychologie humaine, de substituer complètement, dans l'économie, le mobile de l'intérêt public à celui de l'intérêt privé comme le voudraient les collectivistes.

Avec M. Albert Schatz (1) nous estimons que « d'abord et avant tout, il faut désencombrer l'État et le ramener à sa vraie fonction. L'État, dans sa présente organisation, a méconnu et violé cette loi fondamentale qui domine l'évolution de tous les organismes et qui les oblige à se spécialiser de plus en plus dans la fonction à laquelle ils sont propres et que, pour cette raison, leur abandonnent les autres organismes également de plus en plus spécialisés et par conséquent moins aptes à la remplir ».

Le résultat de cette erreur de principe est celui que signale Taine : l'État remplit mal sa fonction propre et mal sa fonction usurpée.

Cette politique d'interventionnisme ou d'étatisme est une aggravation de l'emprise — dans une certaine mesure socialement inéluctable — de la vie publique sur la vie privée. Elle

---

(1) Albert SCHATZ, *L'Entreprise gouvernementale et son administration*, p. 115.

tend ainsi à la suppression de la couche intermédiaire des institutions privées d'intérêt public, qui constitue un trait d'union entre la couche purement administrative et la couche purement privée.

« Et une question nouvelle se pose, puisque nous sommes amenés à nous demander si l'État, en suscitant les initiatives privées et en multipliant les organisations autonomes qu'il contrôle mais dont il utilise la collaboration, ne pourrait pas être aussi déchargé, en partie tout au moins, du soin de réglementer comme il le fait, le domaine presque entier de la vie économique et politique du pays (1). »

« A prétendre se substituer à elles, l'État ne ferait que décourager les énergies privées et se lancer dans des aventures sociales, proches cousines des mainmises socialistes. Son rôle essentiel consiste en ce domaine encore (l'Hygiène sociale), à ne pas entraver les œuvres volontaires de progrès. Il se gardera, en conséquence, de les écraser d'impôts, ou de leur enlever par une politique hostile aux capitaux les moyens d'expansion qui leur sont indispensables. Il les stimulera plutôt, à l'aide de dégrèvements intelligemment ménagés et des concours ne dégénérant jamais en empiétements spoliateurs. Dans cet ordre d'idées, les bons vouloirs peuvent, si on ne s'expose pas à les briser, accomplir des prodiges. Les réalisations acquises déjà autorisent tous les espoirs. Moins discrètes, mieux connues, elles suffiraient pour détourner le législateur de tentatives qui, pour peu qu'on y cédât, auraient vite achevé la ruine de nos finances (2). »

Cependant, certaines applications de ces vues générales ne sauraient être admises sans réserve.

Ainsi, M. Albert Schatz, dans le même ouvrage, opine qu' «en matière d'assistance, l'action de l'État pourrait être presque complètement remplacée par la bienfaisance privée ».

Certes, nos services d'assistance ne sont pas la meilleure forme de l'aide que la collectivité doit à ceux de ses membres en état de défaillance physique ou morale. Mais ils constituent, pour

_________________

(1) Albert SCHATZ, *op. cit.*, p. 159.
(2) Extrait du journal *Le Temps*, du 30 novembre 1921 (« Le Budget de l'Hygiène »).

la sauvegarde de la dignité individuelle, un progrès certain sur toutes les formes de la bienfaisance privée.

Nos pères ont donné à la République naissante avec infiniment de cœur et de sens patriotique, la Fraternité comme l'un de ses patronymes, dont l'application la plus élevée et la plus humaine est « l'entr'aide », c'est-à-dire la solidarité en action.

Et c'est dans le développement des institutions de solidarité, dont les sociétés de secours mutuels sont la plus vivante et agissante forme à cette heure, que doit être recherchée — et non pas dans la bienfaisance privée — la possibilité pour l'État de se décharger des devoirs d'assistance de la collectivité. C'est là une solution sur laquelle nous aurons l'occasion de nous appesantir.

Mais l'intrusion sans cesse grandissante de l'État a d'autres conséquences.

Par sa police et par ses réquisitions, la bureaucratie administrative en arrive à harceler continuellement le pays. Elle aboutit à décourager, à contrecarrer toutes les initiatives, et à supprimer toutes les libertés individuelles qui pourraient être des instruments de contrôle de son action. A ce régime, le pays s'appauvrit rapidement, non seulement dans sa vie politique et publique, mais même dans sa vie privée et dans sa substance économique. D'abord le fisc administratif le ronge; ensuite, l'esprit d'initiative disparaît même pour les entreprises industrielles et commerciales; car tout se tient.

L'habitude du risque se prend ou se perd dans la vie privée en réflexe des conditions de la vie publique.

Les républiques où la vie politique a été la plus agitée, ont été, en même temps, les plus commerçantes, témoins : Carthage, Athènes, Gênes, Venise, Florence. Les empires les plus somnolents au point de vue politique ont été aussi les plus dépourvus de commerce et d'industrie, témoin : l'Empire russe jusqu'en ces dernières années.

« Les envahissements de l'État, en restreignant la liberté individuelle et la responsabilité personnelle, énervent la volonté », dit M. P. Leroy-Beaulieu (1).

---

(1) *L'État moderne et ses fonctions*, par Paul LEROY-BEAULIEU, membre de l'Institut, professeur au Collège de France, directeur de l'*Économiste français*, année 1890. Préface, p. VI.

Enfin la bureaucratie administrative, livrée à elle-même, sans contrôle, administre mal; elle s'enlise et se dissout dans la routine.

D'ailleurs l'État, de par sa nature même, est atteint de certains défauts, par où ses actes les plus justifiables en principe et les plus nécessaires en théorie, peuvent, en pratique, se transformer en mesures dangereuses et oppressives.

L'action administrative, à raison des contrôles qu'elle doit imposer, est plus lente, plus formaliste, plus rigide, moins apte à se plier aux nécessités de la vie économique essentiellement changeantes et variables. De plus, ses agents n'ont pas le stimulant de l'intérêt personnel, sur lequel insistait Stuart Mill, et qui est le plus puissant animateur des activités fécondes; ils sont de plus soustraits à la concurrence, la plus énergique des forces sociales, dit M. P. Leroy-Beaulieu.

On ne peut cependant dire comme Bastiat (*Harmonies économiques*) que « le Gouvernement n'agit que par l'intervention de la force », que « son action n'est légitime que là où l'intervention de la force est elle-même légitime », car « il y a, en toute société, des choses vitales que l'individu ne fera jamais, soit qu'elles passent ses forces, soit qu'elles les récompensent mal, soit qu'elles demandent le concours de tous, qui ne peut être obtenu à l'amiable : l'État est l'entrepreneur, l'acteur né de ces choses. (1) »

Théoriquement donc, l'État devrait s'assigner comme unique tâche d' « ériger et entretenir certains établissements utiles au public qu'il n'est pas dans l'intérêt d'un petit nombre de créer ou d'entretenir pour leur compte », car « la dépense qu'occasionnent ces établissements surpasserait les avantages que pourraient en retirer les particuliers qui en feraient les frais » (2).

Il pourra se charger d'une industrie, toutes les fois qu'elle nécessitera une direction uniforme ou même unique et risquerait de devenir un monopole, dont la gestion par des particuliers risquerait de constituer un *danger pour l'État;* toutes les fois, enfin, qu'elle répondra à un besoin général, sans qu'il

---

(1) Dupont WHITE (Préface à *La Liberté* de STUART MILL).
(2) Adam SMITH, *Richesse des Nations.*

soit possible de déterminer la part respective d'avantages que chaque consommateur en recueillera, ou pour des raisons impérieuses de fiscalité.

Ainsi se justifiera son intervention, sinon comme producteur — à prohiber en principe sauf rares cas d'espèces, — du moins pour surveiller et réglementer les divers actes de production, avec infiniment de précautions et toutes incidences mesurées de cette ingérence qui doit, elle aussi, revêtir un caractère d'exception.

D'un important discours prononcé à la Chambre des Députés sur la question des monopoles, par M. L. Deschamps, nous extrayons les passages ci-après qui nous paraissent contenir de fort judicieux avertissements (1) :

« Lorsque l'État a voulu s'emparer des monopoles, il a invoqué l'intérêt général ou la sécurité publique. En fait, sous ces expressions se cachait la réalité. L'État s'est emparé des tabacs, des poudres, des allumettes, du téléphone, parce qu'il a voulu s'emparer des bénéfices réalisés par chacune de ces exploitations. C'est une pensée fiscale qui l'a fait agir et puisque c'est à l'occasion d'un débat financier que naît cette discussion, c'est à ce seul point de vue que nous devons nous placer pour voir s'il a réussi...

« ... Chaque époque, à travers l'histoire, a dû se modeler au contact des événements qui l'ont dominée. A cette heure, nous avons sans doute des préoccupations de sécurité extérieure mais je ne serai pas démenti si je dis que nos préoccupations les plus vives sont d'ordre financier.

« Nous devons tarir toutes les sources de gaspillage. Nous devons tirer de toutes nos richesses le parti le plus productif. Pouvons-nous dire, en nous inspirant de ces idées, que l'État doive garder plus longtemps la gestion, l'exploitation des monopoles?...

« ... On a pu croire, un jour, au milieu des étonnements d'une humanité en quête de progrès, que l'État français pourrait utilement guider la société dans les manifestations diverses de

_______________

(1) Discours de M. Louis Deschamps, député. Séance du 16 novembre 1921 (*J. O.*, Débats parlementaires. Chambre. Session extraordinaire, p. 4056).

sa vie économique, substituer aux vues trop souvent intéressées ou étroites des individus, de larges vues d'avenir. Qui peut le croire aujourd'hui? Un échec indiscutable a marqué toutes ses entreprises.

« M. le ministre des Finances, lui-même, dans son rapport sur le budget de 1922, n'a pas caché son opinion. A la page 10 de son rapport on lit :

« Et cependant, il est des services publics qui, en tout état « de cause, devront être assurés; on pourrait, à la rigueur, conce- « voir que l'État abandonne, au profit de l'initiative privée, un « certain nombre de ses attributions actuelles, mais il devra tou- « jours pourvoir à certaines tâches essentielles : défense nationale, « administration générale, sécurité publique, lois sociales »...

« ... Après avoir fait le procès de tous les monopoles ou de presque tous, je disais que je pouvais invoquer, en faveur de ma thèse, la haute autorité de M. le ministre des Finances. Si je veux rechercher davantage ma pensée, je lis à la page 27, à l'occasion des comptes spéciaux :

« Or, il est de notoriété trop certaine, — et on ne recherchera « pas ici les motifs accidentels ou permanents de ces insuccès, — « que l'État industriel, l'État commerçant, l'État armateur, n'a « guère connu la prospérité financière dans ses entreprises. »

L'État, à qui est dévolue la fonction essentielle de conservation et d'amélioration des conditions générales d'existence et de bien-être de la nation, ne devra donc pas prétendre à se substituer aux initiatives privées dans le domaine où elles peuvent librement et efficacement s'exercer. Il ne ferait que les décourager et se lancerait dans des aventures sociales grosses de redoutables dangers. Son rôle essentiel doit consister, non pas à les entraver par une politique hostile à leur développement, mais, au contraire, à les stimuler par tous les moyens dont il peut disposer.

Dans ce cadre, tous les bons vouloirs peuvent heureusement s'exercer, et, si le concours de l'État ne dégénère pas en empiètement spoliateur, ces organismes spontanés, d'intérêt général, peuvent accomplir des prodiges dans le sens d'un maximum de réalisations avec le minimum de déperdition de forces.

Reste à se demander si l'étatisme est vraiment une doctrine politique.

Il convient de distinguer à cet égard entre la « monopolisation » et la « réglementation », c'est-à-dire entre les deux grandes sources d'empiètement de l'État sur la liberté d'action des citoyens.

1º *Les monopoles.* — Pour ce qui est des monopoles, qui ont fait évoquer par l'État la gestion de certains compartiments industriels, il convient de distinguer ceux qui sont institués dans un but purement fiscal, ceux dont la justification réside dans l'intérêt de la sécurité de l'État, et enfin ceux dont l'établissement ne répond qu'à des considérations d'organisation politique dans le sens de la nationalisation.

Du point de vue fiscal, il est difficile de combattre la monopolisation *a priori;* c'est une question de mesure et d'opportunité. Il convient, en tout cas, de ne considérer cette source de revenus pour l'État que comme *un expédient à défaut de mieux* et de n'y avoir recours qu'en cas de nécessité.

Du point de vue de la sécurité nationale, il est certain que divers monopoles peuvent se défendre, tel celui des poudres, des télégraphes, des téléphones, etc...

Et nous devons en cette matière comme en toutes autres — ainsi que nous nous en sommes défendus dès l'abord — nous défier des formules absolues.

Quoique adversaire résolu des monopoles, M. P. Leroy-Beaulieu (1) opine qu'il est d'ailleurs impossible d'arriver théoriquement à une démarcation fixe entre la sphère de l'État et celle des sociétés libres ou des individus. Les deux sphères se pénètrent souvent l'un l'autre, et elles se déplacent.

Nous concluons donc, avec M. A. Schatz, que l'autorité ne doit se charger d'une fonction que quand cette fonction est indispensable et ne peut être exercée ni par les individus ni par l'association libre et volontaire. Elle doit enfin « travailler à préparer elle-même sa retraite ».

La question de l'établissement de ces deux premières catégories de monopoles ne nous paraît donc pas se poser du point de vue politique.

Quant aux principes de nationalisation de certaines branches

---

(1) *Op. cit.*, p. 41.

de l'activité nationale, qui, dans l'esprit de quelques-uns, réaliseraient une amélioration dans la vie sociale, peut-on les considérer comme articles de programme politique, et s'imposant ainsi à tel ou tel parti?

Tel n'est point le cas, quoi qu'on en dise : nous en prenons pour caution les opinions, citées plus haut, des plus remarquables tribuns du socialisme contemporain, en Belgique et en Angleterre.

Cependant la théorie de la mainmise de l'État sous les formes les plus diverses de la production et de la répartition, trouve dans le parti socialiste français des protagonistes résolus, poussés d'ailleurs par des mobiles très différents.

Pour les uns, plus qu'une fin, c'est le moyen le plus rapide d'atteindre à la suppression des volontés individuelles, condition de l'instauration du régime de socialisation communiste : ils espèrent ainsi l'instituer sur les ruines de l'État défaillant parce qu'appauvri et de la société inerte parce que tuée dans ses sources d'énergie. On ne peut vraiment justifier que par des théories proprement anarchistes l'emploi de tels moyens à la poursuite d'un semblable but; mais c'est un système qui peut se prévaloir d'une certaine logique.

Pour les autres, l'accroissement des charges de l'État — toute notre activité trouvant son but et sa satisfaction dans le domaine de la Chose publique — représente l'idéal de la cité future où la suppression de toutes les divisions sociales serait, aussi simplement, réalisée. Un grand nombre sont de bonne foi, qui sont de doux rêveurs — sinon inoffensifs. Leur mystique n'a aucun compte à tenir .des contingences. Ils ne s'arrêtent pas à considérer les incidences de leur programme sur la vie économique. Mais l'économie politique, comme la fée délaissée, se charge, hélas! de se venger sur la politique qu'on lui aura exclusivement préférée.

Pour trouver l'explication de la doctrine d'un parti si peu en harmonie avec nos conceptions traditionnelles, il convient de se rappeler que le socialisme français a hérité son programme de l'école allemande.

_______________

(1) *Op. cit.*, p. 14.

« C'est surtout en Allemagne, dit M. P. Leroy-Beaulieu (1), que la doctrine nouvelle se répand. On s'y trouve en pleine idolâtrie de l'État. Bien des causes y concourent : de vieilles traditions historiques; une tendance naturelle à la philosophie allemande; le désir chez les économistes d'innover sans grands frais d'imagination et de former une école nationale en opposition à l'école anglaise et à l'école française; enfin le prestige des triomphes de la monarchie prussienne, la plus étonnante machine administrative qui ait jamais existé. »

Hégel fut, on le sait, le doctrinaire le plus écouté de cette philosophie politique. Or, si elle correspondait à la formation morale de ses compatriotes, on ne pouvait impunément en faire un article d'importation.

En effet, le Germain a le sens et le besoin de la vie collective, nous allions dire grégaire, de la discipline, de la règle; et il faut convenir que, même dans cette vie caporalisée, il conserve la possibilité de développer ses facultés individuelles : il *obéit* avec *vouloir*.

On sait, par contre, quel est chez nous l'esprit individualiste. Si le clairon de Rousseau a pu retentir profondément dans le cœur de tant de Français, c'est qu'il répondait à leurs aspirations traditionnelles. Nous sommes le pays des Droits de l'homme et du citoyen, jusqu'à nous sacrifier à les conquérir pour autrui.

Ainsi apparaît la faute d'une fraction importante de notre école socialiste qui, entre les conceptions du socialisme anglais ou belge, auxquelles notre mentalité lui eût commandé de s'apparenter, a penché vers le socialisme allemand dont les tendances sont si opposées à notre esprit social.

« L'individualisme (1), marqué du sens pratique de nos voisins d'outre-Manche, est — et son nom l'indique également — un système social qui exalte l'individu, dont le but est d'augmenter la valeur des individus qui composent la société et en dehors desquels la société n'est rien, d'amener à son complet épanouissement leur personnalité, de développer leur initiative par l'éducation, de leur apprendre quelle est leur puissance et

---

(1) *L'Individualisme économique et social*, par A. Schatz. *Op. cit.*, p. 197.

leur responsabilité dans l'évolution économique, ce qu'ils y peuvent modifier et ce qu'ils en doivent accepter comme soustrait à leurs aspirations réformatrices. »

Mais, à dire le vrai, le développement de l'étatisation en France en ces dernières années, s'il dérive des conceptions socialistes, a été réalisé avec la complicité tacite ou active de la majorité des républicains.

« L'étatisation, écrit ainsi véridiquement M. Favareille, est devenue la doctrine des républicains. Or, l'étatisme est le contraire de la république, comme la centralisation est le contraire de la liberté (1). »

2o *La réglementation.* — Les règles imposées aux citoyens, qui restreignent l'exercice de leurs droits ou leur créent des obligations, ont des origines diverses que nous avons déjà examinées dans leurs grandes lignes et dont la plupart remontent, quant à leurs mobiles, à l'organisation de l'état social. Nous n'y reviendrons pas. La plupart ne font, d'ailleurs, point l'objet, dans leurs principes, de discussions doctrinales, sauf des partis politiques hostiles à notre état social.

Mais, il est une forme de réglementation qui est propre à l'état moderne et dont le but est de santé publique, de justice sociale ou de prévoyance sociale : elle n'est pas admise sans réserve par tous; pourtant, c'est l'honneur des républicains de l'avoir conçue et réalisée au cours de ces dernières années.

Nous n'entreprendrons pas de parcourir le magnifique édifice qui a été ainsi élevé dans le domaine de l'hygiène, de l'assistance, pour la protection des travailleurs, et pour amener ceux-ci à concevoir, et les aider à réaliser, la prévoyance sous toutes ses formes.

Nous tenons seulement que si la mise en œuvre de ces initiatives généreuses a dû être confiée aux organismes officiels, il convient de s'employer, petit à petit, à en faire passer la gestion, dans la mesure du possible, entre les mains des intéressés, sous le contrôle de l'État.

Ainsi que le disait M. Jules Simon :

« De même que le père de famille conduit d'abord son enfant

---

(1) *La Réforme administrative par l'autonomie et la responsabilité des fonctions.* René FAVAREILLE, p. 22.

impuissant par la lisière pour le laisser ensuite courir en liberté..., de même le pouvoir social cherche plutôt à créer des citoyens que des sujets... et il travaille de toute sa force à se rendre lui-même inutile (1). »

C'est d'esprit de civisme qu'il s'agit : nous allons précisément en parler.

### § 3. — La crise du civisme.

Nous avons essayé d'expliquer par suite de quelles tendances la mainmise de l'État sur tous les domaines de l'activité publique allait s'exacerbant.

Mais une cause plus grave tient à l'attitude d'un trop grand nombre de citoyens et non pas seulement de ceux dont cette compréhension du rôle de l'État rencontre l'adhésion.

« De même, déclarait M. de Marcère (2), que les grands seigneurs, ou simplement les gens très riches sans être grands seigneurs, cela se voit, se reposaient du soin de leur fortune sur des intendants qui d'ailleurs, en général, les ruinaient consciencieusement, de même les Français devenus leurs maîtres ont trouvé très commode de laisser faire toutes leurs affaires par des préposés, agents de l'État, fonctionnaires de tout ordre. Ils ne s'en trouvent pas mieux que les grands seigneurs, et, comme eux, ils préparent leur propre déchéance. Ils ont ainsi perdu l'habitude d'exercer leurs droits. Les mentors qu'ils ont auprès d'eux, à tous les degrés, leur en évitent la peine et les amènent, peu à peu, avec une dureté, dissimulée sous la forme de la légalité, à l'idée qu'ils n'en ont même plus. Cette métamorphose d'un peuple, qui s'est fait tant d'honneur et tant de gloire d'être libre, en une réunion d'écoliers bien sages, s'est faite d'autant plus aisément qu'au fond ce régime caresse un peu quelques-uns de nos défauts. Nous aimons à être quelque chose; c'est la part de la vanité — ce vice français — qui nous pousse aux places et aux honneurs. Nous aimons les doux loisirs; c'est la part de notre sociabilité et de notre humeur

---

(1) Reproduit par M. A. SCHATZ, dans son ouvrage cité.
(2) *Revue politique et parlementaire* (avril 1895), « Lettre sur la décentralisation ».

aimable qui nous détourne de faire emploi à tout propos de nos courages. Mais surtout, il y a quelque chose de cassé en nous; c'est le ressort de l'activité civique. »

« … Nous assistons, déclarait M. A. Briand, président du Conseil (1), à ce spectacle singulier de gens, de pauvres gens fort intéressants qui demandent des libertés, qui demandent des lois nouvelles et puis qui, lorsqu'ils les ont obtenues, ou bien ne les connaissent pas, ou bien n'apprennent pas à s'en servir et qui, faute d'agir, subissent des abus que le moindre effort de solidarité entre eux eût suffi à réprimer…

« … C'est toujours à l'État qu'on demande d'accomplir les efforts que la loi permettait de faire soi-même. »

Tranchons le mot : notre action civique n'est pas à la hauteur de nos aspirations sociales.

Et, devant cette carence des initiatives privées, tournant dans un cercle vicieux, l'État est contraint d'assumer des fonctions qu'il eût dû normalement laisser à leurs soins.

Pour remédier à cette plaie, nous devons nous efforcer de substituer peu à peu à l'action des fonctionnaires celle des citoyens. Sans doute, nous risquons de nous heurter à la résistance des mœurs; les Français, « simples spectateurs de leur. Gouvernement (2) » depuis un siècle, sont habitués à laisser faire, et négligent même parfois les moyens d'action qu'on leur offre (3).

Mais si cette abdication entre les mains de la Nation, représentée par ses administrateurs et ses fonctionnaires, a, dans l'ordre économique, comme nous avons essayé de le marquer, diminué l'initiative individuelle et le courage économique sans quoi la profession commerciale ou industrielle ne se conçoit plus, elle aboutit dans le domaine des intérêts collectifs à une carence du civisme d'autant plus déplorable que nos institutions démocratiques ne peuvent trouver leur plein développement et répondre à leur mérite que par la vertu d'un civisme bien compris.

--------

(1) *J. O.* du 28 juin 1910. Séance de la Chambre du 27 juin.
(2) Paroles que prononça, dit-on, le prince Albert, après avoir lu la Constitution de 1852.
(3) *La Décentralisation*, par Paul DESCHANEL, député, p. 29.

« Le problème unique de toute société est, en effet, de l'éducation générale, qu'il faut distinguer du simple accroissement de connaissances qui doit la précéder. Sans quoi il n'y a que déplacement de servitude du caprice d'un maître à celui d'une multitude irraisonnée (1). »

Et le grand citoyen dont précisément la foi et la volonté indéfectibles servirent si glorieusement la patrie en danger, ajoute :

« Comment se fait-il donc que la mise en valeur de tant d'intelligences aboutisse à si peu de volonté? C'est que « savoir » n'est pas « pouvoir », contrairement au dicton populaire. « Savoir » donne des « possibilités », non le déclanchement de l'organisme d'action qui fait la « puissance effective ». C'est le passage de l'idée à la conviction civique, déterminant le fait qui mettra l'homme en mouvement, suscitera le « citoyen » sans lequel la République ne sera qu'une monarchie sans monarque, une rencontre chanceuse d'intérêts déréglés (2). »

Perdrait-on donc de vue que les libertés individuelles n'existent que si elles s'exercent et que le Gouvernement de l'État n'a pas le monopole du bien public? Il doit pourtant exister dans les États modernes une sorte de liberté du bien public, une sorte de collaboration admise entre les entreprises privées et l'administration pour la gestion des services utiles au public. Il faut convenir que les gouvernements modernes ont absolument besoin de ce concours... Mais les citoyens voudront-ils?

« Il faut trouver une issue à un besoin de réforme aussi universellement senti, dit encore M. de Marcère (3). Il faut composer des pouvoirs publics pénétrés de l'idée de cette réforme et sincèrement appliqués à la faire réussir. Des institutions, il n'en manque pas. Nos devanciers ont imaginé des conseils, des commissions administratives, des corps de contrôle et même d'initiative destinés à fournir aux citoyens les moyens de faire eux-mêmes leurs affaires et de faire prévaloir leur volonté. *Ce qui manque, c'est l'esprit qui fait vivre la lettre. Eh bien! que*

----

(1) G. CLEMENCEAU, *Dans les Champs du Pouvoir*, préface, page ix.
(2) Ibid., p. xii.
(3) *Revue politique et parlementaire* (avril 1895), « Lettre sur la décentralisation »,
p. 5.

les pouvoirs publics animés de cet esprit le fassent passer dans la vie sociale, et que tous les citoyens, conseils, commissions administratives, administrateurs eux-mêmes, ministres et Conseil d'État, se prêtent à cet enseignement mutuel de la liberté ! Il faudra, dites-vous, les y pousser. Peut-être ! Eh bien ! poussons nous-mêmes la France à élire des représentants qui le veuillent !

« Il faudra bien, enfin, qu'on lui obéisse. Et qui se refuserait à lui obéir, si nous parvenons à convaincre tout le monde que son salut et sa grandeur sont à ce prix ? »

Qu'est-ce donc que l'esprit public ou civisme, et en quoi consiste-t-il ?

La fronde civique — dont nous usons si volontiers — n'est pas du civisme ou du moins c'en est la manifestation sous la forme négative.

« Chacun à sa place doit accomplir son devoir et donner au voisin le stimulant de son exemple.

« Discerner le nécessaire et le faire vite !

« Le temps est à l'action plutôt qu'aux discours.

« Savoir ce qu'on veut et s'y tenir. Discipline. Union (1). »

L'esprit public est fait d'intelligence de la Chose publique, de confiance en la chose publique, d'amour et de dévouement pour la Chose publique. Le civisme c'est l'état d'esprit du citoyen conscient de son rôle dans la nation.

Un pays où il n'y a pas d'esprit public, est dans une fâcheuse situation. Un pays où l'esprit public est organisé et dirigé par le Gouvernement, est dans une situation plus fâcheuse encore; non seulement il n'y a pas de liberté politique, non seulement il n'y a pas d'esprit critique, mais il y a une organisation systématique du mensonge qui tôt ou tard conduit le pays aux abîmes. Il faut que, grâce à l'aide de conseils et de secours, les citoyens collaborent à l'œuvre gouvernementale et y fassent contribuer toutes leurs libertés individuelles. Le civisme résume et concentre, au profit de l'État, tout ce que les libertés individuelles des sujets contiennent de puissance qui soit applicable au bien

---

(1) Discours de M. A. Millerand, président de la République, à l'Assemblée des présidents de chambres de commerce, 26 février 1924 (*J. O.* du 27).

public. Il incorpore à l'État la liberté du sujet dans la mesure où il lui en fait spontanément le sacrifice et parce que le régime de la souveraineté nationale démocratique est construit en tenant compte de ce don spontané. Comme les libertés individuelles sont le fondement de la vie privée cela signifie que la vie privée des sujets peut elle-même être jetée dans le creuset de la souveraineté. Et ce n'est pas seulement dans les grandes crises nationales, lorsqu'il faut livrer la vaisselle plate ou les bijoux de famille pour alimenter le trésor de guerre de l'État ou lorsqu'il faut sacrifier sa vie dans la bataille, c'est dans la vie de tous les jours, parce que tous les jours, le Gouvernement a besoin de l'adhésion volontaire des sujets aux règles de droit qu'il pose, et que, tous les jours, il a besoin de la collaboration active des citoyens aux services publics qu'il organise ou de leur initiative pour les services nécessaires qu'ils peuvent administrer.

Ainsi la collaboration des services publics et des œuvres privées doit devenir la règle; l'État a besoin de toutes les deux et elles sont au même titre des expressions de sa souveraineté.

Bien plus, il est incontestable (1), « que, si les mœurs ont une action sur les lois, les lois à leur tour ont une action sur les mœurs; que tout être humain est modifiable jusqu'à un certain degré, au point de vue intellectuel aussi bien qu'au point de vue physique et que les modifications de la nature, produites d'une façon ou d'autre, sont héréditaires. L'usage ou la cessation d'usage d'une faculté mentale amène un changement; une très longue abstention des affaires publiques engendre donc l'indifférence pour ce genre d'affaires ».

Malheureusement on constate que va s'effritant ce dévouement à la Chose publique qui fit la force des républiques antiques, et de la nôtre à ses débuts.

Chacun se cantonne dans la sphère de ses intérêts égoïstes confiné dans l'idée que l'État doit pourvoir à tous les besoins collectifs. Aussi, les services de l'État, des départements et des communes, sont-ils congestionnés de plus en plus, car ces collectivités sont obligées d'assumer la charge d'attributions nou-

---

(1) *La Réf. adm.*, par le vicomte G. D'AVENEL. *Op. cit.*, p. 27.

velles dont la carence des initiatives privées leur impose le soin.

Convenons-en : les citoyens que leur devoir civique laisse indifférents sont réellement plus responsables de l'étatisation grandissante que les doctrinaires mêmes de celle-ci.

C'est, en effet, souvent, l'absence d'organismes collectifs spontanés qui amène l'État à développer la lourde machine des services publics, à créer des emplois nouveaux, à charger démesurément la législation et fait perdre aux citoyens l'habitude des efforts personnels, comme le constatait Vivien, par sa continuelle immixtion dans toutes les affaires.

« La puissance est en nous : ce qui nous manque, c'est qu'elle nous soit révélée. Et parce que nous ne la sentons pas et parce que nous ne sommes pas capables de lui faire produire l'acte d'efficacité, nous imaginons de donner à autrui sur nous-mêmes le pouvoir dont l'usage semble au-dessus de nos moyens. Et comme ce « puissant » de rencontre n'est pas un autre homme que nous, que peut-il faire sinon gaspiller en gestes de fastueuses faiblesses la puissance dont il a le signe, non la réalité (1)?

« Des facilités de vie toujours fuyantes, des conditions de bonheur qu'il ne peut trouver qu'en lui-même, des satisfactions d'idéalisme réalisées, c'est-à-dire le contresens de l'idée en plein vol et du fait qui ne lui donne corps qu'à la condition de la déformer. Aussi, ne manquera-t-il pas, tôt ou tard, de leur imputer tous ses maux, faute d'oser demander des comptes à sa propre infirmité.

« Comment lui faire comprendre que ce qu'il réclame du prétendu « Souverain » revêtu d'apparence, après l'avoir sollicité du Ciel vainement, la force intérieure dont il dispose pourra seule, dans des conditions suffisantes de « fair play », lui en donner l'équivalence, par la justification de sa vie, sous l'espèce apaisée d'un consentement de soi? Au prix de quelles luttes contre lui-même et contre les autres (2) ! »

« Pour obtenir l'effet d'ensemble, il s'agit d'achever l'homme, un à un, en le déterminant à l'action par la pensée qu'il n'est aucun de nous qui ne puisse à toute heure, où qu'il soit placé, sous

---

(1) G. CLEMENCEAU, *op. cit.*, préface, p. VII.
(2) *Ibid.*, p. VI.

quelque forme que sa personnalité se révèle, apporter un concours, passager ou durable, aux grandes réalisations d'humanité.

« *Cette œuvre de vraie réformation, on s'obstine à l'attendre des gouvernants qui ne peuvent que faire des lois, c'est-à-dire proposer des cadres de vie, tandis que la vie même est en nous, prête à nous ennoblir, même dans la défaite, par la joie d'avoir tenté* (1) ».

« Le Moyen Age voulait que l'homme n'abordât l'homme qu'avec la parole de suprême désespérance terrestre : « Frère, « il faut mourir ! » C'est beaucoup que nous y ayons substitué la noble clameur : « Frère, il faut vivre ! » Vivre de toute la vie de la terre, pour toi-même, pour tous; vivre pour maintenir au sanctuaire de la pensée, l'espérance, la volonté d'une justice meilleure, qui sera dans autrui si l'audace te vient de commencer par la mettre en toi (2). »

En définitive, la République sans citoyens ne peut être que la caricature d'une démocratie.

Sans doute, comme l'indique l'éminent homme d'État, l'œuvre à entreprendre ne saurait trouver uniquement ses moyens dans des formes de contrainte; mais, ainsi que nous l'examinerons plus loin, un constant souci d'associer les citoyens à l'action publique et parlementaire peut aboutir à les intéresser à la bonne marche de notre mécanisme administratif et il convient de ne point négliger ce moyen.

« Pourquoi, dit M. Maxime Leroy (3), les chambres de commerce et les syndicats d'ouvriers de telle région n'auraient-ils pas délégation pour édicter le règlement nécessaire à l'application de telle ou telle loi au lieu et place du ministre, sous la réserve d'un veto motivé dans un certain délai?

« Pourquoi ne pas remettre à tous les syndicats du pays le soin de rédiger le règlement de telle grande loi sociale?

« Pourquoi les grandes associations n'auraient-elles pas certaines initiatives législatives, sous le seul veto du Président de la République, par exemple, ou des Chambres?

« Il n'est pas question, il ne saurait être question d'enlever

_______

(1) G. CLEMENCEAU, *op. cit.*, préface, p. XV.
(2) *Ibid.*, p. XV.
(3) *Op. cit.*, p. 313.

au Parlement son droit législatif; il est seulement question, en un moment où le public participe si activement au travail purement administratif de l'État, d'accorder quelques prérogatives législatrices aux sujets de la loi.

« Un grand progrès sera accompli dans l'art du gouvernement le jour où tous les grands corps privés : syndicats, chambres de commerce, comités économiques, auront obtenu, concurremment avec la puissance publique, certains droits réglementaires; le jour où la Cour de cassation, régulatrice suprême de la jurisprudence, aura le droit de clore souverainement, par un arrêt motivé, les disputes juridiques qui perdent le temps des tribunaux.

« L'expérience collective doit pouvoir s'exprimer directement d'urgence, pour le plus grand avantage de l'ordre et de la liberté. Aujourd'hui, rien ne le permet; demain, tout doit y tendre.

« Réformons donc nos idées courantes sur la dignité et la destination des lois. Rien n'est plus urgent; car une des causes du désarroi civique actuel, c'est précisément la désobéissance aux lois et aux règlements. Le jour où nous aurons de la loi une conception nuancée, correspondant à la mobilité des faits et à l'imperfection de nos moyens d'observation économique et politique, ces désobéissances seront évitées en grande partie. »

Sans aller aussi loin que M. Leroy, nous avons été amené à suggérer, à propos de la confection des lois, l'idée qu'il faudrait faire descendre sur le pays les inspirations généreuses qui se sont fait jour au Parlement et les y faire revenir, passées au crible de l'étude de ceux pour qui elles sont faites. Nous avons étudié, à cette occasion, le profit qui en résulterait pour leur bonne rédaction. Nous soulignons ici l'intérêt que présenterait ce système pour activer chez nos compatriotes leur participation à la vie nationale.

Quelque répétition qui puisse en résulter dans l'esprit, sinon dans la forme, il est des vérités qu'on ne présente jamais assez sous tous leurs aspects.

C'est pourquoi nous nous en voudrions de ne pas citer les judicieuses réflexions de M. Albert Schatz (1).

_______________

(1) *L'Indiv. éc. et soc.*, p. 7.

« Pour faciliter l'ordre économique naturel, nous n'avons qu'un moyen : c'est d'agir sur l'individu. A force de parler de la société, nous finissons par la considérer comme une voisine que nous coudoyons tous les jours; il n'y a là qu'un jeu de l'esprit. La société est composée d'individus qui n'abdiquent pas leur personnalité en en faisant partie. Sans doute, il y a une vie collective, des émotions collectives qui se juxtaposent à la vie individuelle et aux émotions individuelles, mais la réalité sur laquelle nous avons prise, c'est toujours, en fin de compte, l'individu. On ne peut pas plus transformer la société tout d'une pièce qu'un cantonnier ne peut déplacer d'un bloc le tas de cailloux qu'il vient d'édifier. En conséquence, l'action sociale est celle qui s'exerce sur les individus groupés en société. Pour améliorer la société, il faut améliorer chacun des individus qui la composent, en tenant compte de leurs facultés réelles, qui sont sans doute moins morales que nous ne le souhaiterions, mais qui sont réelles, et sans leur en attribuer d'inexistantes. Il faut amener chaque unité du groupement social à son complet épanouissement. »

Et encore :

« Pour prévenir un abaissement social irrémédiable, il faut une éducation méthodique de la volonté qui protège l'individu contre la crainte de l'effort personnel et une interprétation individualiste de la solidarité qui en fasse, non pas un système « d'irresponsabilité universelle..., un égoïsme collectif qui « rend les hommes plus irréfléchis, plus lâches et souvent aussi « plus féroces », mais, au contraire, un élargissement de la responsabilité personnelle, le devoir social d'apporter à l'association une énergie plus féconde et un dévouement plus efficace... »

« ... On dirait, écrit de Tocqueville en 1840, que les souverains de notre temps ne cherchent qu'à faire avec les hommes des choses grandes. Je voudrais qu'ils songeassent un peu plus à faire de grands hommes; qu'ils attachassent moins de prix à l'œuvre et plus à l'ouvrier et qu'ils se souvinssent sans cesse qu'une nation ne peut rester longtemps forte quand chaque homme y est individuellement faible et qu'on n'a point encore trouvé de formes sociales ni de combinaisons politiques qui puissent faire un peuple énergique en le composant de citoyens pusillanimes et mous. »

Et devant cette révélation encore indistincte de ce que sera la société dans laquelle nous vivons, de Tocqueville demeure effrayé de ce danger qu'entrevoit son étonnante perspicacité, mais qu'il ne peut cependant définir comme il le voudrait pour nous mettre suffisamment en garde contre lui. « J'attache, écrit-il, tant d'importance à tout ce que je viens de dire, que je suis tourmenté de la peur d'avoir nui à ma pensée en voulant mieux la rendre. » *

Il compte sur le lecteur pour chercher d'autres exemples que ceux qu'il a invoqués; nous ne serions que trop à même de lui en fournir. Et c'est alors que, dans une sorte de vision prophétique, il décrit la société démocratique qu'évoque son imagination. Il le fait avec une telle vigueur de pensée et dans une si admirable langue, qu'il n'a peut-être jamais été écrit une plus belle page de philosophie politique : « Lorsque je songe, dit-il, aux petites passions des hommes de nos jours, à la mollesse de léurs mœurs, à l'étendue de leurs lumières, à la pureté de leur religion, à la douceur de leur morale, à leurs habitudes laborieuses et rangées, à la retenue qu'ils conservent presque tous dans le vice comme dans la vertu, je ne crains pas qu'ils rencontrent dans leurs chefs des tyrans, mais plutôt des tuteurs... »

« ... Mais ces revendications, M. Stuart Mill a montré la nécessité de les écouter avec une attention sympathique. Il a définitivement établi que l'individualisme ne peut vivre qu'en entretenant précieusement chez tous ses défenseurs le souci d'accroître leur valeur sociale à proportion de l'appui qu'il donne à leurs intérêts, d'être dignes de la liberté par l'usage qu'ils en font vis-à-vis d'eux-mêmes et vis-à-vis de ceux qui semblent en souffrir, d'entretenir, en un mot, l'esprit de progrès, sans lequel les doctrines d'ordre et de conservation sociale ne sont que le fragile rempart derrière lequel s'abritent, pour un temps, l'égoïsme et la honteuse paresse des privilégiés, des parasites et des élites sociales en décadence. »

Et Stuart Mill de conclure :

« La valeur d'un État, à la longue, c'est la valeur des individus, un semblant d'habileté administrative dans le détail des affaires;

un État qui rapetisse les hommes, afin qu'ils puissent être entre ses mains les instruments dociles de ses projets (même bien-faisants), s'apercevra qu'on ne peut faire de grandes choses avec de petits hommes, et que la perfection du mécanisme à laquelle il a tout sacrifié finira par ne lui servir de rien, faute du pouvoir vital qu'il lui a plu de proscrire pour faciliter le jeu de la machine. »

Parfaitement! Nous tenons que la constitution d'une élite sociale est indispensable pour déterminer, et asseoir sur des bases solides, tous progrès dans l'ordre matériel ou dans l'ordre moral.

C'est, dans une démocratie, la seule garantie contre le césarisme qui menace de son contrepoids les excès de la démagogie.

Mais, si l'on constate avec regret ce désintéressement du public pour les œuvres vives de la Nation, combien est-il plus déplorable de rencontrer le même état d'esprit touchant notre législation sociale, alors qu'elle est l'honneur de notre régime et sa caution de légitimité vis-à-vis des générations qui seront appelées à le juger!

Elle forme déjà un code important de dispositions législatives ou réglementaires dont l'application serait un bienfait public incontestable et permettrait d'entrevoir une paix vraiment sociale.

C'est intentionnellement que nous avons parlé de cette application au conditionnel. Nos lois sociales, en effet, sont-elles appliquées et, pour la plupart, sont-elles seulement connues?

Or, elles forment une entité, et il est de notre devoir d'aviser aux moyens d'en répandre la connaissance, d'en expliquer les profits; en un mot, d'intensifier à leur égard la propagande nécessaire pour que, par un choc en retour, l'opinion publique nous presse de sa volonté de les voir réaliser.

Souvent, disons-nous, ces lois sont imparfaitement connues et difficilement appliquées. Cela tient d'abord à la difficulté que rencontrent les bonnes volontés pour se procurer leur texte même, puis les arrêtés ou les règlements qui les prolongent; et lorsque les citoyens persévérants ont pu enfin réunir la documentation nécessaire, combien s'en trouve-t-il, suffisamment expérimentés, administrativement parlant, pour en dégager à l'usage du public, qu'il faut convaincre avec un exposé simple, les seuls éléments nécessaires?

En réponse à une interpellation, M. A. Briand s'écriait (1) : « ... On a insisté, dans la critique de notre déclaration, sur les conditions dans lesquelles les lois sociales étaient appliquées. Je suis ici d'accord qu'avant de faire de nouvelles lois il faut d'abord assurer l'exécution de celles qui existent. ·»

Nous avons fait allusion à cet état de choses à propos de la diffusion des lois.

Mais il ne suffit pas de se préoccuper de leur confection pratique pour faciliter leur entendement, ni d'assurer leur diffusion. Il faut encore pouvoir compter sur leur application par l'intérêt qu'y doivent prendre, les concours individuel ou collectif qu'y doivent apporter les citoyens qui n'en seront les bénéficiaires réels qu'à ce prix.

Et c'est ainsi que nous apparaît la nécessité de l'éducation sociale qui est à la base de toute pratique de civisme.

« Où est-elle amorcée? questionne M. Joseph Cernesson (2). A peu près nulle part. Elle ne tient aucune place, ni dans l'enseignement public, ni dans l'enseignement privé, ni dans aucune éducation générale. Les catholiques et les socialistes prétendent seuls à la propager, mais ils n'entreprennent que certains chapitres, sous une forme toujours tendancieuse, jamais objective, comme il conviendrait qu'elle le fût pour des commençants, et cette éducation ne touche qu'un petit nombre d'adeptes, auditeurs irréguliers, mouvants, restreints.

« On dira que cette éducation particulière est justement celle que les livres n'apprennent pas, non plus que les maîtres dans leurs chaires; qu'elle s'acquiert au cours même de la vie « pratique » de la lutte pour l'existence. Sans doute, la vie pratique est la grande institutrice. Mais le choix d'une profession, l'orientation des goûts, se déterminent par des suggestions de nos études ou l'exemple de personnes qui ont été élevées comme nous. La vie pratique donnera un corps à nos rêves, elle nous apprendra à lutter contre les autres pour élargir notre place,

______

(1) *J. O.*, numéro du 28 juin 1910. Séance de la Chambre du 27 juin.
(2) *Grande Revue*, numéro du 2 février 1921. Article déjà cité.

que l'instinct nous pousse à faire aussi grande que possible.
Elle intéresse surtout la partie individuelle de notre existence.

« Au contraire, de tout ce qui a trait aux œuvres de solidarité humaine, l'écolier n'a que des notions vagues, abstraites
ou légères, celles du cours de morale fait dans les classes de
grammaire, celles que peuvent suggérer les « mutualités scolaires », les petites sociétés de sport. Il suit de là qu'une fois
pourvu d'un métier, ou doté de loisirs, l'homme instruit, même
distingué, ne pourra faire de sa générosité naturelle qu'un emploi
capricieux; cette générosité se satisfera dans l'aumône; elle
s'exercera au hasard par intermittences; que cet homme, spec-
tateur indolent des activités groupées dans l'association, n'y
comprenant rien, s'en désintéressera; et si, d'aventure, sous
l'influence d'un ami ou la pression de circonstances, il est amené
à s'y introduire, il s'y comportera gauchement et y fera mauvaise figure, s'il ne s'en dégoûte pas promptement.

« Et quant à ceux qui travaillent pour vivre dans le cadre
régulier du fonctionnarisme, ou dans l'atmosphère fiévreuse
des affaires, ils n'embrassent généralement que l'horizon court
de leur profession, y adaptent si bien leur vue appliquée, qu'ils
n'en discernent pas d'autres, et les plus consciencieux sont socialement les plus bornés.

« Il y a, heureusement, des dérogations à cette fatalité, et
chacun de nous n'a de valeur sociale que dans la mesure où
il a pu y déroger. Ces privilégiés se sont préservés du pli professionnel en détendant leurs traits dans l'action extérieure, et
c'est grâce à cette hygiène morale qu'ils dominent le niveau
moyen au-dessous duquel on ne pourchasse qu'un surcroît de
bénéfices ou la classe supérieure de son emploi.

« Mais insistons sur ce point, qui est capital : comment ces
privilégiés ont-ils obtenu leurs privilèges? Par un pur accident,
car toute l'éducation qu'ils ont reçue dans les établissements
publics ou privés d'instruction publique n'y a pas la moindre
part. »

« Quelquefois aussi, c'est une obligation de l'ambitieux politique, à qui rien de ce qui est électoral ne doit être étranger,
ou du vieux parlementaire lui-même, inopinément chargé d'un
rapport technique et qui, forcé de s'instruire pour éblouir ses

collègues avec sa compétence future, fouille la bibliothèque du Palais-Bourbon, confère avec un chef de bureau ressortissant à ces matières et, au cours de ces explorations, trouve son chemin de Damas.

« Mais, le plus souvent, c'est le hasard avec tous ses caprices qui fait éclore les apostolats.

« Toutefois, on ne peut faire reposer sur la reproduction de tels accidents le développement de l'éducation sociale. Il ne faut donc pas être surpris que les lois, qui exigeraient, pour être comprises, cette éducation accomplie, soient aussi impénétrables à l'immense majorité de nos contemporains que les textes sacrés des Védas.

« Au cours de ses vastes loisirs, il est chasseur, musicien, joueur de tennis ou de poker, virtuose du fox-trott, cycliste, propriétaire de vignobles, gastronome, mais rarement sociologue.

« L'indifférence sociale n'est pas tout à fait aussi étendue dans l'Université; mais elle l'est assez pour être affligeante, si l'on considère qu'elle préside à la formation de la bourgeoisie, c'est-à-dire de la classe où se recrutent presque exclusivement les dirigeants du pays.

« C'est grande pitié que, parmi tant d'hommes qui honorent leur profession par le savoir et le talent, il y en ait à peine un sur dix qui ait des idées précises sur les associations syndicales, coopératives ou d'habitations ouvrières, alors même que dans leur ville il y a des modèles ou des ébauches. Leur proposer de faire partie d'une d'elles, c'est une « rosserie » de haut goût qu'il vaut mieux ne pas se permettre. Mais amorcez seulement la question, jetez seulement un coup de sonde, littéraire ou scientifique, grammairien ou chimiste, historien ou philosophe, rien n'est amusant comme cet air faussement intéressé que prend votre malheureux interlocuteur et ces formules vagues d'approbation sous lesquelles il croit dissimuler son incompétence.

« Oh! cet historien, qui est parfois un ancien élève de l'École d'Athènes, ce philosophe, qui a fait une thèse sur la « réalité du monde sensible », est incapable de confondre le tribunal des Héliastes avec celui des Hellanodices; mais la mutualité et la coopération lui semblent équivalentes.

« Il est aisé de comprendre combien cet état d'esprit général, non seulement retarde l'élaboration des lois nécessaires et paralyse leur mise en marche quand, enfin, elles parviennent à être debout, mais dessert la volonté héroïque des initiateurs.

« Chez les fonctionnaires, on trouve des amateurs sociaux et même des propagandistes dévoués. Mais ce n'est pas leur qualité de fonctionnaires qui a suscité leur vocation, — elle l'étoufferait plutôt, — c'est leur disposition naturelle sollicitée par un accident. »

« Et comme ils ont, eux aussi, leur « prolétariat », nous voyons jouer parmi eux le même phénomène qu'entre syndicalistes ouvriers et syndicalistes patronaux.»De profession à profession, l'intérêt qu'on prend aux choses sociales, à plus forte raison la participation qu'on y exerce, décroissent à mesure que s'élève la culture générale et, pour une profession donnée, à mesure qu'on s'élève dans la hiérarchie. Ce fait est saisissant dans la Magistrature et l'Université, quoiqu'on y remarque d'éclatantes exceptions.

« Le magistrat, par raison d'être, n'ignore pas les lois : il vogue dans leur labyrinthe avec une sûreté parfaite; mais il ne connaît les associations que par leurs contacts avec les tribunaux, leurs conflits intérieurs, leurs démêlés avec le fisc ou leurs malversations.

« Ces initiateurs ne sont souvent ni suivis nicompris des masses qu'ils veulent entraîner; il n'est nullement certain, d'ailleurs, puisqu'eux-mêmes doivent leur vocation au hasard, qu'ils soient les meilleurs bergers qu'une éducation générale aurait fait surgir. Ils sont, au surplus, victimes, pour la plupart, des lacunes immenses qu'a laissées dans leur esprit leur éducation incomplète. Chacun d'eux, tout entier à son idéal particulier, juge que le triomphe de sa doctrine est seul capable d'apporter à la question sociale sa solution intégrale et définitive. De là, devant le pauvre public abasourdi, cette mêlée confuse d'intérêts isolés et presque hostiles dont pourtant chacun a sa valeur sociale et où chaque petit groupe pousse une clameur à peine perceptible, impuissant à secouer l'apathie universelle. Nulle part le proverbe « Chacun prêche pour son saint » ne trouve mieux son application.

« Oui, un très petit nombre de citoyens, sélection de la fortune chanceuse, font leur partie dans une de ces œuvres toutes nécessaires à la régénération du pays ; et dans ce très petit nombre, un bien plus petit nombre encore est pourvu de ces idées générales sans lesquelles on n'est qu'un manœuvre borné, qui communiquent la vision de l'ensemble, condition essentielle pour bien remplir sa tâche particulière. Nous n'avons, pour opérer la vaste reconstruction économique, que des chefs improvisés, une armée morcelée et sans discipline et une multitude qui, hors de sa « tour d'ivoire » ou de son métier, ne voit rien, ne sait rien, n'est curieuse de rien.

« Nous manquons d'éducation... Il faut organiser l'éducation.

« Nous revenons à ces lieux communs. Nul ne les énonce plus éloquemment dans un banquet de « bistros » ou au pied de la statue d'un grand homme de province que l'un de nos hommes d'État, et, après l'avoir énoncé, il retourne à la routine de ses bureaux et à la servitude de ses signatures. C'est un de ces décrets magnifiques adressés à tout le monde et que personne n'est chargé d'exécuter.

« Si l'on veut rendre effective cette fameuse éducation, il ne faut nullement compter sur la libre initiative individuelle. Son organisation, pour être efficace, devrait être à la fois continue et étendue à tous les adultes, de la plus petite commune à la plus grande ville. Si l'on pouvait trouver, pour cette mission, les 40.000 volontaires qu'il lui faudrait, ce serait une preuve que l'éducation est déjà à moitié accomplie.

« C'est pourquoi, dans notre conviction, les écoles primaires, les lycées et les collèges, les écoles normales, sont seuls capables de fournir les notions élémentaires de la vie sociale aux futurs citoyens d'un pays libre. Il est clair qu'en leur attribuant ce nouveau rôle on rencontrera, surtout au début, de sérieuses difficultés : l'insuffisance des maîtres eux-mêmes et le danger de leur faire dégénérer la leçon objective en prédication de parti. Mais le bienfait acquis l'emportera sur les inconvénients accidentels.

« On verra se dissiper les ténèbres où il est inconcevable que nous nous soyons pendant si longtemps et si vainement agités. Alors se détacheront d'une masse universellement instruite des choses sociales, des individualités directrices normalement préparées à leur rôle, suscitées à leur vocation latente; celles-là donneront, chacune dans la voie qu'elle aura choisie, une impulsion à la fois généreuse et scientifique à des institutions jusqu'ici mal venues. Elles déposséderont de la mission qu'ils avaient usurpée, les prophètes incompétents et les chefs brouillons. »

Certes, nous applaudissons à ce magistral appel à la conscience civique de nos compatriotes, dont on pourrait, en effet, les instruire dès l'enfance.

Nous tenons cependant pour bien plus efficiente l'éducation des citoyens par l'usage qu'ils peuvent être appelés à faire de leurs droits et de leurs devoirs sociaux vis-à-vis les uns des autres, en pratiquant la solidarité : celui qui en fut l'apôtre inlassable écrivait en forme d'adjuration :

« Ainsi la loi de solidarité des actions individuelles finit par apparaître, entre les hommes, les groupes d'hommes, les sociétés humaines, avec le même caractère qu'entre les êtres vivants, c'est-à-dire non comme une cause de diminution, mais comme une condition de développement; non comme une nécessité extérieurement et arbitrairement imposée, mais comme une loi d'organisation intérieure indispensable à la vie; non comme une servitude, mais comme un moyen de libération.

« S'il est vrai qu'une organisation supérieure est celle où il y a équilibre entre les unités et les unités pour le « tout », l'évolution des sociétés tend donc naturellement à cet état où chacune des activités individuelles aura la liberté d'atteindre à son plus haut degré d'énergie et consacrera aussi complètement que possible cette énergie au développement de l'œuvre commune (1). »

Et l'école idéale de ce civisme en action se trouve à la portée de tous dans les cadres de la mutualité.

Non seulement, en effet, les sociétés qui répondent à ce vocable ont développé chez leurs commettants les vertus de prévoyance, relevé leur dignité en les préservant de l'assistance, mais encore, elles les ont habitués à la gestion d'intérêts communs : la Chose publique a trouvé là, comme nous avons eu l'occasion de le marquer en exorde, sa meilleure expression.

---

(1) *Solidarité*, par Léon BOURGEOIS. 9ᵉ édition, p. 28.

M. J. Paul-Boncour, en phrases d'une éloquence enflammée, exposait quelle importance sociale il attribuait au rôle de ces groupes autonomes de citoyens, à propos de l'application des lois sociales (1) :

« Néanmoins, c'eût été folie que de penser que l'obligation, si nécessaire fût-elle, se suffisait à elle-même et que, s'agissant de millions et de millions de citoyens, elle pouvait jouer, sans le concours de cette minorité consciente qui est à la base de toute législation efficace, minorité consciente dont peut-être nous n'avions pas tenu suffisamment compte jusqu'à ce jour dans notre politique sociale. Et la dure expérience de la loi des retraites n'aurait-elle servi qu'à nous en convaincre, que j'estime que cette expérience, si douloureuse soit-elle, aurait été en somme profitable et qu'il convient de nous en réjouir.

« Je remercie Mabilleau d'avoir rappelé tout à l'heure l'idée de ma jeunesse à laquelle je veux que ce soit mon honneur de rester fidèle dans ma vie publique, l'idée que nous n'aurons ni législation sociale, ni ordre, au sens élevé nécessaire et permanent du mot, ni démocratie réelle, tant que les lois, les mœurs, l'action gouvernementale, n'auront pas fait large place à ces groupements qui, intermédiaires nécessaires entre l'État et l'individu, coordonnent les efforts et réunissent les volontés pour une action commune. Ces groupements subissent le contre-coup de toutes les transformations·sociales, mais ils se retrouvent à toutes les époques dans tous les pays. Ils sont au pied du Parthénon et dégrossissent la matière où le génie marquera les traits de l'impérissable beauté. Ils s'appellent les Collégia romains, les guildes germaniques. Le Moyen Age y façonne ses jurandes, ses confréries et ses maîtrises. Ils sont aujourd'hui les syndicats, les coopératives, les mutualités et tant d'autres associations sans lesquelles il y a juxtapositions d'individus, mais pas de société, un conglomérat sans forme ni résistance, une poussière humaine dont, quand passent les grands orages, il ne reste que le néant, il ne reste que la boue. »

---

(1) *Les Retraites, La Mutualité. La Politique sociale*, par J. PAUL-BONCOUR. Congrès mutualiste de Bordeaux (Discours du 28 janvier 1912).

# DEUXIÈME PARTIE

# LES MÉTHODES DE GESTION
# DE LA CHOSE PUBLIQUE

# CHAPITRE I

## DE LA DÉCENTRALISATION

Des divers modes de décentralisation. — De la décentralisation administrative. — De la décentralisation démocratique. — De la décentralisation politique.

Nous ne traiterons, au cours de ce chapitre, que de la question de principe et, en matière de conclusion, des directives dont il nous paraît que l'on doit s'inspirer pour la réaliser. Quant aux applications à en faire, nous croyons préférable de les situer dans le cadre que nous étudions plus loin des diverses circonscriptions administratives.

### § 1. — Des divers modes de décentralisation.

Dans le rapport général présenté au nom de la deuxième Sous-Commission et adopté par la Commission interministérielle constituée par M. Georges Clemenceau en 1908, M. Charles Lallemand (1), au lumineux travail duquel nous seront amenés à faire d'autres emprunts, écrivait :

« Si, quoique procurant des effets étendus, les mesures de décentralisation qui pouvaient être proposées se trouvaient peu nombreuses, l'entreprise de la déconcentration devait com-

---

(1) *Réorg. adm.* Rapport général présenté à la Commission interministérielle au nom de la deuxième Commission, par Ch. LALLEMAND, préfet, ancien directeur au ministère de l'Intérieur. (Édité par Berger-Levrault.)

porter, au contraire, de multiples innovations. C'est par elle, d'ailleurs, qu'on répondra le plus efficacement aux vœux de l'opinion publique.

« Il n'est pas difficile, en allant au fond des choses, de reconnaître que, si l'accord a paru exister entre le pays et les auteurs de projets qui visent à remanier de fond en comble notre organisation administrative, ce n'est que grâce à une confusion de mots : lorsque les réformateurs disent : « décentralisation », le public, qui réclame presque exclusivement des mesures de « déconcentration », applaudit en croyant qu'il s'agit d'une seule et même chose. L'équivoque s'entretient ainsi; mais on sera fort surpris, lorsqu'une large déconcentration aura été mise en pratique, de constater que de belles théories purement et abstraitement décentralisatrices ne rencontreront plus d'écho dans le pays qui ne demande que des satisfactions pratiques. »

Nous pensons qu'il y a lieu de préciser davantage la portée des mots.

Dans l'esprit de l'opinion publique et dans les projets où elle s'est fait jour, la décentralisation revêt divers aspects qui nous paraissent être les suivants :

On peut concevoir une *décentralisation administrative ou décongestion, ou déconcentration;* c'est de faire descendre en cascades le pouvoir de décision de l'autorité qui se trouve au centre jusqu'au plus éloigné des représentants des pouvoirs publics.

On peut concevoir une *décentralisation politique* qui, opérant dans le même esprit que pour la décentralisation administrative, renvoie aux décisions des assemblées de la périphérie celles jusqu'alors réservées aux assemblées centrales; il y a, par exemple, décentralisation politique, à notre avis, lorsque le Parlement décide qu'il sera statué par les conseils généraux sur telle ou telle matière que la législation en vigueur commandait de lui soumettre.

On peut concevoir enfin une *décentralisation démocratique ou démocratisation :* elle consiste à accroître les pouvoirs des assemblées délibérantes ou de leurs représentants élus pour les matières jusqu'alors réservées à la décision des agents de l'autorité.

Nous estimons que cette discrimination est fondamentale

et que c'est pour l'avoir méconnue que certains auteurs ont compliqué leurs critiques et leurs solutions.

« Mais, d'abord, qu'entend-on par décentralisation? Distincte de la déconcentration, il faut bien rappeler cette distinction élémentaire que l'on méconnaît parfois de la façon la plus choquante. Elle ne consiste pas seulement à élargir les attributions des assemblées représentatives, elle suppose en outre l'accroissement de leur indépendance. » Ainsi s'expriment MM. les inspecteurs généraux des services administratifs Imbert et Nossé, dans une brochure fort intéressante, traitant des diverses modalités envisagées de la réforme administrative.

On voit combien il est important, avant de discuter, de s'entendre sur la signification des formules présentées.

En effet, M. J. Charles-Brun, un apôtre du régionalisme, avec lequel nous aurons l'occasion de noter quelques désaccords, déclare dans l'avant-propos de l'un de ses ouvrages (1) :

« Lorsque nous disons centralisation tout court, nous entendons la centralisation administrative et non politique. Et la centralisation politique qui a ses partisans, a aussi ses adversaires : mais c'est contre les excès de la centralisation administrative que l'accord est fait. »

M. Charles-Brun confond l'action politique du Gouvernement avec les attributions politiques des assemblées.

M. Paul Deschanel dans son traité bien connu de la décentralisation (2), sent bien la nécessité d'une discrimination qu'il ne pousse pas aussi loin que nous.

« On sait, dit-il, qu'il y a deux sortes de décentralisation administrative. L'une fait passer les affaires de la main des fonctionnaires à celle des citoyens et constitue le gouvernement du pays par le pays. Mais il y en a une autre qui, sans profiter aux citoyens, ni à la cause du « self gouvernement », peut avoir aussi son utilité : c'est celle qui transporte la solution de certaines affaires, du ministre, par exemple, au préfet, ou du préfet au sous-préfet ; c'est cette seconde décentralisation que Napoléon III a instituée par les décrets des 25-30 mars 1852 et du 15 avril 1861.

----

(1) *Le Régionalisme*, par J. CHARLES-BRUN (Avant-propos, p. 2).
(2) *La Décentralisation*, par Paul DESCHANEL, député, p. 45.

On peut gouverner de loin, disait-il dans le préambule d'un de ces décrets, mais on n'administre bien que de près. »

Nous préférerions, bien qu'elle ne nous satisfasse pas complètement, la définition de M. de Tocqueville (1).

« La centralisation est un mot que l'on répète sans cesse de nos jours, et dont personne, en général, ne cherche à préciser le sens.

« Il existe cependant deux espèces de centralisation bien distinctes, et qu'il importe de bien connaître.

« Certains intérêts sont communs à toutes les parties de la nation, tels, par exemple, que les entreprises communales.

« Concentrer dans un même lieu ou dans une même main, le pouvoir de diriger les premiers, c'est fonder ce que j'appellerai la centralisation gouvernementale.

« Concentrer de la même manière le pouvoir de diriger les seconds, c'est fonder ce que je nommerai la centralisation administrative.

« Il est des points sur lesquels ces diverses espèces de centralisation viennent se confondre. Mais en prenant dans leur ensemble les objets qui tombent plus particulièrement dans le domaine de chacune d'elles, on parvient aisément à les distinguer. »

Enfin, si décentraliser dans l'esprit des novateurs résulte du fait de diminuer l'importance du centre de la capitale et de répartir la centralisation entre quelques points devenus des centres régionaux, nous estimons que c'est donner à ce terme un sens qui ne saurait lui convenir.

Le malheur veut que la plupart des auteurs qui ont traité de cette question, l'ont vue sous l'angle de la capitale. C'est ce qui explique que l'éminent H. Berthélemy déclare (2) :

« On décentralise par deux catégories de mesures : la première manière consiste à rendre indépendants du pouvoir central, en les recrutant soit par le système électif, soit par toute méthode autre que la nomination, les administrateurs chargés de la gestion des intérêts régionaux et locaux.

---

(1) Extrait du *Dictionnaire de l'Administration Française*, par M. BLOCK. Opinion de M. A. DE TOCQUEVILLE, p. 427, dans le livre *La Démocratie en Amérique*.

(2) *Traité élém. droit adm.*, op. cit. p. 87.

« La seconde manière consiste à augmenter les attributions
ou les pouvoirs de décision des autorités régionales ou locales.

« On ne décentralise pas, au contraire, lorsqu'on se borne à
accroître, comme cela s'est fait à différentes reprises, les pouvoirs ou les attributions des agents locaux du pouvoir central,
des préfets ou des recteurs par exemple. C'est là, tout de même,
une mesure avantageuse; un administrateur local, même subordonné en tous ses actes au pouvoir central, est plus à même
d'adapter ses décisions aux besoins du pays qu'il administre
que ne peut l'être un chef de division d'un ministère. »

Et encore :

« On a cherché une expression pour caractériser les mesures
par lesquelles on accroît les pouvoirs ou les attributions des
agents locaux du pouvoir central; on emploie le mot déconcentration.

« La déconcentration peut être un pas vers la décentralisation. En augmentant les attributions des préfets on déconcentre.
Qu'on rende les préfets électifs, et les mesures antérieures se
trouveront transformées en mesures de décentralisation. Cela
s'est produit à l'égard des maires. Observons, en outre, qu'il
est plus facile de transférer à un conseil local des attributions
confiées à un fonctionnaire local que d'opérer le même transfert
pour des attributions jusqu'alors retenues par l'Administration
centrale. En ce sens, on peut dire encore que la déconcentration
est un pas fait vers la décentralisation. »

Et M. Albert Schatz (1) dit encore :

« Deux théories maîtresses permettent de grouper les auteurs
de ce temps. Les uns examinent les conditions d'existence et
l'avenir de la liberté dans une société démocratique; ils sont les
théoriciens de la démocratie libérale. Les autres s'attachent
aux droits de l'individu; ils sont les théoriciens des libertés
individuelles et de la décentralisation. »

Mais ces auteurs dont parle M. A. Schatz, ne peuvent être
que des théoriciens, non pas des droits de l'individu, mais de ses
obligations, à moins qu'on n'entende par droit la liberté d'accomplir son devoir.

-------

(1) *L'Index éc. et soc.*, *op. cit.*, p. 296.

### § 2. — De la décentralisation administrative.

Nous trouvons la meilleure définition, à notre sens, de la centralisation administrative et de son objet, dans le très remarquable ouvrage d'un spécialiste qui l'a étudiée au cours d'une longue pratique industrielle. C'est M. Henri Fayol; il s'exprime ainsi (1) :

« Comme la division du travail, la centralisation est un fait d'ordre naturel; celui-ci consiste en ce que, dans tout organisme, animal ou social, les sensations convergent vers le cerveau ou la direction, et que, du cerveau ou de la direction, partent les ordres qui mettent en mouvement toutes les parties de l'organisme.

« La centralisation n'est pas un système d'administration bon ou mauvais en soi, pouvant être adopté ou abandonné au gré des dirigeants ou des circonstances; elle existe toujours plus ou moins. La question de centralisation ou de décentralisation est une simple question de mesure. Il s'agit de trouver la limite favorable à l'entreprise.

« Trouver la mesure qui donnera le meilleur rendement total, tel est le programme de la centralisation et de la décentralisation. Tout ce qui augmente l'importance du rôle des subordonnés est de la décentralisation; tout ce qui diminue l'importance de ce rôle est de la centralisation. »

On voit que M. Henri Fayol ne parle, en fait de décentralisation, que de « supérieurs » et de « subordonnés » donc, administrative. Sa logique et ses conclusions sont inspirées du plus ferme bon sens.

Or, il n'est pas douteux que depuis un siècle et plus que fonctionne notre système administratif, la tendance est allée croissant d'une centralisation administrative à laquelle, du haut en bas de l'échelle administrative, chacun a participé.

Les administrations centrales ont une propension à l'enflure. Les grands chefs croient trop facilement que leur importance

_______________

(1) *L'Éveil de l'Esprit public*, par H. FAYOL, p. 99.

est fonction du nombre de leurs subordonnés immédiats. Et
cela est vrai, d'ailleurs, pour la province comme pour Paris.

Est-ce une innovation? Écoutons plutôt un orateur du Tribunat (1) :

« A ce vice essentiel du système administratif de 1791, il
faut ajouter la lenteur inévitable dans tous les mouvements
des différents corps constitués qui en faisaient partie. Nous avons
vu combien ces corps étaient nombreux et tout le monde sait que
l'expédition des affaires et la célérité des délibérations sont
toujours en raison inverse du nombre des fonctionnaires publics qui s'en occupent.

« Ainsi, lorsqu'il aurait fallu exécuter rapidement certaines
mesures, les administrations discutaient avec apparat, examinaient souvent si elles devaient exécuter ou faire des représentations, et le temps le plus précieux se consumait en débats et
en délibérations inutiles.

« Ce n'est pas le seul inconvénient qui soit résulté du trop
grand nombre de fonctionnaires publics des corps administratifs. Plus ce nombre était grand, plus ceux qui en faisaient partie se croyaient puissants, et ils auraient pensé que leur existence
serait ignorée s'ils ne l'avaient pas constatée par des discussions,
des délibérations, des projets, des mémoires et des registres
bien remplis. De là cette manie d'écrire, de s'entourer de bureaux, de commis, d'employés, comme si l'on avait acquis de
l'importance, de l'autorité et de la considération dans la proportion du nombre de ces commis de toutes les classes. C'est ainsi
que s'est établi et propagé cet esprit de bureaucratie qui a entravé
toutes les parties de l'administration publique, qui a gagné
jusqu'aux plus petites municipalités, et qui, dans les grands
établissements, a fait inventer, pour distinguer les nuées d'employés, des dénominations inconnues auparavant, telles que
celles de sous-chef, vérificateur, rédacteur, analysateur, etc... »

Nous aurons à maintes reprises l'occasion de stigmatiser
cette manière de voir qui, sous prétexte d'apporter plus de

---

(1) Tribunat. Présidence du citoyen Demeunier. Séance du 24 pluviôse. Discours
du citoyen Dieudonné. *Archives parlementaires des Chambres françaises*, p. 192 à
207.

compétence dans la tractation des affaires, les livre en fait à la décision d'irresponsables.

C'est ainsi que se sont congestionnés outre mesure les bureaux des centres administratifs, — et ceux de Paris en particulier, — dont l'encombrement est manifeste et où la solution des affaires subit parfois de considérables retards.

« Comment en serait-il autrement, écrit M. le vicomte G. d'Avenel (1), depuis deux siècles environ qu'on travaille sans relâche à empêcher les affaires de recevoir une solution dans les provinces, qu'on leur fait faire bon gré, mal gré, le voyage de la capitale, on est parvenu à en faire venir à Paris une telle quantité que ni les ministres, ni les directeurs même ne pourraient en connaître personnellement la dixième partie; d'autant plus que les directeurs se succèdent parfois dans les divers services avec presque autant de rapidité que les secrétaires d'État dans les ministères. L'autorité effective passe alors aux mains de commis subalternes. Ce pays, qui se croit libre et que l'on regarde en Europe comme factieux, est gouverné par des chefs de bureaux, tel qu'un libertin vieilli mené, à huis clos, par une servante-maîtresse. »

Nous trouvons des vitupérations analogues sous la plume de M. Lion, président de l'Association des employés supérieurs de l'Enregistrement (2) :

« Les directions générales, sortant de leur rôle, ont progressivement étendu leur action en s'immisçant journellement dans les « détails » du service et en empiétant ainsi sur les attributions des directeurs départementaux...

« ... En dehors d'une paperasserie poussée à l'extrême et souvent inutile, ces retards dont souffrent les contribuables sont causés principalement par le développement excessif qu'ont pris, dans un but de centralisation à outrance, les administrations centrales qui retiennent l'examen d'une infinité de questions n'offrant aucune difficulté et qui pourraient ou devraient être tranchées par les chefs de service départementaux.

-----

(1) *Op. cit.*, p. 16 à 17.
(2) Extrait du journal *Le Matin*, n° 20, décembre 1921. Article intitulé : « Il faut réduire le nombre des fonctionnaires et commencer... par les Administrations centrales des Finances. »

« Au lieu de renvoyer purement et simplement à ses chefs de
services locaux, parfaitement compétents pour statuer, dans la
plupart des cas, l'examen de ces affaires, elles s'en réservent la
solution pour elles-mêmes, compliquant ainsi inutilement le
travail de leurs bureaux.

« De ces errements, il est résulté que, depuis de longues années,
beaucoup de ces chefs de services départementaux, afin d'échapper à la responsabilité de décisions personnelles, en un mot
afin de se « couvrir », ont pris l'habitude, peu à peu, de soumettre
aux administrations centrales un nombre considérable d'affaires
dont la solution, en principe, leur incombe exclusivement. »

Mais les ministres, en personne, ont une part de responsabilité dans cet état de choses. L'évocation qu'ils ont poursuivie
des affaires qu'ils eussent dû laisser à la décision de leurs subordonnés des départements, a eu comme mobile le désir d'y trouver
des satisfactions à accorder aux parlementaires qui assiègent
leur cabinet. Plus grand est le nombre des affaires que se réserve
en propre le Gouvernement, plus d'occasions lui sont offertes
d'être agréable à ceux du bulletin de vote desquels sa vie ministérielle dépend.

C'est ainsi que ces vingt dernières années ont connu, à la
fois, les plus nombreux projets de décentralisation, — souvent
présentés avec éclat, — et la pratique centralisatrice la plus
exaspérée.

On fait volontiers grief à l'Empire, au premier comme au
second, de son système centralisateur.

Mais on oublie que la loi de pluviôse était de centralisation
pour la *direction* et de décentralisation pour *l'action*.

Mais on oublie que les décrets de décentralisation de 1851
et de 1862 ont été peu à peu abrogés.

Mais on oublie que chaque jour, soit par la voie législative,
soit par voie de décrets ou instructions, le pouvoir central se
substitue à l'autorité qu'avaient jusqu'alors ses subordonnés
sur telle ou telle affaire.

Bien plus, — et plus grave, — les ministres en arrivent pour
les matières qu'ils n'ont pu, — ou pas osé, — enlever à l'autorité de leurs subordonnés, à les inviter à n'en décider qu'*ad
referendum*. Il n'y a pas de système plus opérant pour détruire

tout sentiment de responsabilité et, en vérité, de rendre toute recherche de la responsabilité impossible. Et pourtant il anime, hélas! quantité de chefs.

« Il est facile de comprendre, dit M. Favareille (1), que la centralisation de toutes les affaires à Paris, c'est-à-dire à la signature du ministre, expose à l'alternative suivante :

« Ou le ministre est dans l'impossibilité matérielle, non seulement d'étudier ou de contrôler les affaires qu'il signe, mais seulement de les lire et son rôle n'est que de pure comédie, comédie dangereuse, car derrière sa responsabilité nominale, la vraie responsabilité, celle de l'Administration, devient pratiquement insaisissable et s'évanouit, danger qui n'est que trop réel puisque la persistance des errements bureaucratiques et notre impuissance à les réformer n'ont point d'autres causes que cette impossibilité de saisir le véritable auteur de la décision, lequel reste anonyme et irresponsable; ou le ministre, par sa capacité de travail, par des facilités exceptionnelles, a la possibilité d'étudier lui-même tous les dossiers et d'en donner la solution, mais alors le défaut n'est pas moins grave, car il sort complètement de son rôle. Il confond des choses bien distinctes : le Gouvernement et l'Administration, grave confusion, néfaste à toute direction, qu'elle soit celle d'un ministère ou d'une usine. Il y a même aggravation par ce fait que la décision ministérielle, étant le plus souvent influencée par une recommandation parlementaire, il y a triple confusion de pouvoirs et d'offices : législatif, gouvernemental, administratif. »

On se reportera d'ailleurs avec profit aux mémoires si passionnants qui ont été publiés du général Galliéni. L'illustre soldat analysant l'état du ministère de la Guerre, le 27 août 1914, donne, en une phrase, la clef de l'énigme administrative dont la France tout entière gémit encore.

« Une centralisation à outrance, écrit-il, l'existence de nombreux rouages qui déplaçaient les responsabilités et entravaient le rapide fonctionnement des services, une absence complète de prévoyance et d'initiative, une tendance irrémédiable à annihiler les représentants et organes du commandement et de

_______________

(1) *Op. cit.*, p. 36.

l'Administration, commandant de région, gouverneurs de places fortes, intendants et directeurs du Service de Santé, la multiplication des organes d'inspection et de contrôle prenant peu à peu la place des chefs de service, sans leurs responsabilités, l'ignorance des directeurs du ministère, voulant tout régler par eux-mêmes et se refusant à consulter les gens compétents, l'insécurité et le manque de confiance de tous; tout cela créait autour du chef du département une machine lourde à mouvoir et de laquelle il ne pouvait tirer le rendement qu'exigeaient les circonstances. »

La décentralisation administrative telle que nous en avons donné la définition, si souhaitable qu'elle soit, ne peut cependant être poursuivie dans l'absolu. Il est des échelons auxquels il convient de l'arrêter. Il n'est possible de renvoyer la décision, même sous réserve du contrôle, qu'à des agents compétents et indépendants et dont la situation offre assez de surface par rapport à l'autorité qu'on veut leur donner.

Nous citerons encore M. H. Berthelemy (1) :

« Mais il suffit de réfléchir à l'étendue du domaine de l'activité administrative, et à l'extrême diversité des matières où se manifeste l'autorité, pour apercevoir qu'il est impossible que l'Administration donne, par des mesures uniformément générales, satisfaction à des besoins infiniment variés. »

« Il est opportun que l'Administration intervienne en matière d'hygiène; les règles nécessaires de l'hygiène sont-elles les mêmes pour le Nord et le Midi, pour les pays de sécheresse et pour les régions humides, pour les ports en contact permanent avec l'étranger, et pour les villes soustraites à tout contact de ce genre?

« L'uniformité des règlements, loin d'apparaître ici comme une nécessité, devient une gêne. On pourrait multiplier les exemples semblables. Sur un grand nombre de matières où l'intervention administrative paraît nécessaire, il est non seulement inutile, mais fâcheux, que cette intervention soit uniforme.

« Mais si la réglementation ne doit pas être uniforme, s'il importe qu'elle s'adapte aux besoins particuliers des régions

---

(1) *Op. cit.* (Administration des intérêts généraux).

ou des villes pour lesquelles elle est faite, n'est-il pas préférable que le soin de décider ce que seront les règlements soit laissé à l'initiative de ces villes ou de ces régions? Ne vaut-il pas mieux que chaque ville, que chaque région soit libre de choisir, par les représentants de la majorité de ses citoyens, les règles auxquelles elle obéira et par lesquelles il sera donné satisfaction aux intérêts du plus grand nombre? Voilà le principe de ce qu'on nomme la décentralisation.

« Un pays centralisé est celui où le Gouvernement national, se bornant à diriger les services généraux, laisse la direction des services régionaux, locaux ou spéciaux à des autorités sur lesquelles il ne se réserve qu'un pouvoir de contrôle.

« La décentralisation, de quelque manière qu'on la pratique, est, pour le Gouvernement, un élément de force. En allégeant son rôle, en le déchargeant de tâches qu'il est impropre à accomplir, elle réserve son autorité pour la solution des affaires importantes.

« La décentralisation par régions a le grand avantage d'accroître la liberté. Les habitants des départements ou des communes sont libres, pour les affaires décentralisées, de s'administrer selon le vœu de la majorité de leurs représentants, sans avoir à tenir compte de l'opinion de la majorité nationale.

« La décentralisation par services (c'est-à-dire l'autonomie reconnue aux établissements publics) permet à ceux-ci de s'affranchir des influences politiques. Il serait à désirer qu'on l'étendît et que les services techniques notamment fussent mis à même de substituer aux usages administratifs les méthodes industrielles.

« Par contre, la décentralisation soit par régions, soit par services, a le désavantage de multiplier les budgets et de diviser les responsabilités. On court le risque de voir les autorités des régions ou des villes autonomes empiéter sur le rôle réservé à l'autorité centrale; leur pouvoir est moins supportable aux minorités régionales ou locales, parce qu'il s'exerce de plus près; elles sont parfois inexpérimentées (1). L'autonomie des ser-

---

(1) Nous examinerons plus loin la proposition régionale (Voir *infra*, p. 174 et suiv.).

vices spéciaux menace de créer, dans l'État, des rouages trop puissants pour subir avec docilité le contrôle nécessaire.

« Le double moyen d'éviter ces dangers consiste : 1º dans l'exercice de la tutelle administrative ci-dessus décrite; 2º dans le choix judicieux des matières à décentraliser et des services à pourvoir d'autonomie. »

Aussi bien comme ministre des Colonies, M. A. Sarraut — (et pourquoi son excellent système ne vaudrait-il pas pour la métropole) — s'est heureusement inspiré des principes de décentralisation qu'il lui a suffi de vouloir, sans le secours d'aucune loi, pour que tous ses subordonnés y conforment leurs doctrines et leurs pratiques administratives.

Obéissant à ses directives, M. Carde, gouverneur général de l'Afrique occidentale, a donné à ses lieutenants-gouverneurs des instructions dont il serait désirable que les administrateurs en France reçussent la réplique. Je les cite, d'après l'extrait qui en a paru dans la Presse (1).

« Le Gouvernement général, écrit M. Carde, organisme constitué pour diriger, par délégation du pouvoir central, les groupes de colonies que leur éloignement ne permettait pas de diriger de France, a pour rôle essentiel d'orienter l'évolution du groupe des colonies dont il a la charge, en coordonnant les efforts, en répartissant les charges générales en proportion des possibilités, en défendant, avec l'autorité qui s'attache à la responsabilité des destinées d'une partie importante de notre Empire colonial, les intérêts du faisceau des colonies dont il constitue le lien. Là doit se borner son action, laquelle, quelque considérable qu'elle soit, s'exerce dans un cadre différent de celui où se meut le vôtre. De l'autonomie administrative de votre colonie, à laquelle aucun texte n'a porté atteinte et n'aurait pu le faire sans entamer la charte même de l'autonomie coloniale, de cette autonomie, dis-je, résulte l'intangibilité de vos pouvoirs d'administration.

« Autrement dit, le Gouvernement général doit être un organe de coordination et de contrôle dont le rôle est, en évitant les discordances trop accusées dans les méthodes, d'harmoniser

_______

(1) Voir *Le Temps* du 2 octobre 1913 (A. O. F. Décentralisation administrative).

convenablement tous les efforts pour les faire concourir, par une action heureusement équilibrée, au favorable développement de l'activité politique et économique générale. Un tel organe, groupant en un faisceau unique des possibilités diverses, qui, laissées isolées, n'auraient pu s'exercer que dans un champ limité, permet, notamment pour la création de l'outillage économique des colonies fédérées, une action puissante, capable d'accélérer singulièrement les progrès de la mise en valeur de l'ensemble des territoires. La tâche du gouverneur général ne se confond donc d'aucune manière avec celle de chaque lieutenant gouverneur, ce haut fonctionnaire restant et devant rester dans le cadre de l'autonomie de sa colonie le seul chef responsable de l'administration du pays placé sous son autorité, assumant effectivement la haute direction de tous les services locaux. »

Aucun service ne saurait, en effet, s'affranchir de l'autorité des lieutenants gouverneurs. « Vous m'aviez fait part, leur dit M. Carde, de la tendance marquée de certains services de correspondre avec les services similaires de votre colonie, soit sous votre couvert, soit même parfois en négligeant votre intermédiaire. Il ne pourra plus, désormais, en être ainsi; à l'exception de la correspondance militaire, judiciaire et comptable, et naturellement en tant que cette correspondance s'applique à des questions qui rentrent exclusivement dans le cadre technique qui doit les limiter, toute correspondance ne peut porter que votre signature ou la mienne. Pour que mon contrôle puisse s'exercer, il faut que je ne trouve devant moi qu'un seul responsable : vous. »

Si ces « premiers principes », comme dirait Spencer, devenaient la règle dans les rapports des fonctionnaires entre eux, si chaque chef avait souci de répercuter sur ses subordonnés l'impulsion dans cet esprit reçue, il y aurait rapidement quelque chose de changé dans notre administration.

Car, ainsi que nous le faisons remarquer plus haut, ce n'est pas seulement — nous allions dire c'est moins encore — d'une centralisation dans la *lettre* que d'une centralisation dans l'*esprit* dont nous souffrons. Plus que les textes, il faut réformer la mentalité générale.

### § 3. — De la décentralisation démocratique.

Nous croyons que c'est surtout ce mode de décentralisation qui est en faveur auprès de l'opinion publique.

Les assemblées locales réclament, en effet, plus de liberté et en tout cas un pouvoir de décision plus étendu pour toutes les affaires ressortissant à leur circonscription.

Mais il y a encore plusieurs manières d'entendre cette décentralisation démocratique.

On peut la concevoir, soit sous la forme de l'autonomie, c'est-à-dire le pouvoir de décision laissé aux assemblées non pas évidemment sans contrôle, mais, ce qui revient pratiquement au même, sans la possibilité de réformation à l'autorité de l'État, soit sous la forme du renvoi à la délibération des assemblées locales (soumises à approbation) d'un certain nombre d'affaires que les agents du pouvoir ont seuls qualité pour apprécier jusqu'ici.

Nous pensons que si l'on doit se montrer extrêmement circonspect pour une large application de la première de ces alternatives, on peut aller très loin dans l'application de la seconde.

Il convient d'ailleurs de ne pas exagérer le tableau que l'on fait volontiers d'une organisation démocratique où l'on se paierait de mots : ainsi du régime anglais qui, bien que monarchique, comporterait beaucoup plus de liberté pour les assemblées locales que les nôtres, assujetties à une tyrannie excessive de l'État.

C'est au moins l'opinion que nous trouvons exprimée par l'honorable M. H. Berthélémy, professeur à la Faculté de Droit de Paris, dans la préface qu'il a écrite pour l' « Essai sur le Gouvernement local en Angleterre », par Edward Jenks.

« Peu de gens oseraient soutenir qu'il y a plus de vraie liberté « dans la France républicaine que dans l'Angleterre royaliste. » Cette affirmation sert de frontispice au petit livre dont je présente au lecteur la traduction française; elle n'est contredite par aucun des publicistes de notre pays qui ont écrit sur les institutions de nos voisins. Soumise à un Gouvernement monar-

chique dans les conseils duquel l'aristocratie de naissance joue
l'un des premiers rôles, l'Angleterre est aussi complètement
libre qu'une nation peut désirer l'être. La France, qui, pour le
devenir, a fait de si puissants efforts et de si cruels sacrifices,
y a si médiocrement réussi que les Russes et les Turcs sont à
peu près les seuls en Europe qui, sous ce rapport, aient quelque
sujet de nous porter envie.

« De quelles causes secrètes cet état de choses est-il la suite?
Faut-il l'attribuer·à la différence des races?... »

Et encore :

.« ... Ce qui reste à faire dans le sens de la décentralisation,
c'est-à-dire en faveur de la liberté, est immense encore. Ne déses-
pérons pas; nous marchons lentement, mais nous allons sûre-
ment. Nul guide ne peut être plus utile dans cette progression
que l'étude du droit et des institutions de l'Angleterre. Le régime anglais n'est, certes, pas sans défauts; mais qui veut
avoir une idée de ce qui se peut obtenir et se doit rechercher
par le « self-gouvernement » ne saurait trop s'imprégner de
l'exacte connaissance de ce qui se pratique chez nos voisins. »

L'admiration que certains professent pour l'organisation
administrative de nos voisins d'outre-Manche ne peut cependant
être acceptée sans réserve. Les Anglais sont sans doute accou-
tumés à la complication extrême des rouages de leur administration; mais qu'on veuille supposer un instant que soit trans-
porté de toutes pièces leur système en France, nous nous demandons quel est celui de nos compatriotes qui s'y reconnaîtrait et
s'en accommoderait. Aussi bien, semble-t-il, que peu à peu l'unification tende à se faire de leur organisation administrative.

C'est ce que marquait très justement, dès 1886, M. Boutmy (1)
alors directeur de l'École libre des Sciences politiques (et
que de modifications depuis!) :

« Ce que je voudrais surtout avoir fait ressortir, dit l'éminent
professeur, ce sont les deux droits administratifs distincts qui,
dans deux catégories de circonscriptions, règlent les rapports
de l'État avec les autorités locales. Ici, c'est le self-gouvernement qui subsiste encore; les comtés, les bourgs, sont exempts

---

(1) *Le Gouvernement local et la Tutelle de l'État en Angleterre*, p. 202.

de contrôle à un degré qui paraîtrait un progrès enviable à plus d'un de nos autonomistes. Là, c'est une tutelle déjà intense, qui détourne et s'approprie tout doucement toute la bureaucratie locale, qui enserre les autorités privées de leurs agents, dans un réseau de règlements qu'elles n'ont pas la peine de faire copier, qui les réduit à un rôle purement nominal. Il est probable que, dans la lutte pour la vie qui est déjà engagée entre les deux systèmes, le second prévaudra de plus en plus. Il a pour lui la recommandation de grands services rendus, de résultats positifs et immédiats réalisés; l'autre ne peut invoquer que l'utilité vague et lointaine qu'il peut y avoir à ne pas déposséder les groupes naturels, à ne pas diminuer l'aliment ni tarir les sources de l'activité qui se dépense volontairement pour le bien public. Il n'y a pas d'incertitude sur l'issue du combat entre ces fantômes et les réalités que touche au doigt le vulgaire, devenu maître de ses destinées. Que répondre, par exemple, à ce fait que, sous la nouvelle législation sanitaire, la proportion des décès est tombée en trente ans de 1 pour 1.000 habitants. Ce n'est pas moins de 300.000 personnes que ces lois ont apparemment dérobées à la mort. Qu'opposer à la statistique qui fait ressortir en 1882, comparativement à 1870, un nombre plus que double d'enfants recevant l'instruction élémentaire? En somme, la réforme imminente de l'administration comitale et celles qui suivront se feront sans doute au bénéfice combiné de l'État et de la démocratie. Dans un an, les corps administratifs locaux seront tous électifs et, d'année en année, le suffrage qui les investit tendra à devenir universel. En même temps, les prétentions d'ingérence et de contrôle de la part du corps social entier, tenues en respect jusqu'à ce jour par la longue possession d'autorités aussi anciennes que l'État, s'imposeront avec moins de scrupules aux autorités nouvelles mandataires d'une fraction du peuple. Le self-gouvernement anglais est trop vivace pour qu'on puisse lui compter les jours; il n'en est pas moins entamé très profondément et condamné à se transformer en se rapprochant plus ou moins de notre organisation administrative. »

Toutes les modalités de décentralisation qui auraient pour but de faire participer davantage à la gestion de la Chose publique, sous toutes ses formes, les citoyens du pays doivent être évidemment adoptées. Mais, bien entendu, cette liberté de discussion, cette latitude d'appliquer la législation en tenant compte du milieu, ne doivent avoir pour résultat ni de compromettre les grands intérêts du pays, ni d'aboutir à une licence, active ou passive, d'assemblées qui feraient bon marché des intérêts généraux ou particuliers de leurs commettants.

C'est ce que souligne fort opportunément M. J. Barthélémy (1) :

« Il faut, dit-il, éviter de précipiter la France, de cette liberté relative, dans la liberté absolue; elle pourrait souffrir de sa chute; il faut l'y faire descendre progressivement et, j'ajouterai, sans jamais y arriver.

« Nous ne pouvons ici fixer le point où il faudra qu'elle s'arrête; nous ne pouvons prévoir l'avenir ni toutes les circonstances nouvelles qu'il dévoilera. Nous pouvons cependant affirmer dès maintenant qu'il y a un point sur lequel il convient de revenir nettement en arrière, un autre sur lequel il faut marquer une pause sérieuse. Il faut nettement revenir en arrière sur la décentralisation de la police. Les maires se sont montrés nettement incapables de collaborer avec l'État à la recherche des infractions; ils sont trop près des administrés; ils ont pour eux, dans leur ensemble, des sentiments trop paternels, quand ce ne sont pas des sentiments de favoritisme pour quelques-uns d'entre eux. La police municipale s'est montrée dans son ensemble impuissante (malgré la progression croissante des délits ruraux, les gardes champêtres dressent annuellement chacun un quart de procès-verbal), dans certains cas elle s'est montrée coupable. Il faut que l'État prenne énergiquement la responsabilité de la sécurité publique. Nous pouvons nous opposer à l'action de l'État lorsqu'il veut s'imposer à nous comme providence; nous devons le laisser agir lorsqu'il se présente comme gendarme.

« Il y a un autre point sur lequel il faut résolument s'arrêter dans la voie décentralisatrice : c'est en ce qui concerne la liberté financière des localités. Il faut opposer une fin de non-recevoir

_________

(1) « Les Tendances de la législation sur l'organisation administrative depuis un quart de siècle » (*Revue du Droit public et de la Science politique en France et à l'étranger*, tome XXVI, n° 1).

absolue aux revendications décentralisatrices (elles sont formulées notamment dans les vœux du congrès des maires de
1908, dans le discours de M. Gauthier au Sénat le 12 janvier
1907, dans le rapport de M. Bonnevay à la Chambre le 15 mars
1907). Pourquoi laisserait-on les représentants d'une majorité,
peut-être momentanée, absorber tout d'un coup, pour un avenir
indéfini, les ressources du département ou de la commune?
En toute équité, une assemblée locale ne devrait pouvoir engager la circonscription qu'elle représente pour plus de temps
que sa propre durée, soit quatre ou six ans. Elle peut l'engager
pour trente ans. De quoi se plaindrait-elle?...

« ... C'est parce que c'est une liberté, que nous estimons
qu'il ne faut pas la pousser jusqu'au point extrême où elle dégénère en licence. Il y a des réformes à faire; peut-être devraient-
elles s'analyser, comme pour toutes les autres libertés, à une
substitution progressive du régime répressif au régime préventif.
Que les localités aient une initiative toujours plus grande!
nous le voulons. Mais nous réclamerons toujours le contrôle
énergique de l'État.

« Il faut n'avoir vécu qu'à Paris ou s'être enfermé dans la
tour d'ivoire des idées pour ignorer ce que c'est que la « tyrannie
au village ». Les journaux pourraient ouvrir une rubrique sur
cette matière; elle serait facilement alimentée. Combien d'industriels, combien de commerçants, combien de simples particuliers ont été heureux de trouver dans les préfectures un appui
contre l'administration prétendue paternelle des municipalités!
La décentralisation est toujours la liberté pour les administrations locales; elle n'est pas nécessairement la liberté, pour les
administrés. »

« Il ne faut donc pas, pour une vaine satisfaction de logique
verbale et superficielle, renverser, sous prétexte que l'on est
en République, les bases d'un système administratif qui a été
établi par l'Empire. En politique, l'absolu n'est jamais vrai.
Qu'on n'oublie pas que si la Constitution de 1875 a offert à la
France un port après tant de tempêtes, c'est peut-être parce
que c'est une Constitution républicaine élaborée par une assemblée monarchique. Peut-être la République actuelle n'est-elle si
solide que parce qu'elle est fondée sur les bases de la monarchie.

« Les mêmes besoins s'imposent à tous les gouvernements, de quelque principe qu'ils se réclament. Il ne peut pas y avoir un abîme entre la république et la monarchie; la science politique ne connaît pas les cloisons étanches. »

La nécessité du contrôle, sinon de la tutelle de l'autorité du Gouvernement pour veiller à ce que les libertés accordées ne soient point source d'abus, est encore soulignée par M. Léon Aucoc (1). « On peut, écrit-il, changer les formalités, des habitudes et créer des circonscriptions, des cantons ou des régions, même en constituant des budgets pour ces circonscriptions, sans porter atteinte aux principes. Nous demandons seulement qu'on n'oublie pas que la question est complexe, qu'il ne faut pas, pour la juger, se placer uniquement au point de vue de la liberté, que, d'ailleurs, la liberté des administrateurs locaux n'assure pas toujours la liberté et la sécurité des citoyens; qu'il faut veiller à l'unité d'application de la loi; que les finances locales sont une partie des finances du pays; que, s'il est nécessaire de limiter l'autorité du Gouvernement, on doit lui laisser tous les moyens d'action dont il a besoin pour donner satisfaction aux intérêts généraux du pays, et que s'il est juste et utile que les pouvoirs locaux aient une certaine indépendance, il est nécessaire de prendre des précautions contre leurs entraînements et leurs écarts. C'est la leçon de l'histoire. »

M. Aucoc terminait cette étude en constatant que quelque désirable que soit la décentralisation, quelques réformes qui soient accomplies dans cet ordre d'idées, elles ne satisferont jamais tout le monde.

« Toutefois, écrit-il (2), la question de la décentralisation reste posée. Il semble que ce soit le sort des réformes accomplies dans cet ordre d'idées de n'être jamais considérées comme définitives. Depuis le commencement du siècle, on se plaint de « l'a-« poplexie au centre et de la paralysie aux extrémités », et le mot a si bien fait fortune qu'on le répète toujours quoique les représentants légitimes du pays, sous trois régimes politiques diffé-

_______

(1) *Revue Politique et Parlementaire*, mai 1895. « Les controverses sur la décentralisation administrative.
(2) *Revue*, p. 245.

rents, aient organisé et développé la vie propre des administrations locales. »

Il n'en est pas moins vrai que l'accroissement considérable de l'importance de la Chose publique au détriment de la Chose privée, — ou du moins au détriment d'une zone mixte qui normalement les sépare —, s'est aggravé d'une tendance correspondante de centralisation outrancière, ces abus ayant suivi dans leur courbe ascendante une marche parallèle, inéluctable.

La gestion administrative ainsi conçue ne satisfait pas les populations locales parce qu'elle n'est pas adaptée à leur tempérament; elle manque de souplesse et elle tue la vie et l'esprit publics des populations qui ne sont plus expressément invitées à s'occuper de leurs affaires.

Il s'ensuit un véritable divorce entre l'Administration et la nation. Non seulement la nation ne participe plus à l'administration ni au gouvernement, mais l'Administration et le Gouvernement tendent à perdre le sentiment de leur fonction, qui est de faire les affaires du pays.

## § 4. — La décentralisation politique.

Nous avons dit entendre par ces mots les mesures qui auraient pour effet de reporter à la décision des assemblées locales tout ce qui est aujourd'hui réservé à l'approbation parlementaire et qui peut en être distrait sans inconvénient.

Il est manifeste, en effet, que l'ordre du jour des Chambres est encombré de quantités de projets sans que la justification s'en trouve dans leur caractère national.

Il n'est pas douteux que tous les projets communaux et départementaux ou du moins le plus grand nombre pourraient très bien être dispensés de cette station dans les cartons du Parlement et soustraits à ses délibérations. Il suffirait que si le Gouvernement les trouve dangereux pour les finances locales, il ait la possibilité d'en appeler par exemple au Conseil d'État, ceci pour donner une garantie supplémentaire aux assemblées locales contre l'arbitraire éventuel du Gouvernement.

« Combien de lois, dites d'intérêt local, sont, en effet, aujourd'hui, soumises au Parlement qui devraient être simplement votées par les Conseils généraux, avec l'approbation du préfet ! » Ceux qui me font l'honneur de me lire n'ignorent pas la façon dont ces projets de loi sont étudiés et discutés par les Chambres ; est-il rien de plus ridicule ! Le député rapporteur copie en le démarquant (car il a généralement la pudeur de changer deux ou trois substantifs et de retourner quatre ou cinq phrases) l'exposé des motifs des bureaux qui, eux-mêmes, ont recopié les avis du préfet, et le tout passe au milieu du bruit, au début d'une séance, confondu avec la lecture du procès-verbal.

« Que voilà bien ce qu'on nomme pompeusement la haute sanction législative ! » On a fait, pour en arriver à ce résultat, imprimer force documents, voyager des kilogrammes de dossiers ; la loi future a été vue au Conseil d'État ; elle sera promulguée par le Président de la République. Or, il ne s'agit, peut-être, que d'une surtaxe de 2ᶠ 50 sur l'alcool à l'octroi d'une commune rurale du Finistère ; personne, sauf un sous-chef de bureau, ne connaît à Paris un mot de l'affaire dont il s'agit ; et l'on paraît devoir persister dans ces errements jusqu'à la consommation des siècles, des surtaxes d'alcool et des projets de loi « d'intérêt local » (1).

D'autre part, il est manifeste que bien des dépenses publiques gagneraient à être discutées et inscrites dans les budgets locaux avec le correctif bien entendu du contrôle de l'autorité gouvernementale.

M. Mario Roustan (2), sénateur, signalait l'avantage de cette mutation avec infiniment de bon sens :

« L'intérêt que nous prenons aux choses financières est en raison inverse de la distance qui nous en sépare. Quelles que soient nos vertus civiques, le budget qui nous tient le plus à cœur, c'est le nôtre, et nous sommes prêts à nous consoler de la gêne de l'État si notre capital s'accroît et si nos revenus s'arrondissent. A qui nous objecterait que le citoyen ne peut pas être heureux dans un État qui n'est pas prospère, nous ne ferions aucune difficulté de répondre que cela est exact ; mais

---

(1) *La Réforme administrative*, D'AVENEL, *op. cit.*, p. 40.
(2) Extrait du *Petit Var*, du 17 octobre. Libres opinions. « Laissez-nous faire. »

allez donc faire entendre raison à notre égoïsme naturel! Le
lien qui unit l'intérêt particulier à l'intérêt général est si difficile à distinguer, que certains philosophes ont renoncé à l'é-
tablir par démonstration et qu'ils se sont résignés à considérer
comme un article de foi laïque cette affirmation que tant de
faits semblent démentir.

« A mesure que le cercle s'élargit, notre surveillance se relâche
parce que notre indifférence s'accroît. Si nous apprenons que
notre municipalité a inscrit à son budget quelques milliers de
francs pour une dépense dont l'utilité est discutable, nous dis-
cutons vivement cette utilité et nous critiquons cette dépense.
Combien de centimes additionnels cela nous vaudra-t-il lors
de la chute des feuilles? On murmure, on agite la menace des
élections futures; l'*Indépendant* s'efforce de justifier la mesure,
tandis que l'*Écho* s'emploie à en montrer l'erreur; et l'on n'hésite
pas à arrêter au coin de la rue le maire ou ses collaborateurs,
afin de leur adresser des remontrances ou d'obtenir des explications.

« On est bien moins « regardant » pour les budgets départementaux. Et pourtant les journaux du chef-lieu sont à l'affût
des moindres incidents de la session des Conseils généraux; les
maires sont là, dans la salle ou dans le vestibule, et aussi les
adjoints et les conseillers municipaux, les contribuables du chef-
lieu sont tout proches de leurs représentants à l'assemblée et
ceux des autres cantons accourent auprès des leurs. Dans l'Hé-
rault, nous avons, pendant les élections dernières, assisté à
une avalanche d'affiches, de tracts, d'articles, dans lesquels la
politique se taisait (ce qui ne signifie pas qu'elle était absente),
et où on ne parlait que de la situation financière du département,
des dépenses pour les aliénés, les autobus, les voies ferrées d'intérêt local, etc..., etc... C'est là ce qui était débattu avec passion.
J'ose avancer qu'on pardonne plus volontiers à l'État de dépenser
2 millions en pure perte qu'à un département de dépenser 20.000
francs dont la nécessité n'est pas évidente.

« Dans le département, bien entendu. Et cela toujours en
vertu du même principe. Après tout, se dit-on, il y a une qua-
rantaine de millions d'individus pour pâtir des sottises de
l'État; il y a à peine quelques centaines de mille de contribuables

qui pâtiront des sottises du Conseil général, et de ces derniers je fais bel et bien partie. Dans le premier cas, tout finit par des chansons ou par des plaisanteries sur l'opulence de la Princesse ; dans le second, le mouvement instinctif des citoyens est de mettre la main sur leur porte-monnaie, et, croyez-le bien, ce n'est pas pour l'ouvrir spontanément et de gaîté de cœur.

« Voilà pourquoi ma proposition a été votée sans encombre et sans discussion aucune. Le professeur Arthur Girault, se faisant l'interprète des maires de France, criait au Gouvernement : « Si vous tenez à ce que les deniers publics soient gérés avec « économie, laissez-nous faire. » Les Conseils généraux de France tiennent le même langage et s'écrient à leur tour : « Et nous « aussi, laissez-nous faire si vous voulez que les deniers publics « soient gérés avec économie. »

Nous aurons l'occasion, dans l'étude que nous ferons plus loin des organisations administratives dans le cadre de chacune des circonscriptions territoriales, de détailler par des exemples quelle modalité pourrait à notre avis revêtir cette décentralisation politique.

# CHAPITRE II

## DE QUELQUES AUTRES MÉTHODES

De l'installation matérielle des services publics.
De la coordination. — Du contrôle.

---

### § 1. — Installation matérielle des services publics.

Quand on parle « d'industrialiser » nos services publics, il est exclusivement question de substituer aux errements administratifs les méthodes industrielles ou commerciales.

Il serait cependant au moins aussi désirable et plus facilement réalisable de modifier, à l'instar de nos grandes firmes, l'installation de nos bureaux.

C'est qu'on ne se rend pas toujours un compte exact du rôle que joue, dans la marche d'une administration publique ou privée, l'organisation matérielle du travail : la propreté des salles et même une certaine coquetterie dans leur agencement, le classement méthodique des dossiers, l'habitude de ne laisser aucun papier à la traîne sur les tables en fin de journée, — tout cela constitue l'hygiène morale et matérielle du travail administratif.

Non seulement le fonctionnaire y trouve son profit personnel et la Chose publique son compte, mais l'impression favorable que ressent le public d'une ambiance d'ordre l'incite à la confiance.

Les grands établissements de crédit le comprennent si bien que leur plus importante — et efficace réclame — réside dans l'aménagement — souvent fort luxueux — de leurs sièges ou succursales.

En regard de ces installations brillantes de marbre et de cuivre, aux comptoirs lustrés, aux salles spacieuses, largement aérées, fastueusement éclairées, songez à certains de nos vétustes bureaux !

Quel est l'administré ou le contribuable dans l'esprit duquel ne demeure pas, comme une obsession, le souvenir d'une de ces demeures où l'on accède par un escalier empuanti, ou branlant, souvent les deux à la fois ! Après l'avoir gravi péniblement, un huis se présente sur lequel, dans la pénombre, on peut lire vaguement, sur une étiquette décolorée, le nom du service que cet étage abrite. La porte franchie on avance dans un couloir rétréci d'épaisses murailles de dossiers' dont des générations de balayeurs hâtés ont facilité l'agrégation en leur dispensant quotidiennement des nuages de poussière ! Mais le spectacle est plus pittoresque au fur et à mesure qu'on approche du séjour de l'homme assis !... Là il semble qu'on se soit installé dans le cataclysme des dossiers écroulés. On ne peut circuler qu'avec précaution et non sans danger au milieu de cet amoncellement chaotique pour atteindre à la chaise que le maître de céans vous désigne avec des excuses, car il vous faudra, devant que d'en user, violenter un carton vert qui l'occupe. Le papier est ici roi ! Il lutte même si victorieusement avec l'hôte de ce lieu que sa table en déborde jusqu'à lui disputer la place de son encrier et la surface de son avant-bras !

Levez les yeux sur les cartons béants d'où tous les maléfices paraissent pouvoir sortir comme de gueules de dragons !... portez vos regards vers la fenêtre aux carreaux maculés, aux rideaux défraichis et... sortez, sortez, sortez vite. Vous étouffez... Mais attention, vous n'avez pas aperçu le poêle rougi auquel vous tourniez le dos et qui rendait l'atmosphère irrespirable.

Et l'idée vous vient, vous obsède, du soulagement que vous éprouveriez d'apprendre qu'une nuit le démon du feu est sorti de cette masse cylindrique et s'est précipité, en la dévorant, sur la cité malfaisante des « précédents », des « soit communiqué », des « pour et par ordre », des « enquêtes », « contre-enquêtes », des « avis », etc...

Évidemment, toutes les entreprises privées ne disposent pas de palais pour leur personnel, tous les bureaux des services publics n'y font pas non plus un aussi lamentable contraste. Mais dans l'ensemble le parallèle est-il si loin de la vérité?

Or, croit-on vraiment que l'ordre, la précision, la ponctualité dans la tractation des affaires, qui sont qualités de l'esprit, ne puissent trouver leur source ou, en tous cas, leur développement, dans l'arrangement convenable du cadre et des instruments du travail? le fonctionnaire averti s'y astreint; le fonctionnaire indifférent doit se les voir imposer.

Quel cœur, en effet, un employé peut-il mettre à un ouvrage exécuté dans des conditions matérielles déplorablement insuffisantes? Quelque héros? peut-être!

Il faut donc résolument moderniser l'installation de nos services.

Ce sera rapidement chose faite lorsqu'on se rendra compte :

Que le rendement du personnel est fonction de ses aises;

Que c'est seulement lorsque celles-ci seront assurées que l'obligation pourra lui être faite de l'ordre et de la méthode dans l'organisation matérielle de ses efforts, avec le corollaire certain de réaction sur les dispositions de son esprit;

Que la modification de la mentalité de nos agents est à ce prix, car elle est conditionnée par l'intérêt qu'ils doivent être amenés à prendre à leur tâche;

Que c'est aussi un devoir impérieux que de leur procurer une vie saine et même un cadre avenant dans des locaux où ils passent plus de la moitié de leur existence.

### § 2. — De la coordination.

On connaît la propension des services publics à s'ignorer, volontairement ou non, quelque rapprochés qu'ils se trouvent d'ailleurs, et quelque étroits que soient pratiquement leurs rapports. C'est le cloisonnement dont l'étanchéité va se renforçant alors que le souci contraire devrait être la règle.

Dans son rapport sur le budget de 1922, M. Bokanowski constate que le nombre des fonctionnaires est en accroissement de 147.000 sur le chiffre de 1914. Il envisage les moyens de revenir aux chiffres d'avant-guerre et pose le problème des monopoles de l'État :

« Il y a certainement trop de fonctionnaires, beaucoup trop, mais pour en réduire aisément le nombre, il faudrait commencer par modifier de fond en comble des méthodes de travail surannées, vieilles de cent ans et plus...

« ... Or, là surtout, il n'y a que cloisons étanches. On s'écrit de bureau à bureau, d'un même service, situés à quelques mètres ; on forme de volumineux dossiers portant de nombreux avis, car la responsabilité individuelle d'une décision à prendre ou à faire prendre, n'existe pas. L'atavisme bureaucratique exige avant tout « de se couvrir. »

La déperdition de temps, d'efforts et partant d'argent qui résulte de ces errements est, en effet, considérable ; le malheur est qu'ils vont s'accentuant par suite de l'inexistence des organes nécessaires pour opérer la liaison tout en haut de l'échelle administrative et de la méconnaissance, chaque jour plus marquée, du rôle de regroupement que doit jouer le préfet, dans le cadre du  département.

Nous y avons déjà fait allusion plus haut et nous aurons l'occasion de nous y appesantir à nouveau en nous occupant du département et de ses agents.

En tous cas, nous emprunterons encore à M. H. Fayol (1) quelques arguments contre la marche en ordre dispersé des administrations publiques.

 « Dans une entreprise bien coordonnée, on constate les faits suivants : 1º chaque service marche d'accord avec les autres ; 2º dans chaque service les divisions et subdivisions sont exactement renseignées sur la part qu'elles ont à prendre dans l'œuvre commune et sur l'aide mutuelle qu'elles doivent se prêter ; 3º le programme de marche des divers services est constamment tenu en harmonie avec les circonstances.

« Il faut croire que ces trois conditions ne sont pas toujours remplies, car on peut observer dans certaines entreprises les signes suivants d'une incontestable incoordination : 1º chaque service ignore et veut ignorer les autres. Il marche comme s'il était à lui-même son but et sa raison d'être, sans s'inquiéter ni des services voisins, ni de l'ensemble de l'entreprise ;

_______________

(1) *Op. cit.*, p. 36.

2º la cloison étanche existe entre les divisions et les bureaux d'un même service, comme entre les différents services. La grande préoccupation de chacun est de mettre sa responsabilité personnelle à l'abri derrière un papier, ordre ou circulaire; 3º personne ne pense à l'intérêt général, l'initiative et le dévouement sont absents... »

Et encore :

« ... Sans harmonie, pas d'action collective, voilà une seconde hypothèse.

« Il appartient ainsi à la fonction administrative de provoquer les efforts individuels en les coordonnant pour le meilleur rendement collectif : où va-t-elle trouver des moyens d'action pour cette tâche? »

La *coordination*, voilà l'un des aspects les plus importants du rôle de chef, avec le *commandement* c'est-à-dire l'*exercice de l'autorité*, dont nous étudions plus loin les modalités, et le *contrôle*, dont nous allons dire quelques mots.

## § 3. — Le contrôle.

Un fonctionnement régulier des services d'administration dans tous les domaines, tant en ce qui concerne l'impulsion, l'exécution, la coordination et le contrôle, ne se peut obtenir que s'il est possible de pousser l'action personnelle jusqu'à la cellule communale.

Car on se leurre étrangement lorsqu'on se berce de l'illusion qu'il suffit de promulguer une loi pour avoir abouti au résultat recherché. La tâche du législateur est terminée; mais, si on ne donne pas à l'administration les prolongements qui lui sont nécessaires, la loi demeurera un document intéressant dans les colonnes du *Journal officiel*, sans plus.

Il n'est pas moins évident que la réalisation des économies tant souhaitées ne peut être obtenue pratiquement que par en bas. Ce n'est pas, en effet, à notre humble avis, en décrétant les économies d'en haut, tant au Parlement que dans les départements ministériels, qu'on les opérera en fait et surtout de manière équitable et utile.

Quand, dans une distribution d'eau, on s'aperçoit que les réservoirs se vident trop rapidement, ce n'est pas un bon moyen que d'en diminuer simplement le débit : c'est un moyen simpliste. C'est en se rendant compte des abus que font certains usagers que l'on diminuera la consommation exagérée par rapport aux possibilités de fourniture du réservoir. Nous nous excusons de cet exemple trivial, mais il nous paraît éclairer notre pensée.

En réalité, le mot « compression » des dépenses répond mal à la définition du but que l'on poursuit : un contrôle efficace des finances publiques ne consiste pas dans le *contrôle de l'inscription des crédits* mais dans celui de *leur emploi*, et ceci ne peut être pratiqué utilement qu'au lieu même de leur utilisation.

M. H. Berthélémy (1) signale aussi l'inanité du contrôle tel qu'il fonctionne :

« Nous avons voulu aussi, et je n'exprime ici ni une critique, ni un regret, une large décentralisation. Nous ne renoncerions pas volontiers à cette conquête des libéraux : nous la trouvons plutôt insuffisante. Nous redoutions bien sans doute l'incompétence, disons même l'incohérence des autorités décentralisées. Nous comptions pour nous en défendre sur l'exercice du contrôle administratif. Or voici que le plus souvent, par indifférence ou par faiblesse inspirée par la politique locale, la tutelle administrative a manqué son but. Elle a toléré le gaspillage des finances municipales; elle a couvert la tyrannie des « nouveaux seigneurs de village » d'une mansuétude qu'on a pu prendre pour de la complicité. Nous n'avions pas voulu cela ! »

Le travers de nombre de grands chefs, nous l'avons marqué, est de descendre à l'exécution, alors que c'est le contrôle de celle-ci qui leur incombe.

Sans doute le contrôle ne doit pas avoir pour conséquence d'énerver l'action.

Du contrôle mal compris, un journaliste de talent écrivait récemment ces propos (2).

« On a cru remédier à ces inconvénients par le contrôle. On

---

(1) *Traité élém., op. cit.* Préface, p. xi.
(2) Voir *Le Temps* du 10 janvier 1922 : « Le Vice bureaucratique ».

n'a fait qu'ajouter au mal moral un mal matériel. Si l'inertie vient de l'irresponsabilité, la paperasserie vient du contrôle, parce que ce contrôle s'exerce non sur les individus, ce qui serait économique, mais sur les choses, ce qui est onéreux. Dans l'administration privée, il y a évidemment des surveillances et des vérifications portant sur les matières et sur les livres, mais elles sont réduites au minimum. Le véritable contrôle, c'est la connaissance de l'employé qui permet de lui faire confiance et crédit. Dans l'administration publique, le contrôle, intervenant d'ailleurs avec la même âpreté que le Parlement, surajoute son action propre et en arrive souvent à diriger, comme c'est le cas, par exemple, au ministère de la Guerre, du moins pour les services de l'armée ».

Nous pensons que, pour être efficace, le contrôle, ou l'inspection, que nous emploierons comme synonymes, ne doivent pas s'exercer uniquement dans les cadres de l'État par de hauts fonctionnaires en mission : ceux-ci ne peuvent, en réalité, qu'opérer des sondages, très utiles à coup sûr, mais insuffisants.

C'est à créer un corps d'inspecteurs départementaux qu'il faut aboutir pour des fins profitables. Nous indiquerons comment nous comprenons cette institution lorsque nous examinerons le fonctionnement des services publics dans le cadre du département.

# CHAPITRE III

## DE QUELQUES AUTRES SYSTÈMES

Le régionalisme. — Le syndicalisme. — L'industrialisation.
La collaboration des administrés.

---

Il semble bien que l'opinion publique ait eu foi de tout temps
dans les formules, façades derrière lesquelles il peut n'y avoir rien
d'édifié, mais dont souvent l'ampleur et le mystère ont de quoi
séduire tous les imaginatifs — et quoi de plus illusionnable
qu'une foule ?

### § 1. — Le régionalisme.

Le perpétuel recommencement de l'histoire réserverait-il
à notre siècle de voir se reconstituer le régime provincial ? Nul
ne peut répondre. Mais de ce système qui compte de chauds
partisans, nous renvoyons la discussion à un chapitre ci-après
dans l'étude que nous ferons des circonscriptions territoriales
de l'administration ; nous n'anticiperons pas.

### § 2. — Le syndicalisme.

M. H. Berthélémy (1), dans son *Traité de droit administratif*,
discute comme un « système administratif », pour le condamner
d'ailleurs, ainsi que nous l'allons voir, le syndicalisme :

« Nous comprenons bien qu'ils (les syndicats) s'opposeront
aux passe-droits, au favoritisme, aux intrigues politiques qui

---

(1) *Traité élém.* Préface, p. xviii.

les blessent aujourd'hui. Ils supprimeront le désordre administratif dans la mesure où il porte atteinte à ce qu'ils regardent
comme leurs droits. Se soucieront-ils, de même, de provoquer
dans les services le zèle nécessaire, d'y récompenser le mérite,
d'y assurer la discipline?

« On a vu les associations de postiers protester contre les
avancements au choix que le nombre a jugé scandaleux parce
qu'ils ne sont accordés qu'à l'élite. Quelle association de fonctionnaires a fait le contraire, et blâmé le chef coupable de n'a-
voir pas fait avancer assez vite les hommes d'une valeur reconnue
qui eussent bientôt constitué des cadres excellents?

« On a vu les syndicats de maîtres d'école insister avec téna-
cité pour obtenir la réintégration de collègues justement ré-
voqués. En a-t-on vu réclamer la révocation ou même la réprimande des personnages turbulents ou incapables qui compro-
mettent le bon renom du service?

« Quelle association de fonctionnaires — il y en a de fort
honnêtes — peut se vanter d'avoir fait passer la préoccupation
de l'intérêt général avant le souci de la défense des intérêts
personnels ou même avant la pratique d'une bienveillante
camaraderie?...

« ... Est-il sérieux d'écrire que tout sera pour le mieux quand
l'autorité viendra de ceux-là mêmes sur lesquels elle s'exerce, et
quand le contrôle sera confié à ceux qu'il s'agit précisément de
contrôler? Comment Duguit ose-t-il approuver cette phrase
cynique de l'instituteur Rodrigues : « Les syndicats de fonction-
« naires, comme les syndicats ouvriers, sont simplement des
« associations corporatives de défense, mais appelés à devenir,
« avec le temps, des organes directeurs. » A la direction
étrangère venue d'en haut, tend à se substituer progressivement
une administration autonome venue d'en bas.

« Est-il bien nécessaire d'insister? Réconfortera-t-on l'autorité légitime, celle qui doit appartenir à l'élite, rétablira-t-on
la discipline indispensable, celle qui doit s'imposer à tous, mais
surtout au nombre, en confiant au nombre lui-même le soin d'é-
lire ceux qu'il investira de l'autorité? Un pareil système porte
un nom : c'est l'anarchie. Il a trouvé son application : c'est le
Soviet.

« A cette critique qui lui est adressée par les plus sages, Duguit se borne à répondre : « Le danger d'anarchie sera évité « et la coordination des différents services assurée par le main- « tien du pouvoir de contrôle et de surveillance toujours réservé « au Gouvernement. » De quel gouvernement parlez-vous, ici, cher et très éminent collègue, puisque le Gouvernement lui-même ne sera plus qu'un syndicat de fonctionnaires que vous faites élire, eux aussi, par ceux qu'ils auront à contenir et à surveiller?

« Les syndicats de fonctionnaires ont jusqu'à ce jour gravement compromis le bon renom de l'Administration française. La France sera perdue le jour où, méconnaissant la terrible leçon que met sous nos yeux la pauvre et grande Russie, elle se laissera séduire par l'expérience que vous appelez de vos vœux et dont les abominables résultats sont inévitables. »

Mais, est-ce vraiment un système d'administration?

Nous n'avons qu'à souscrire à l'exécution de l'honorable doyen pour nous dispenser de conclure autrement.

### § 3. — L'industrialisme.

La Chose publique est sujette à tant de variations et de développements, que son administration devrait évidemment comporter une extrême souplesse si l'on voulait qu'elle fût constamment adaptée au rôle qui lui échoit.

Industrialisez, nous crie-t-on!

« En résumé, écrit M. René Favareille, dans un ouvrage très intéressant auquel nous nous sommes déjà reportés (1), ma théorie se résume en ceci que l'industrialisation de l'Administration importe beaucoup plus que sa décentralisation, la première réforme n'empêchant pas, d'ailleurs, la seconde. »

Et M. H. Fayol (2) :

« Il n'y a pas une doctrine administrative pour l'industrie et une doctrine administrative pour l'État; il n'y a qu'une doctrine administrative. Les principes et les règles générales

---

(1) *Op. cit.*,
(2) *Op. cit.* Préface, p. 6.

qui valent pour l'industrie valent aussi pour l'État et réciproquement. »

Or, un commerçant ou un industriel peuvent se permettre, au jour le jour, toutes les amodiations qui leur sont commandées par les transformations que subit leur maison, tant dans son organisation générale que dans les cadres et le nombre de son personnel. Il ne peut en être ainsi, on le sent bien, des services administratifs.

Et bien qu'ils méconnaissent moins qu'on le suppose combien désirable serait la réalisation de cette adaptation continue, et, quoi qu'ils fassent, les fonctionnaires doivent se résigner à demeurer en retard pour le progrès dans les méthodes sur les conquêtes de l'industrie privée et l'idéal — au goût du jour — qu'on peut se faire de l'organisation administrative.

Nous croyons que, dans ce cas encore, la vérité n'est point dans l'absolu.

On peut, on doit tendre à industrialiser tous les services *industriels*, dont l'État a évoqué la gestion sous la forme de monopoles, sans perdre de vue que leur nombre doit être réduit dans toute la mesure du possible. Il n'y a que peu de raisons de ne pas souscrire à ce postulat.

Et cependant, il manquera toujours à ces industries étatisées, quelque modernisées que soient leurs méthodes de gestion, ce qui constitue l'élément le plus efficient de prospérité des industries privées. C'est ce que faisait récemment encore remarquer M. Lafferre, ancien ministre, dont l'opinion est, au surplus, fort intéressante à noter, eu égard à la haute situation qu'il occupe dans le parti radical et radical socialiste :

« ... C'est ma conviction profonde, dit-il en substance, qu'aucune administration des monopoles ne porte en elle les germes de transformation que le pays désire. Industrialiser une administration est un paradoxe de pensée et une impossibilité pratique. Il n'y a de méthodes industrielles que dans l'industrie privée, qui, seule, a le sentiment du risque et l'inquiétude permanente du lendemain (1)... »

---

(1) Voir le journal *Le Petit Méridional.* Article intitulé : « La question des monopoles ».

### § 4. — La collaboration des administrés.

Nous avons assez dit ce que nous pensiions de la crise du
« civisme » pour ne pas être suspectés de tièdeur vis-à-vis de
ce système.

Nous estimons qu'il faut, par tous les moyens, accroître la
participation des citoyens à la gestion de la Chose publique
pour les raisons que nous avons déjà largement développées
en de précédents chapitres.

Mais l'application de ce principe doit encore être réalisée
avec mesure.

Il convient que l'action de ces représentants des administrés
irresponsables siégeant en des commissions auprès des chefs
responsables de la marche des services publics, n'aboutisse pas
à énerver ou à paralyser le commandement, en abusant de
leur droit d'examen, de critique ou de contrôle.

Nous aurons l'occasion d'étudier, dans le cadre du département, comment nous concevons cette collaboration.

Il va de soi que si pour les services purement administratifs
ce système appelle quelques réserves, elles sont moins importantes pour son application à certains services de régie ou de
monopole.

# CHAPITRE IV

## DES AGENTS

La crise d'autorité. — Le recrutement. — La carrière.
La rétribution. — La condition juridique.

### § 1. — La crise d'autorité.

« Les progrès accomplis depuis cent ans ne sauraient échapper
aux esprits clairvoyants. Et cependant l'opinion s'est aujour-
d'hui retournée contre un régime administratif dont les imper-
fections la choquent. Voici que les principes mêmes en sont remis
en question. L'édifice se lézarde. L'autorité s'effrite. L'indiscipline se généralise. Le respect de la hiérarchie a fait place à
l'esprit de dénigrement inconciliable avec la marche régulière
des services (1). »

Voilà qui pose le problème.

Nous croyons avoir fait suffisamment ressortir notre sentiment quant aux méthodes à employer pour obtenir un meilleur rendement des fonctionnaires attachés à nos services publics et leur inculquer un autre esprit.

Le plus important et le plus efficace de ces moyens et, pour
toutes raisons, le plus urgent à mettre en œuvre, est à notre
avis sans conteste de situer, en les *étageant*, la *responsabilité*
et l'*autorité*.

Si bien des conclusions nous heurtent, sur lesquelles nous
aurons l'occasion de nous expliquer, dans l'ouvrage de M. Henri
Chardon intitulé *Le Pouvoir administratif*, nous nous rencon-

---

(1) *Traité élém.*, op. cit., H. BERTHÉLÉMY. Préface, p. x.

trons absolument avec l'éminent conseiller d'État, pour ce qui est de la nécessité de « fixer la responsabilité ».

« Tout a été dit, écrit-il, sur l'irresponsabilité de l'Administration française et sur les désastres causés chaque jour par un régime qui détruit le désir de l'action et la préoccupation de devoir envers la Nation, conscience des fonctionnaires.

« Faites que dans toute affaire, grande ou petite, la France puisse enfin mettre la main sur un agent technique permanent, effectivement responsable dans sa carrière de la façon dont l'affaire a été menée.

« Et comment nous assurer cela? En exigeant que chaque affaire, chaque décision, soit signée par un agent technique permanent, autant que possible par celui qui est le plus rapproché des intéressés. »

M. René Favareille (1) écrit aussi dans le même sens :

« Pourquoi cet exclusivisme, ce formalisme, ce bureaucratisme, sont-ils si redoutables? Parce qu'ils sont anonymes et irresponsables. Voilà le vrai diagnostic de notre maladie administrative. Et comme on ne peut pas supprimer la bureaucratie, ni son vice constitutif, et comme on ne peut pas supprimer les fiscalités et les monopoles, qui sont sous son empire, je propose, tout au moins, de la tirer de l'ombre épaisse où elle sécrète laborieusement les fils compliqués de sa trame formaliste et de la faire travailler en pleine lumière, comme tout le monde. Je propose de démolir, non pas la vieille et encore solide maison administrative, mais les dispositions compliquées et obscures de son intérieur, où les commissions, les sous-commissions et comités consultatifs ont organisé tant d'abris pour les responsabilités et tant de prisons pour les initiatives. »

Et M. Albert Schatz dit vigoureusement (2) :

« Les types de fonctionnaires — tel Peter de l'Ennemi du Peuple — sont tous marqués des mêmes traits; tous sont des êtres déchus, parce qu'ils ont abdiqué toute volonté personnelle, parce qu'ils ont renoncé au droit d'exprimer une opinion contraire à celle de leurs supérieurs et qu'ils imposent à la lâcheté

---

(1) *Op. cit.*, p. 151.
(2) *L'individ. éc. et soc.*, *op. cit.*, p. 550.

humaine toutes les transactions et toutes les vilenies, sans avoir à en porter la responsabilité. »

Aussi bien le travail, quel qu'il soit, ne revêt-il toute sa dignité que si nous le pouvons aimer. Et il est indispensable pour cela qu'un peu de notre personnalité puisse s'y accuser.

Et ce n'est pas seulement la responsabilité de la *décision* qu'il importe de restaurer, mais aussi de la *proposition*.

A presque tous les degrés de la hiérarchie administrative on peut et on doit exercer les devoirs du chef, plus ou moins importants, cela va de soi.

M. Henri Fayol les définit très heureusement (1) :

« Le chef peut développer l'initiative de ses subordonnés en leur donnant la plus grande part d'action que leur situation et leur capacité comportent, même au prix de quelques fautes, dont il lui est possible, d'ailleurs, de limiter l'importance par une surveillance attentive. En les guidant discrètement sans se substituer à eux, en les encourageant par une louange faite à propos, en leur faisant parfois quelque sacrifice d'amour-propre à leur profit, il peut assez rapidement transformer des hommes bien doués en agents d'élite. »

Et encore dans le même ouvrage sous la signature de M. Paul Vanuxem :

« Ce caractère de « pluralité » que revêt « l'effort collectif » donne à la fonction administrative un premier aspect : elle a charge avant tout de décider à l'effort de tous les membres du groupe individuellement. De là l'idée que l'entreprise est toujours collaboration, qu'il faut à tout instant « stimuler » les bonnes volontés, qu'une bonne « rémunération » du personnel est indispensable, que « l'initiative » et le « goût » de l'action et des responsabilités « sont à encourager sans cesse, etc... »

Or, ce n'est pas autant qu'on le croit par disposition d'esprit qui lui soit propre, que le fonctionnaire français a pu donner prise, — et encore dans quelle mesure justifiée? — aux critiques et facéties courtelinesques dont on l'a abreuvé. C'est bien plutôt le vice de méthodes dont il n'est pas responsable. Il les subit avec irritation pendant la première partie de sa carrière alors

---

(1) *Op. cit.*, p. 262.

qu'il est de trop modeste condition pour y modifier quoi que ce soit. Puis, il les applique, par lassitude autant que par habitude, quand il s'est acquis dans la hiérarchie une place qui lui permettrait de lutter contre les errements que sa conscience et son intelligence ont depuis longtemps condamnés, sentiment que son expérience a confirmé.

Mais si sa compétence s'est accrue, le fonctionnaire a appris aussi, quelquefois à ses dépens, ou par l'exemple, qu'on ne lutte pas impunément contre la puissance des traditions : — qu'à se précipiter sur les moulins on ne gagne rien et qu'on y peut briser sa carrière. Et c'est ainsi que vont s'altérant les meilleures volontés — et les volontés tout court.

Brimé dans ses initiatives, contrarié dans l'exercice de son autorité, trop souvent régi par des statuts tels qu'il n'existe presque plus de différence pour l'avancement entre le bon et le médiocre, le fonctionnaire devenu « sans désir et sans fièvre », sans âme pour sa fonction, n'est plus qu'un rouage dans le plus compliqué des mécanismes.

On a borné son horizon à une table et à un fichier. Tant pis ! Il trouvera ailleurs, si elles ont pu survivre malgré tout, l'emploi de ses vertus : la bibliophilie, la littérature... ou la politique seront au premier plan de ses préoccupations, — le reste violon d'Ingres !

Mais que ce fonctionnaire qu'on juge si pusillanime, toujours hanté par la nécessité — qui lui est imposée — d'en référer avant toute décision, vienne à quitter l'Administration pour le commerce et l'industrie, quelle révélation ! C'est un autre homme qui surgit.

On l'a bien vu pendant la guerre. Tel « rond de cuir » en qui paraissait mort à jamais le *cœur à l'ouvrage* jeté dans la grande mêlée s'est non seulement rapidement débarrassé de ses migraines, mais a senti, aussi vite, sourdre et se développer ses facultés, qui n'étaient qu'endormies, de volonté et d'initiative, d'exercice de l'autorité par le stimulant de la responsabilité.

Le chloroforme de la bureaucratie s'était dissipé dans l'atmosphère de la tranchée. Il est devenu un brillant officier. Voyez ses citations. Il n'y est question que de son « initiative », de son « autorité morale sur les hommes », de son « courage » !

Il est revenu à son bureau, l'ambiance a refait son œuvre.

Alors, est-ce sa faute ou celle des méthodes auxquelles il doit se plier?

M. René Favareille (1) dans l'ouvrage duquel nous sommes amenés à puiser si souvent, tant il offre d'intérêt, dit, dans le même sens :

« Qu'il s'agisse d'ailleurs du Parlement ou de l'Administration, j'estime que ce sont leurs méthodes de travail, leur action organique et interne qui sont défectueuses bien plus que leur recrutement ou leur cadre extérieur d'action...

« ... L'anonymat, l'irresponsabilité, l'anti-industrialisme (ce dernier défaut n'étant que le résultat des deux autres), sont des vices organiques qui tiennent à la constitution intime de l'Administration, à ses modes d'action ou de contrôle. Par conséquent, on ne peut les corriger que par des remèdes qui seront eux-mêmes organiques, intérieurs et non extérieurs à l'appareil administratif. »

Sans doute pareilles observations touchant la nécessité d'une discipline dans la hiérarchie et comportant le plein épanouissement des facultés de chacun dont nous avons exposé l'absolue nécessité, ne figure-t-elle pas dans la plupart des cahiers de revendications des fonctionnaires?

C'est même, hélas! souvent un esprit contraire qui préside à leur rédaction (2).

« Les syndicats des fonctionnaires, écrit M. Berthelemy (3) se forment, en apparence, pour la défense de leurs membres contre les abus dont ils peuvent être victimes. En réalité, ils aspirent à la destruction de l'autorité et à la conquête du pouvoir administratif. Leur but est de substituer à la hiérarchie fondée sur le mérite et l'expérience (le choix et l'ancienneté), l'indépendance des agents et l'élection des chefs. »

Dans les cénacles syndicalistes on se préoccupe ainsi bien plutôt d'obtenir : 1° des augmentations de salaires ou de traitements, et 2° d'être soustrait à ce que l'on nomme l'arbitraire des chefs tant pour l'octroi des avantages que comporte la car-

_______

(1) *Op. cit.*, p. 107 et 85.
(2) Voir *supra*. Les systèmes, le syndicalisme.
(3) *Traité élém. op. cit.* (Principes généraux de l'organisation administrative).

rière que pour les sanctions disciplinaires que certains manquements doivent nécessairement appeler.

Ces doléances, que toutes les époques ont connues et tous les pays, ont pris une forme particulièrement vive au cours de ces dernières années en France et, il faut bien le dire, par suite de l'idée qu'on s'est faite de la manière dont il convenait de traiter les préposés aux fonctions publiques.

### § 2. — Le recrutement.

On lira, en effet, non sans un sentiment de gêne, le jugement que porte sur le recrutement de nos fonctionnaires, un Américain qui devait jouer un rôle prépondérant dans l'histoire de ces dernières années.

« L'Administration française dans toutes les branches, à tous les degrés de l'échelle, depuis les plus bas jusqu'aux plus élevés, a été profondément corrompue par l'introduction de cette idée fatale que les fonctions publiques pouvaient et devaient être la récompense de services personnels ou de parti... Cette situation menace de devenir plus dangereuse pour le bon gouvernement de la France qu'elle ne l'a été pour celui des États-Unis... Le nombre des fonctions qui sont données par les ministres en France est beaucoup plus grand que le nombre de celles que peut donner le Président des États-Unis et la nécessité dans laquelle se trouvent les ministres de plaire aux Chambres et de leur distribuer des faveurs... est incomparablement plus grande que n'est la nécessité qu'éprouve le Président américain de plaire au Congrès; car les ministres dépendent de la bonne volonté des Chambres... tandis qu'à ce point de vue le Président ne dépend pas du Congrès (1). »

Il convient de faire évidemment la part de l'exagération que comporte, au moins à cette heure, l'appréciation du célèbre homme d'État.

Dans la plupart des administrations publiques, le concours

---

1) Cf. Woodrow WILSON. *L'État*, trad. Wilhelm, t. I, n° 425, 446, cité par M. A. LEFAS, dans l'*État et les fonctionnaires*, p. 275.

est aujourd'hui à la base du recrutement et le libre choix du ministre, des préfets et même des maires, se trouve singulièrement réduit. Il est vrai de dire que la nécessité de réserver aux mutilés ou anciens combattants un rang de préférence et même l'exclusivité de certaines fonctions, a encore considérablement réduit le nombre d'emplois qui se peuvent octroyer dans les conditions stigmatisées par ce grand Américain.

*<br>* *

Mais ces critiques conservent toute leur valeur pour ce qui est des hautes charges publiques ou, du moins, certaines d'entre elles.

Laboulaye a, depuis longtemps, institué ce procès.

« Il est dangereux et ridicule, opine-t-il (1), que les seules fonctions publiques, qui n'exigent point d'études préparatoires, soient précisément celles qui intéressent le plus le pays... Comment se fait-il que dans un pays aussi susceptible, aussi facile à effrayer, l'État ne s'assure point à l'avance de la capacité des hommes qu'il emploie? Comment se fait-il qu'on s'assure, par des moyens rigoureux, de l'instruction d'un officier, d'un ingénieur, d'un professeur, même d'un maître d'école et qu'on ne s'inquiète point de l'éducation politique ou administrative d'un diplomate et d'un préfet? Pourquoi une partie de l'Administration est-elle organisée sur le principe démocratique de la capacité tandis que l'autre n'est réglée que par le bon plaisir d'un ministre?

« Pourquoi faut-il douze ans d'études pour commander une batterie, tandis que pour gouverner un département il ne faut souvent que la recommandation d'un député ou l'importunité d'un favori (2)? »

Et il ajoute :

« On ne manquera pas de me reprocher de « désarmer » le Gouvernement en lui ôtant tout moyen d'action. Loin de désarmer

---

(1) Extrait de l'ouvr. déjà cité de M. LEFAS, p. 215.

(2) Un peu plus loin, l'auteur invoque à l'appui de sa thèse l'autorité de Bacon, celle de Napoléon et il cite un auteur aujourd'hui peu connu, M. MACAREL, comme « le premier qui ait écrit sur la nécessité de fonder une Faculté des Sciences politiques et administratives » (*ibid.*, p. 531).

le Gouvernement, je veux lui donner une force qu'il ne se connaît pas. Je veux lui faire un appui de ce qui fait aujourd'hui sa faiblesse. Je le répète, il n'y aura de stabilité en France que lorsqu'une Administration, toute démocratique par sa racine, aura dans l'opinion publique une force assez grande pour faire avec la magistrature (cet autre démembrement de la puissance exécutive) un contrepoids suffisant à la Chambre des Députés et à l'action de la presse; et cette force d'opinion, l'Administration ne peut l'obtenir que du jour où le mérite des fonctionnaires sera garanti et par l'éducation solide qu'ils auront reçue et par le concours qui leur ouvrira l'entrée des services publics...

« ... Une Administration savante, ayant confiance dans ses forces, soutenue par l'estime publique, recrutée parmi les hommes les plus éclairés de chaque génération, donnerait à notre Gouvernement ce point de stabilité, cette ancre qui lui manque au milieu de ce flux et reflux des partis, des opinions, des événements...

« En France, nous avons besoin d'un contrepoids contre la toute-puissance et la mobilité de la Chambre; ce contrepoids, qu'on a cherché inutilement dans la division des pouvoirs politiques, c'est l'Administration seule qui l'a donné jusqu'à ce jour, mais l'Administration, par la manière dont elle se compose, n'a point eu jusqu'à présent, une force suffisante pour maintenir l'équilibre. Il faut qu'elle prenne pied dans le pays et que la démocratie se fasse équilibre à elle-même.en se jetant également dans les deux plateaux de la balance, qu'on la retrouve dans les Chambres par l'élection, dans l'Administration par le concours. Ainsi, comme on le voit, sous cette question de facultés d'administration, s'agitent les questions les plus vives de notre constitution et de notre avenir. »

A l'appui de sa thèse, que nous approuvons entièrement, Laboulaye ne nous paraît pas avoir fourni tous les arguments pour la raison qu'il est une objection qu'il n'a pas prévue. Or elle est sérieuse et ne peut être traitée par omission ou écartée sans solution.

Le problème nous paraît pouvoir se poser de la façon suivante. Les hautes fonctions administratives doivent comporter, pour ceux qui les occupent, des garanties de savoir, et on doit pouvoir en être certain en exigeant les références adéquates.

Mais d'autres qualités y sont aussi nécessaires.

Or, d'une part, le concours ne peut les déceler toutes et, d'autre part, il en est qui s'acquièrent dans l'exercice de la fonction ou s'y étiolent. Partant, le concours à l'origine de la carrière pour si brillamment que l'intéressé l'ait subi, n'est point un critérium suffisant d'aptitude aux plus hauts postes du compartiment administratif où il est entré; ainsi la volonté, la droiture, l'autorité morale, ne sont véridiquement discernables qu'après un certain temps d'observation.

Enfin, à l'exercice de certaines fonctions tout au moins le Gouvernement doit pouvoir n'appeler que des fonctionnaires du loyalisme desquels il soit sûr à l'égard de la ligne politique suivie par lui, *a fortiori* vis-à-vis du régime.

Le problème ne manque pas d'être délicat à résoudre.

Par exemple en ce qui concerne les préfets :

« Tout le monde est d'accord pour reconnaître que le choix du Gouvernement n'est enfermé dans aucune limite; aucune condition d'aptitude n'est exigée d'eux. Il y a là une véritable singularité quand on songe que le grade de licencié en droit est exigé des conseillers de préfecture. On a souvent essayé, cependant, de justifier cette anomalie, mais on l'a fait pour des raisons peu décisives. Invoquer, par exemple, la qualité d'agents politiques qui appartient aux préfets et dire « qu'il fallait que le Gouvernement eût la facilité de faire porter son choix sur des hommes pénétrés de son « esprit » (Béquet nº 119), c'est donner à supposer qu'on ne trouverait pas de fonctionnaires zélés si on exigeait une garantie quelconque de capacité ou de stage. (Ducroq, t. I, nº 104, p. 102; Batbie, *loc. cit.* (1). »

Et à peu près dans le même sens, ces observations de M. P. Deschanel (2) :

« Mais en même temps, il faudrait que le personnel préfectoral fût recruté autrement et qu'on n'entrât plus dans l'administration active comme dans un moulin, par le caprice d'un

---

(1) *Pandectes françaises.* Département. Titre I. Capt. 2e. Section 1, § 1, nº 208, p. 471.
(2) *La Décentr.*, *op. cit.* p. 46.

ministre et la recommandation d'un député; on devrait exiger des études sérieuses, des examens, un diplôme. N'est-il pas inconcevable qu'on demande à un officier, à un ingénieur, à un inspecteur des Finances, que dis-je? au moindre commis de ministère, un apprentissage plus ou moins long, et que la faveur seule ouvre l'accès des fonctions les plus complexes, les plus délicates? D'ailleurs, il va sans dire qu'en ces matières la science administrative n'est pas tout; il y faut encore la connaissance des hommes, et ce que ne donne aucun examen : le tact; car un bon préfet doit être un véritable diplomate à l'intérieur.

« Comment concilier tout cela et exiger, d'une part, des qualités de savoir du candidat par le critérium du concours à l'origine de sa carrière, de qualités morales par le compte qu'on se sera rendu de la manière de servir du fonctionnaire, des garanties de loyalisme sous les diverses formes où nous l'avons envisagé; et, d'autre part, attendre de ces hauts fonctionnaires l'indépendance dans les avis, et savoir l'exiger, même si leur emploi ne comporte pas une parfaite stabilité. »

Nous allons essayer de fixer notre point de vue.

Pour ces hautes fonctions, réclamant des qualités particulières de différents ordres et que nous avons succinctement évoquées, nous concevrions qu'elles soient non pas nécessairement dévolues comme avancement aux fonctionnaires inférieurs mais attribuées comme missions ou délégations.

Comment recruter ces délégués? Il nous paraît qu'il pourrait être puisé dans certains grands corps de l'État ainsi déjà que cela se fait exceptionnellement. Ambassadeurs, préfets, gouverneurs généraux, par exemple, seraient pris parmi les membres du Conseil d'État ou de la Cour des Comptes ou d'autres grands services, tels l'inspection générale des Finances ou des services administratifs, où ils retrouveraient leur place, si pour une raison de convenance personnelle ou gouvernementale il était mis fin à leur mission;

Nous verrions à cette organisation de multiples avantages :

1º La garantie, pour la compétence, du concours servant de barrière aux carrières dans lesquelles il serait puisé pour y prendre les chargés de missions;

2º Le choix du Gouvernement guidé par les renseignements

qu'il possédera sur le passé du fonctionnaire, c'est-à-dire ses qualités professionnelles ou morales;

3° Le choix du Gouvernement pouvant s'exercer avec suffi-sante liberté tout de même, pour les garanties de loyalisme qu'il doit exiger de ses délégués dans les hautes fonctions dont il s'agit, étant donné qu'il portera sur un chiffre élevé de can-didats possibles;

4° La permutation assurée entre les fonctions à caractère sédentaire, administratives ou contentieuses, ou à caractère de contrôle, avec les fonctions de gestion ou d'exécution (Des règles pourraient être adoptées dans ce sens en s'inspirant de celles de l'armée);

5° L'indépendance assurée en même temps que la stabilité, pour des fonctions où le Gouvernement doit pouvoir — sans léser le fonctionnaire — placer des hommes ayant toute sa con-fiance;

6° L'arbitraire éventuel du Gouvernement limité, pour ses choix, par les sources où il pourra puiser.

*<br>* *

Enfin, il conviendrait, et tout d'abord de réaliser, dans le plus bref délai possible, une péréquation harmonieuse des fonc-tions publiques pour les grades comme pour les émoluments, en unifiant les conditions de recrutement dans la plus large me-sure possible, de manière à pouvoir, sans distinction d'origine, faire accéder l'élite des fonctionnaires aux fonctions qui récla-ment des hommes de valeur d'où qu'ils viennent.

Car le taylorisme est une hérésie appliquée au personnel administratif.

C'est ce dont nous tombons d'accord avec l'honorable M. Char-don (1) :

« Nous avons actuellement, dit-il trop de concours distincts. Pour des fonctions analogues, avec des programmes à peu près identiques, nous organisons des concours séparés et intermittents. Ce luxe n'est pas favorable au bon recrutement des services

_______________

(1) *Le Pouvoir administratif*, par H. CHARDON.

publics. Des concours larges et réguliers élèveraient le niveau des candidats et l'on aperçoit aisément les réunions qu'on pourrait opérer dans certains services. »

Il ne paraît pas si malaisé d'aboutir à ce reclassement déjà réalisé en d'autres pays.

### § 3. — La carrière.

On a, certes, — et sous la pression de mouvements d'opinion divers, — concédé au personnel des services publics quelques-unes des garanties de carrière réclamées par lui; mais on les lui a accordées par bribes, sans vues d'ensemble, au détriment de la discipline, sans atteindre le but, parce qu'on a poursuivi la fin des abus sans vouloir remonter résolument jusqu'aux causes.

Les causes, il faut avoir le courage de le dire, sont dues au débordement du pouvoir législatif sur le pouvoir exécutif, avec le corrollaire de la disparition croissante de l'autorité et de la responsabilité des chefs à tous les degrés, le tout aggravé par une centralisation outrancière : nous l'avons, de reste, souligné.

Les fonctionnaires, en effet, ne seraient pas aussi préoccupés de se garantir contre le jugement porté sur eux par leurs chefs s'ils savaient que ce jugement n'est influencé par aucune cause extérieure.

Or, même dans les administrations les plus hiérarchisées, où il semble que le mérite seul ou l'insuffisance dussent compter pour régler la carrière d'un fonctionnaire, chacun sait de quel poids pèsent dans les décisions de l'autorité qui a pouvoir de les prendre les interventions de personnalités influentes.

Nous entendons bien que les élus de la Nation doivent conserver le moyen d'élever la voix pour défendre tel ou tel citoyen, même fonctionnaire, injustement attaqué, ou même simplement injustement noté.

Un élu de la Nation a toujours le droit d'en appeler d'un ministre mal informé à un ministre mieux informé. Mais ces « interventions » ne devraient point pouvoir prendre le caractère de « recommandations » telles qu'elles affluent dans toutes les administrations publiques.

« La plus grave cause des maux dont souffre l'administration est d'ordre politique, dit précisément M. H. Berthélemy (1). C'est l'intrusion indiscrète et condamnable des parlementaires dans les moindres rouages du pouvoir exécutif. L'intérêt public sacrifié aux préoccupations électorales, l'intrigue prévalant sur le mérite, la complaisance remplaçant la compétence, la faiblesse en haut encourageant l'indolence en bas, ce sont là des spectacles si fréquents qu'on finit par les tenir pour habituels.

« Des protestations n'ont pas manqué de s'élever contre de telles mœurs. Celle du personnel administratif a pris une forme par où le mal a gravement empiré. Les associations, les syndicats, les coalitions de fonctionnaires menacent ce qui subsiste de puissance exécutive. Une nouvelle déchirure s'est produite : les intérêts des serviteurs semblent désormais l'emporter sur l'intérêt des services. »

Mais encore sur ce point sont-ce les fonctionnaires qui sont responsables ou ceux qui acceptent de monnayer sur le comptoir parlementaire les faveurs à leur disposition?

La grande raison de la centralisation, nous l'avons déjà dit, réside précisément dans ce désir d'amasser le plus possible de décisions dont le Gouvernement peut ensuite se servir dans ses rapports avec les représentants du peuple.

Ceux-là, à leur tour, « utilisent » les faveurs qu'ils obtiennent. Et c'est la course organisée parmi eux à la recherche de ces satisfactions qui se résument souvent en une lettre aimable mais où ils trouvent le meilleur aliment de leur propagande électorale.

Voilà le vice. Une réforme énergique s'impose. Elle n'a besoin du secours d'aucun texte législatif. Il suffit de la volonté d'un Gouvernement.

M. R. Favareille (2) fait ce procès en termes d'une vivacité à laquelle nous ne saurions qu'applaudir :

« Ainsi, de proche en proche, du cantonnier au conseiller à

_______________

(1) *Traité élém., op. cit.* Préface, page X.
(2) *Op. cit.*, p. 15.

la Cour de cassation, la folie obsédante et suppliante a gagné tous les cerveaux. La mendicité a envahi la République. Nul ne compte plus sur son mérite, sur ses services, que dis-je, sur son droit ! Le directeur dit à son commis, le procureur à son substitut, le général à son capitaine : « Je vous propose, mais faites-vous recommander ! » L'ingénieur au fournisseur : « Avez-vous quelqu'un ? » Ainsi sommes-nous revenus au système de *commendatio*, du recours à un patronage, comme au temps de la désorganisation romaine.

« En sommes-nous là, cependant? Eh non ! Car souvent le miracle est truqué, la recommandation n'est qu'une comédie, les promesses données, les lettres certificatives ne sont qu'une farce concertée par laquelle l'électeur est quelquefois dupé, le ministre et le député sont momentanément délivrés de leurs suppliants. »

Nous avons indiqué que pour pallier les inconvénients d'être appréciés ou jugés par des chefs insuffisamment indépendants, les fonctionnaires avaient réclamé et obtenu la collaboration de leurs pairs pour l'institution de conseils, soit d'avancement, soit de discipline.

Pour ce qui est des sanctions disciplinaires, au moins pour les mesures graves, ce système ne rencontre pas de très graves critiques.

Il en va tout autrement en ce qui concerne le règlement de l'avancement.

Fort énervés des faveurs injustifiées dont, pour les raisons que nous avons dites, ont pu bénéficier certains d'entre eux, les fonctionnaires en sont arrivés à ne concevoir l'avancement que par l'ancienneté des services, répudiant tout avancement au choix.

Qui ne voit les inconvénients d'un pareil procédé?

Il met fin à toute émulation. Le fonctionnaire zélé, qui ne trouve plus sa récompense que dans la satisfaction de sa conscience, ridiculisé par ses collègues, va disparaissant.

Où la formation de l'élite serait à encourager par tous les moyens, on en tarit la source; et le niveau de l'administration tend à prendre l'étiage des médiocres.

Tout récemment encore, cette déplorable situation était résentée à la tribune de la Chambre par M. L. Deschamps :

« Il y a enfin (1), il faut bien le dire, une raison essentielle qui domine toutes les autres, qui décourage les meilleures énergies, qui fera partir les meilleurs agents de l'Administration, c'est l'avancement ramené à la seule ancienneté.

« Ayez du mérite, ayez de la valeur! tel autre, qui est loin d'en avoir autant, mais qui a deux ou trois mois de plus que vous dans l'Administration, passera avant vous.

« Vous arrivez ainsi à décourager les meilleures volontés, j'en parle en connaissance de cause. Je me suis trouvé en présence d'excellents employés qui m'avaient rendu des services considérables, auxquels j'aurais voulu donner la récompense de leurs services en les mettant, pour le plus grand bien du pays, à la place qu'ils auraient dû avoir. Je ne l'ai jamais pu, car l'avancement est à l'ancienneté, c'est l'égalité dans la médiocrité. »

Or, comme le dit remarquablement M. Albert Schatz (2) :

« Il est seulement et plus que jamais utile de rappeler que les institutions ne valent que ce que valent les hommes qui les représentent et d'insister sur les conditions dans lesquelles la France pourrait s'assurer le concours de l'élite, de grands chefs qu'elle mettrait désormais en mesure d'agir comme tels. »

Et encore :

« Il faut, pour concevoir la possibilité d'une administration gouvernementale transformée et régénérée, écarter jusqu'au souvenir de platitude et d'impuissance stérilisante dont nous avons sous les yeux le spectacle et imaginer pour cette administration des chefs d'une autre mentalité et d'une autre trempe, choisis et conservés, en ayant présent à l'esprit le mot célèbre de Napoléon, qui s'y connaissait en hommes : « On ne s'appuie « que sur ce qui résiste. »

Mais la communication nécessaire des notes des fonctionnaires aux commissions de classement a un autre résultat aussi fâcheux : Les avis des chefs sur leurs subordonnés, qu'ils savent devoir être divulgués, prennent une allure si circonspecte qu'ils ne représentent plus leurs sentiments vrais et ne peuvent constituer des éléments d'appréciation. C'est à peine si un esprit averti

---

(1) Discours de M. Louis Deschamps, député. Séance du 16 novembre 1921. *J. O.* Débats parlementaires, Chambre. Session extraordinaire, p. 4062.

(2) *L'Entrepr. Gouv. et son Administr.*, *op. cit.*, p. 220.

peut trouver dans des formules si édulcorées une signification ;
la Commission de classement ne l'apercevra pas et même se
refusera avec raison à la rechercher dans une interprétation
des mots ou des chiffres.

Il est donc préférable, dans l'ordre d'urgence, de supprimer les
abus qui provoquent chez les fonctionnaires le besoin de garanties, que d'élaborer des textes pour armer les fonctionnaires
contre ces errements.

Quand on aura réalisé cette réforme, la question du statut
des fonctionnaires (1) sera facilement résolue. Car il faut bien
le dire, elle en constitue l'essentiel.

« Il est à remarquer, écrit judicieusement M. A. Lefas (2), que,
bien que l'Allemagne soit la terre classique des associations
(*Verein*), des ligues (*Bund*), et qu'aucun texte ne limite la liberté d'association des fonctionnaires, l'on ne constate pas,
« parmi les agents de l'État », la même poussée de syndicalisme
qu'en France ni la même intensité dans le mouvement corpo-
ratif, pour la bonne raison qu'ils n'ont pas les mêmes motifs
que les nôtres de s'associer... la loi elle-même les garantissant
contre l'arbitraire dans le recrutement, l'avancement ou la
discipline. Ajoutons à ceci que la condition de fonctionnaires
est, à elle seule, nous l'avons dit, une corporation, un « état »,
ayant ses traditions représentatives. »

Enfin, quand toutes causes supprimées du malaise que nous
avons analysé, on se décidera à édifier un statut, il faudra se garder
encore des formules trop générales. Nous avons vu combien il
est malaisé de discriminer entre les fonctionnaires pour les
situer dans leurs droits et leurs devoirs.

« Tel est (1) le caractère de la législation anglaise et améri-
caine. Elle ne cherche pas à embrasser un grand ensemble, à
codifier en un texte tout le droit et tous les fonctionnaires.
Mais elle va droit à l'abus qu'on veut détruire, et elle énonce
le remède précis dont il faut user pour y parvenir.

---

(1) On consultera avec profit pour la position de cette question dans ses détails
et son historique, l'ouvrage de M. A. LEFAS, auquel nous nous sommes déjà reportés
(*L'État et les Fonctionnaires*).

(2) *Op. cit.*, p. 286.

(3) A. LEFAS, *op. cit.*, p. 275.

« Elle le fait avec franchise et netteté, en se gardant bien d'ailleurs de dépasser le but concret qu'elle s'est assigné.

« Elle laisse au temps, à la coutume, à la jurisprudence, le soin de développer toutes les conséquences du principe qu'elle pose.

« Souvent même, elle s'inquiète médiocrement de la sanctionner. Si la loi est bonne, si elle répond à l'opinion publique, elle trouvera de ce côté son meilleur soutien et son gage de développement ultérieur.

« Ne pourrions-nous puiser d'utiles réflexions dans cet exemple? En France, on veut tout prévoir, tout régler et parer à tous les abus d'un seul coup, par une seule loi. Il en résulte que souvent les textes trop compliqués demeurent sur le chantier. C'est l'histoire de notre statut des fonctionnaires. »

A propos du rendement insuffisant de la journée de travail, dans un article où il prend la défense de la journée de huit heures, M. Ch. Gides (1) conclut :

« Le seul remède au mal serait de trouver une modification au régime du salariat qui redonnât du cœur à l'ouvrage. Ce n'est pas facile. »

C'est évidemment aussi difficile pour le monde des fonctionnaires que pour le monde des ouvriers. Nous estimons, tout de même, qu'il est urgent d'essayer de cette thérapeutique.

### § 4. — De la rétribution.

Pour ce qui est du salaire, on a longtemps considéré, d'une part, que l'honneur qui peut s'attacher à servir l'État ou à détenir une parcelle de l'autorité publique, « à porter casquette », si l'on veut bien nous permettre cette image, et, d'autre part, la stabilité de cette profession, la garantie d'une retraite et divers autres avantages, devaient assez attirer les candidats vers les fonctions publiques pour qu'il soit suffisant de leur allouer un salaire médiocre.

De plus, et en ce qui concerne les hautes fonctions de l'État, la République, si elle en a ouvert les portes à tous les citoyens, ce

_______________

(1) Voir le journal *L'Émancipation*, 1922, p. 12 et suivantes.

qui était très bien, a volontairement oublié que ces postes étaient, sous la monarchie, l'apanage honorifique de personnes « de qualité » dont la fortune personnelle leur permettait de faire fi de la modicité du traitement qui y était attaché.

Aux États-Unis d'Amérique, où le général Dawes (1) avait été chargé d'opérer sur les services publics une énergique compression, ce dictateur aux économies répondait à un interviewer qui lui demandait le principe qu'il avait appliqué :

« Le principe qu'il n'y a jamais assez d'hommes capables bien payés, mais toujours trop d'hommes inutiles qui sont médiocrement payés... Je suis sans pitié pour les emplois inutiles, même modestes, parce que ce sont ceux qui coûtent toujours le plus cher. »

Il faut bien reconnaître que les conditions de la vie moderne, accroissant si considérablement nos besoins, ont singulièrement modifié la position des fonctionnaires en bouleversant nos conceptions de hiérarchie sociale.

En effet, le critérium de l'envie des foules et, partant, de son respect, est de moins en moins dans l'honneur des charges publiques et de plus en plus dans la fortune.

Le génie peut, sans doute, s'accommoder de la gêne, et d'aucuns prétendent même qu'il y puise son meilleur stimulant. Les fonctionnaires ont peu de goût pour le martyre, n'ayant point, par définition, ni les hautes inspirations ni les mobiles qui l'expliquent et le justifient.

« Pourquoi le fonctionnaire français, supérieur en moyenne comme qualité à celui des autres pays, est-il un des moins bien payés et retraités?

« Cette question, tous les intéressés se la posent et la posent à grands cris aux pouvoirs publics. Nous sommes éclairés maintenant sur la réponse à faire. Le mal tient à ce que les fonctionnaires sont plus nombreux en France qu'ailleurs (2). »

Cela est, sans doute, fort exact pour les petits traitements, dont le nombre est tel qu'en en élevant même légèrement le montant on aboutit à des totaux de sommes énormes.

----

(1) Voir *Le Matin* du 26 décembre 1922, « Un placement de M. Harding », sous la signature de M. Stéphane Lausanne.
(2) A. LEFAS, *op. cit.*, p. 44.

Mais pour ce qu'on est convenu d'appeler les « gros traitements », dont l'incidence budgétaire est relativement si minime, c'est une autre histoire, dirait Kipling, et qui est de démagogie.

Nous trouvons encore dans les discussions qui marquèrent au Corps législatif et au Tribunat le vote de la loi de pluviôse les plus judicieuses considérations à cet égard.

Au Corps législatif le conseiller d'État Roederer déclarait :

« Ce n'est pas seulement le travail de l'administrateur que l'État doit payer, c'est en outre la représentation que sa place exige. Il est nécessaire qu'un préfet proportionne partout sa dépense à celle des propriétaires aisés du lieu qu'il habite et à celle des autres officiers civils ou militaires avec lesquels il doit avoir affaire; il est nécessaire que son extérieur annonce ou l'égalité ou la prépondérance de son autorité; il est nécessaire qu'il pusse entretenir avec les personnes considérables que réunit la même cité ces relations de société qui importent plus qu'on a voulu le croire depuis dix ans à l'harmonie des pouvoirs collatéraux et à l'accord des administrateurs avec les administrés (1). »

Et Dieudonné au Tribunat (2) :

« Plus les fonctions sont importantes, plus elles ont d'influence sur le succès de l'administration, plus aussi l'on doit prendre de précautions pour rendre inaccessibles à la corruption ceux qui en seront revêtus. C'est en éloignant d'eux les besoins, c'est en leur procurant les moyens de vivre d'une manière honorable qu'on atteindra ce but. Il fallait donc leur accorder un traitement qui leur donnât une existence honnête, qui les attachât à leurs places, autant par intérêt que par dévouement, et qui les mît à même de négliger toutes les affaires et les spéculations étrangères aux obligations qui leur sont imposées (3). »

-------

(1) Corps législatif, présidence du citoyen Grégoire, p. 106. Séance du 18 pluviôse an VIII.
Rapport du conseiller d'État Roederer.
*Archives parlementaires des Chambres françaises de 1800 à 1860*, p. 147 à 171.
(2) Il s'agissait en l'espèce des traitements de l'Administration préfectorale. Mais le même raisonnement peut et doit s'appliquer à toutes les hautes fonctions de l'État.
(3) Tribunat, présidence du citoyen Demeunier, p. 178. Séance du 24 pluviôse. Discours du citoyen Dieudonné. *Archives parlementaires des Chambres françaises*, p. 192 à 207.

### § 5. — **La condition juridique.**

La diminution du prestige des fonctions publiques ou de l'idée qu'on s'en faisait, le nivellement dans la médiocrité expliquent, dans une certaine mesure, la tendance affirmée par les syndicats ou associations de fonctionnaires à ne faire aucune différence entre les ouvriers et les employés, tous étant censés avoir réalisé avec l'État-patron un simple contrat de louage imposant aux deux parties les obligations et leur conférant tous les droits inhérents à pareil engagement.

On a beaucoup discuté sur les moyens d'opérer cette discrimination entre salariés de l'État pour situer ceux d'entre eux qui ont avec lui un contrat non seulement matériel mais moral, et ceux qui peuvent être considérés comme des salariés ordinaires.

« Il ne semble pas douteux que la loi du 21 mars 1884 ait été faite exclusivement au profit des ouvriers et employés de l'industrie et du commerce libres. Son but a été d'équilibrer les forces de ces deux parties contractantes, les patrons et les employés, en facilitant la substitution d'ententes collectives aux accords individuels qui se font sur les conditions de travail.

« Or, les fonctionnaires n'ont pas de patrons avec qui ils traitent; ils ont des chefs dont ils acceptent la direction quand ils entrent au service. Les conditions de travail dans les services publics sont déterminées par des règlements intérieurs et non par des contrats. Le syndicat ne procure pas aux fonctionnaires l'avantage qu'y trouvent les ouvriers; il leur donne seulement le moyen d'organiser la résistance collective contre l'autorité à laquelle la bonne marche des services exige qu'ils obéissent. Ce n'est certainement pas ce que le législateur de 1884 a voulu. Je me rallie volontiers, en ce point, à l'avis de mes collègues Esmein, Duguit, Fernand Faure : aucun syndicat de fonctionnaires ne doit être tenu pour légalement constitué.

« Les tribunaux se sont tous et toujours prononcés en ce sens (1). »

_______________

(1) H. Berthélemy, *op. cit.*, p. 55.

On a, pendant longtemps, estimé qu'il était possible de les diviser en fonctionnaires d'autorité et en fonctionnaires de gestion.

Mais on s'est aperçu que cette pierre de touche ne résolvait pas la question, que quantité d'entre eux étaient à la fois l'un et l'autre. Il nous paraît difficile de résoudre le problème dans l'absolu.

Nous ne croyons même pas qu'au point de vue où nous allons nous placer de la différenciation de leurs droits, on puisse accepter sans réserve la définition de M. Alexandre Lefas (1) :

« La pratique, la doctrine, la jurisprudence, la loi, sont d'accord pour réserver le nom de fonctionnaires publics aux seuls agents qui sont employés par les établissements publics et qui réunissent les deux conditions particulières indiquées ci-dessus : la permanence dans l'emploi et la hiérarchie dans la discipline et dans le classement...

« ... La réalité, que tous les pays étrangers ont reconnue, c'est qu'il existe, parmi les fonctionnaires, diverses catégories, comportant des statuts différents (2). En France, nous en sommes restés jusqu'ici à la conception unitaire du fonctionnaire, parce que la condition de ce dernier demeurait vague et indéterminée. Aujourd'hui, s'il faut préciser, on s'apercevra qu'il y a lieu de distinguer : qu'il y a fonctionnaires et fonctionnaires, les uns agents, les autres sous-agents, les autres ouvriers.

« Mais nous persistons à ne pas croire qu'on puisse refuser plus longtemps ce titre aux employés par l'État ou par tout autre établissement public, du moment qu'ils réuniront les deux qualités exigées de tout fonctionnaire : la permanence et la hiérarchie de l'emploi.

« La permanence est ce qui correspond à l'idée de fonction, entendue ici comme un emploi confié à un agent professionnel, technique, à titre individuel et durable.

« Quant à la hiérarchie, elle découle du caractère public de l'emploi. La constitution de l'État centralise en de certaines mains le dépôt de la puissance publique : d'où la nécessité, pour

_______

(1) *Op. cit.*, p. 24.
(2) Cf. *infra*, II⁰ partie, ch. III et IV.

tous les agents revêtus d'un caractère public, de se rattacher, par une échelle graduée, à cette centralisation des pouvoirs, à cette unité de l'État.

« Telle est la notion de la fonction publique qui nous semble véritablement correspondre à l'état de choses actuel. »

On peut, tout de même, essayer de distinguer entre les fonctionnaires d'administration et les fonctionnaires de production.

Pour les premiers, pas de discussion : ils ont tous avec l'État un contrat moral qui les oblige à le servir en âme et conscience. Ces deux termes me paraissent définir amplement toutes leurs obligations.

« Est-il admissible, écrit M. Alexandre Lefas, que les hommes investis de fonctions publiques uniquement en vertu de la loi, rémunérés de leurs traitements uniquement par le moyen des lois, viennent déclarer qu'ils n'admettront pas « le principe même » (1) de la loi pour régler leur condition?

« Il en est cependant ainsi. Des fonctionnaires, c'est-à-dire des agents de l'État, de la puissance publique, de la loi, se tournent aujourd'hui contre ce qu'ils représentent, contre ce *qui est leur raison d'être;* contre la puissance publique, contre la loi, contre l'État. A ceux-là, nous ne pouvons pas faire cortège. Leur illogisme est trop flagrant (1). »

Parmi les fonctionnaires producteurs, il convient encore de sérier.

Les uns servent l'État industriel ou commerçant, qui a ainsi abusivement élargi son champ d'action (l'État marchand de tabacs, d'allumettes, marchand de porcelaines, marchand de tapisseries, constructeur de bateaux, etc...). Il n'est pas douteux que pour ceux-là il ne peut s'agir que d'un contrat ordinaire plaçant les deux parties dans la position normale de patron à ouvriers.

D'autres ne sauraient bénéficier des libertés qu'implique un contrat ordinaire, en raison de l'importance de leur rôle pour la collectivité.

---

(1) *L'État et les fonctionnaires,* Introduction, LXVII. Cf. L'ordre du jour de la réunion des fonctionnaires de Nancy, *cit. supra,* p. XLVI, par A. LEFAS, député d'Ille-et-Vilaine, ancien chargé de cours.

M. Albert Thomas écrit pourtant délibérément (1) :

« Il importait de retracer tout ce mouvement. Ce n'est pas, tant s'en faut, un mouvement isolé. L'esprit syndicaliste a pénétré peu à peu tous les services de l'État.

« Les socialistes — ils l'ont bien compris — ont pour devoir de soutenir ce mouvement, et d'instinct, les réacteurs de toutes couleurs s'y sont opposés avec acharnement.

« En l'espèce, il est risible de parler de la parcelle d'autorité publique que détient le facteur rural ou même urbain ! C'est un travailleur comme un autre; c'est un travailleur comme l'inscrit maritime, par exemple, qui, lui, a le droit de se syndiquer. Il importe qu'il puisse librement discuter sa condition de travail. Le collectivisme autoritaire, le collectivisme-caserne, ce sont les partisans de la méthode autoritaire, ce sont les lecteurs des *Débats* et du *Temps* qui, seuls, cherchent à le réaliser. Dans la société socialiste, les groupes producteurs discuteront librement de leurs intérêts avec la collectivité. »

Tandis que, à propos précisément du droit d'association et de ses conséquences touchant certaines catégories de travailleurs, M. E. Vandervelde (2), plus réservé, déclare que c'est une question complexe et délicate mais la manière même dont il la pose laisse deviner son sentiment.

« Des formules générales, écrit-il, peuvent aider à la résoudre. Elles ne dispensent pas d'examiner, pour chacune des catégories du personnel de l'État, les applications qui doivent être faites du principe fondamental de la séparation de l'État-État et de l'État industriel, ou, pour parler comme Saint-Simon, du gouvernement des hommes et de l'administration des choses. Mais, parmi ces catégories il en est une qui, dans tous les pays, attire particulièrement l'attention par le nombre des agents qui en font partie et par la gravité des conséquences que peut avoir, pour la nation tout entière, l'exercice de la liberté syndicale : c'est la catégorie des communications et des transports (télégraphistes, téléphonistes, postiers et cheminots).

Toute grève, dans un service d'intérêt public quelconque

---

(1) La *Revue socialiste*, p. 489. Mouvement syndical, A. Thomas. Le Syndicat des sous-agents des postes.

(2) *Op. cit.*, p. 131.

aussi bien dans un service concédé que dans un service assuré directement par l'Administration, est absolument inadmissible parce qu'elle est en contradiction avec la notion même du service public. »

On ne peut admettre, en effet, ni pour les postiers. ni pour les employés de chemins de fer, la possibilité de cesser brusquement le service auquel ils sont astreints, avec les conséquences de troubles sociaux graves qui en résulteraient.

Nous conclurons donc qu'en plus des obligations *tirées de la nature même de certains emplois, il en existe, pour d'autres, qui sont fonction de leur nécessité sociale.*

---

# TROISIÈME PARTIE

# LES CELLULES ADMINISTRATIVES
# LEURS SERVICES ET LEURS AGENTS

# TITRE I

## LE CADRE NATIONAL

—

Il ne peut entrer dans notre pensée d'étudier dans ses détails l'organisation et le fonctionnement de tous les organes d'administration, assemblées et agents, dont la compétence ou l'activité ont pour cadre l'ensemble du pays.

Aussi bien n'avons-nous qu'un objectif strictement administratif et pratique qui limitera le champ de nos investigations.

—

## CHAPITRE I

### LES ASSEMBLÉES PARLEMENTAIRES

—

Pour les raisons que nous venons de dire, nous n'avons pas à rechercher, sauf pour leurs méthodes à incidences administratives (Voir *supra* chapitre I, titre I, Les lois et leur confection), dans quelles conditions fonctionnent ou pourraient fonctionner mieux les grandes assemblées parlementaires.

Nous ne reviendrons donc, ni sur les suggestions que nous avons abordées touchant le mode de préparation, de confection et de votation des lois, ni sur la restriction qu'il conviendrait que les mandataires du peuple apportassent à leurs interventions auprès des pouvoirs publics touchant le personnel qui en dépend (Voir *supra*, chapitre X, titre X, Les agents, § 10).

Nous ajouterons simplement que ces réformes, dans la pratique du régime parlementaire, nous paraissent aussi nécessaires au crédit moral des représentants du peuple qu'à la bonne marche des administrations publiques.

# CHAPITRE II

## LE POUVOIR EXÉCUTIF

Généralités. — Le nombre des ministères. — La Présidence du Conseil.

### § 1. — Généralités.

Quelque démocratiques que soient nos institutions et peut-être en raison même de leur caractère, le sens inné de l'équilibre qui caractérise notre race nous fait sentir le besoin d'un gouvernement fort qui assure au pays l'ordre dans le progrès social.

Est-ce à dire que nous entendions absoudre les actes arbitraires ou les vexations, qui constituent les abus normaux d'un gouvernement sans contrôle? non pas.

C'est dans un tout autre sens que l'honorable M. Lépine, dont la belle vie au service du pays commande le respect, s'écriait un jour : « Sommes-nous assez gouvernés? »

Le peuple français entend bien être le maître de ses destinées par la voie de ses représentants élus, mais il condamne, sinon en fermes propos, du moins en détournant d'eux sa confiance, ceux dont les mains débiles ne tiennent que mollement les rênes du gouvernement.

Nous sommes obligés de constater que trop souvent, la crise d'autorité dont nous souffrons, dont les causes sont de nolonté, a trouvé ses origines tout au sommet de la hiérarchie administrative, c'est-à-dire dans les conseils même du Gouvernement.

C'est que dans ces milieux, aussi, le scepticisme a fait son œuvre qui a détruit chez quelques-uns de ceux-là qui devraient en donner le vivant exemple, ce « cœur à l'ouvrage », cette « foi » dans la tâche quotidienne, dans la valeur, partant dans l'utilité de l'effort, aussi nécessaires aux conducteurs d'hommes que les ressources d'une grande intelligence et d'une profonde psychologie.

Il est vrai de dire qu'ils ont des excuses à ne prendre « ni au tragique ni au sérieux » une mission aussi précaire, les secrétaires d'État dont la vie ministérielle se compte par mois ou par jours ! Ils sont « de passage », et ils se comportent comme des passants de bonne compagnie, bien plus préoccupés d'asseoir, parmi leurs collègues comme parmi leurs collaborateurs, la réputation d'hommes aimables que le pouvoir ne grise pas, qui « leur est d'ailleurs à charge », dont « ils descendront quand on voudra avec bonheur », que de marquer leur passage par la réalisation de tout ce qu'ils avaient hardiment conçu quand ils étaient encore au temps où l'on rêve de l'usage qu'on ferait du pouvoir s'il vous échéait !

Au moins, existe-t-il au-dessous de ce chef, aux destinées instables, une formation permanente ayant à sa tête des responsables et pouvant assurer, à travers toutes les vicissitudes de la politique et des changements ministériels qu'elle commande, une continuité dans l'action, une coordination dans les efforts ? Hélas ! cela n'est vrai ni théoriquement ni pratiquement et seuls en conservent l'illusion ceux qui croient que réalisent ces conditions les personnages à titres considérables placés à la tête des services publics.

En effet, les « directeurs » des services dans les ministères ne « s'interposent pas » entre leur service et le ministre, prenant leur responsabilité aussi bien des propositions qu'ils font que des décisions qu'ils prennent.

Ils n'ont, à proprement parler, aucune responsabilité et d'ailleurs aucun pouvoir personnel. Voyez la signature qu'ils apposent — nous ne disons pas sur leurs lettres de simples transmissions ou de demandes de renseignements — mais sur les décisions qu'ils sont amenés à prendre : elle est toujours précédée de ce « Pour le ministre et par ordre » ou « Par autorisation » qui réalise bien la négation de toute responsabilité.

Or, comme le fait observer M. Henri Chardon (1) :

______

(1) *Op. cit.*, p. 15.

« Ce ne sont pas les ministres qui doivent être responsables de la gestion des services publics devant le Parlement : ce sont les fonctionnaires permanents qui doivent être responsables devant les ministres de la gestion de ces services et les ministres ne peuvent être responsables que du contrôle qu'ils exercent sur les fonctionnaires permanents. »

Et M. Maxime Leroy :

« Notre faiblesse (1) vient de ce que nous aimons trop l'à-peu-près : nous l'avons érigé à la dignité de système, en nous vantant même d'être les seuls à savoir parer, grâce à d'heureuses improvisations, les mauvais coups d'un destin contraire.

« L'art de la riposte, voilà à quoi se réduit presque l'essentiel de notre technique gouvernementale, de notre méthodologie politique. Et la veulerie de nos dissensions politiques ne vient-elle pas, pour la plus grande part, de l'incertitude et de la mollesse de nos idées en matière économique ou gouvernementale? Nul n'en doute, honnêtement.

« Point de longs desseins, point de fermes prévisions faute de grandes pensées; et chacun sait où nous a menés un empirisme fait d'une ingéniosité de la plus subalterne qualité.

« Idées gouvernementales, prévoyance politique, méthode administrative, se complètent et se correspondent comme les trois termes nécessaires d'une indivisible trinité. »

Et encore (2), sous la plume du même auteur :

« Des commissaires nommés pour satisfaire à des besoins particuliers et à eux seuls, selon la loi des nécessités techniques, correspondent bien, on le voit, à l'évolution qui, de plus en plus, fait prédominer dans l'État la compétence sur la politique. Au ministre qui n'a de clartés sur rien et des ignorances sur tout, succéderont, peut-être, un jour, des commissaires spécialisés, aptes par fonction et par expérience ancienne, à déchiffrer les énigmes posées par milliers, à l'impromptu, dans nos sociétés effervescentes, inventives et indociles.

« Entre le système américain qui choisit les ministres hors du Parlement et le régime français qui n'entend les choisir que

---

(1) *Op. cit.*, p. 49.
(2) P. 228.

dans ce milieu, l'institution imaginée par M. Clemenceau constitue une expérience intermédiaire qui mérite notre attention :
c'est un nouveau fait qui nous aiguille vers un régime ministériel où la compétence (sériée par catégories) jouera enfin le
rôle jusqu'alors dévolu trop exclusivement à l'éloquence ou à
l'habileté politicienne. C'est une amorce, c'est même un véritable progrès vers le gouvernement à forme expérimentale. »

Nous entendons, en tous cas, que doivent être appliquées
dès le sommet les règles que nous avons posées pour tous les
agents de l'exercice de l'autorité et de la pratique de la responsabilité.

En vérité, un grand chef ne peut et ne doit assumer sa charge
qu'en la restreignant à ce qui y correspond. *De minimis non
curat prætor!...* Que de sagesse dans ce vieil adage latin!

« Je veux tout voir », s'écrie volontiers le ministre accédant au
pouvoir pour la première fois...

Il s'apercevra vite que l'apparition simultanée de quantité
de sujets d'attention et de réflexion a comme résultat une erreur
d'optique qui tend à les situer en égale importance sans relief,
ou avec des reliefs tr s atténués : l'écran chinois!

Comme M. H. Chardon a, ainsi, raison de déclarer (1) :

« En demandant que le ministre soit seulement un contrôleur
général, je réduis peut-être les pouvoirs impériaux que quelques-
uns lui attribuent encore; mais je les réduis aux limites des
forces humaines et aux conditions normales d'un véritable régime parlementaire. »

Il va de soi que les directives que nous avons posées de décentralisation administrative doivent trouver leur première application dans une large décongestion des bureaux des ministères,
non seulement dans la lettre, ce qui serait insuffisant, mais dans
l'esprit.

Et M. le vicomte d'Avenel (2) dans le même sens :

« Le premier résultat de la réforme qui serait faite dans le
personnel des bureaux parisiens serait donc une large décentralisation administrative; le pouvoir exécutif ne se déposséderait

---

(1) *Op. cit.,* 33.
(2) *Op. cit.,* p. 53.

pas encore, il changerait de mains : ce serait la suite des décrets de 1852, sous le régime desquels nous vivons, mais que l'extension des chemins de fer, du télégraphe, l'invention du téléphone, font paraître tout à fait insuffisants. Cette révolution dans les communications, qui change la face du monde, modifie profondément les rapports des fonctionnaires entre eux. »

Nous aurons à étudier dans le cadre des circonscriptions territoriales et notamment pour le département, comment nous entendons la réalisation pratique de ces principes de décentralisation.

### § 2. — Le nombre des ministères.

Il n'est pas douteux que pour des raisons qui ne participent pas toutes du souci d'administrer mieux la Chose publique, le nombre des ministères s'est accru, ces dernières années, dans de grandes proportions : de six, il y a cent ans, nous sommes passés à 12, sans compter les sous-secrétariats d'État.

Cette division — excessive — de l'autorité gouvernementale entre un trop grand nombre de mandataires a, sans conteste, beaucoup nui à son heureux exercice.

Mais il en est résulté aussi un accroissement de concentration des affaires autour des ministres; sinon eux-mêmes, en effet, du moins leurs collaborateurs, ont eu tendance à justifier, par l'importance de l'activité administrative de leurs bureaux et par l'ampleur du personnel pour y satisfaire, le démembrement du ministère d'où le leur était né.

. Nous pensons qu'il faut résolument revenir en arrière et réduire considérablement le nombre des charges ministérielles. On activera singulièrement ainsi la décentralisation administrative et on regroupera l'autorité pour qu'elle .se manifeste plus utilement.

### § 3. — La Présidence du Conseil.

C'est précisément pour que puisse s'exercer utilement l'autorité supérieure du Président du Conseil des ministres, que M. Albert Schatz conclut à la limitation à une demi-douzaine du nombre des ministres.

« Chef unique de l'administration gouvernementale, dit-il (1), le Président du Conseil ne peut avoir sous ses ordres qu'un nombre restreint de subordonnés, qui exécuteront et qui seront responsables devant lui, avant de l'être devant le Parlement, de leur exécution. C'est, en effet, une vérité expérimentale et pratiquement démontrée que les possibilités humaines s'opposent à ce qu'un chef puisse exercer l'autorité qui lui revient sur plus d'une demi-douzaine de subordonnés directs : aller au delà c'est disperser son attention, sacrifier inévitablement une partie de sa tâche et renoncer à la possibilité de la collaboration étroite et intime qui doit s'établir entre le Président du Conseil et ses ministres. Il va de soi, en effet, que l'autorité du chef n'implique pas une tyrannie despotique et tracassière et qu'elle doit se concilier avec une large initiative des subordonnés. S'il en est ainsi dans les entreprises commerciales et industrielles, à plus forte raison doit-il en être de même dans l'entreprise qu'est l'administration du gouvernement d'un grand pays, où le chef ne peut espérer être égal à sa tâche que s'il se réserve uniquement ce qu'elle a de plus élevé et de plus général. »

Nous sommes d'ailleurs de ceux qui pensent que la Présidence du Conseil doit avoir ses organismes propres et qu'un certain nombre de services doivent dépendre directement du chef du Gouvernement, quelque portefeuille que les circonstances l'aient amené à s'attribuer.

Nous estimons, par exemple, que pour l'autorité dont ils doivent jouir, comme chefs des administrations publiques dans le département, les préfets doivent dépendre directement du Président du Conseil.

Le contrôle général sur l'ensemble des services publics du pays nous paraîtrait aussi devoir être agrégé d'une manière constante à la Présidence du Conseil.

Enfin, le service de la presse, non seulement de la presse politique, mais de la presse administrative et sociale, non pas seulement pour les choses de France mais pour celles de tous les pays

_______________

(1) *L'Entreprise gouv^le*, op. cit., p. 230.

du monde, appelle une organisation sérieuse dont les fonctionnaires comme les particuliers pourraient être appelés à bénéficier, et la presse française tout d'abord. Alors qu'en ce moment ce service est fait par chaque ministère dans des conditions fort onéreuses, si on les totalise, et sans vues d'ensemble, sans souci de coordination, avec les doubles emplois et les lacunes qu'une organisation parcellaire comporte forcément.

M. Henri Chardon (1) conclut de même :

« Pour donner au service de la presse cette autorité, je dirais volontiers cette authenticité, nous devons l'organiser fortement et le centraliser à la présidence du Conseil. »

Enfin et surtout, la présidence du Conseil devrait être l'élément de coordination entre tous les ministères pour permettre à l'autorité du président du Conseil de s'exercer profitablement.

Nous avons, en effet, eu l'occasion de marquer que cette coordination dans le fonctionnement des services publics n'est, à l'heure actuelle, réalisée que dans le cadre départemental et en la personne du préfet.

Quelqu'important que doive demeurer ce rôle du représentant du Gouvernement, agissant comme relai de l'action du Gouvernement, d'impulsion, de coordination et de contrôle, ainsi que nous aurons l'occasion de l'étudier, nous pensons qu'il est infiniment désirable qu'une coordination s'opère tout de même à la source de l'impulsion.

C'est le vœu de M. Maxime Leroy (2) :

« Il est de toute urgence de créer à la présidence du Conseil un organisme permanent, pour assurer, tout à la fois, la continuité des efforts entre les cabinets, qui se succèdent dans le plus grand désordre, et la liaison entre tous les services de l'État. »

M. Noblemaire, député, dans le remarquable rapport qu'il rédigea sur le ministère des Affaires étrangères, exprimant les mêmes critiques, préconisait ainsi pareille solution (3)

« Mais nous voudrions qu'il nous fût permis à ce sujet de prendre — qu'on nous passe l'expression — notre courage à deux

_______________

(1) *Op. cit.*, p. 407.
(2) *Op. cit.*, p. 86.
(3) Rapport de M. Noblemaire, député, sur le budget général de l'exercice 1921 (ministère des Affaires étrangères). *J. O.*, Documents parlementaires. Année 1921, p. 339.

mains, et, à la faveur de la surprise qu'a créée, lors de la constitution du présent Gouvernement, le maintien du roc massif de trop nombreux ministères et d'une trop dense poussière de sous-secrétariats d'État, de dire que le moment est peut-être arrivé d'une grande et sage réforme. Tout est dans tout, et le profond remaniement, si universellement souhaité, de nos départements ministériels, peut être en germe dans cette modeste proposition de créer un sous-secrétariat nouveau.

« Oui ! ce sous-secrétariat d'État de l'expansion serait rattaché aux Affaires étrangères; mais ce ne serait qu'une unité importante dans un tout nouveau, dont nous pourrions esquisser le schéma comme suit :

« Un ministre président, responsable de la politique générale, garderait, place Beauvau, l'autorité personnelle sur les préfets et la sûreté générale; il donnerait ses directives : au sous-secrétaire d'État à la Justice, garde des sceaux, au sous-secrétaire d'État à l'Instruction publique, et aux ministres, réduits au nombre de quatre : le ministre des Finances, le ministre des Affaires étrangères, le ministre de la Défense nationale, le ministre du Travail national.

« Du ministre des Finances ressortiraient les sous-secrétaires d'État : des Finances (et Administrations présentement ou anciennement rattachées à l'Intérieur), du Trésor, des Régions libérées, des Pensions et liquidations de guerre, des Postes, des Télégraphes et des Téléphones (auquel on préférerait pourtant un office industriel autonome).

« Du ministre de la Défense nationale dépendraient les sous-secrétaires d'État : de la Guerre, de la Marine, de l'Air.

« Au ministre des Affaires étrangères se rattacheraient les sous-secrétaires d'État : de l'Expansion française, des Colonies et Protectorats.

« Du ministre du Travail national dépendraient les sous-secrétaires d'État : des Travaux publics, des Transports, du Commerce et de l'Industrie et de l'Agriculture.

« Que l'on ne croie pas à un jeu de l'imagination ou à un dilettantisme sans portée ! Un pesant volume pourrait énumérer les réflexions qui ont dicté les quelques lignes de cette toute petite note.

« Il ne sera d'elle, peut-être, rien de plus que d'une graine légère emportée par le vent. Il se peut aussi que la graine tombe sur quelque bonne terre où elle germera. Nous savons de nombreux et d'éprouvés jardiniers tout prêts à la faire fructifier. C'est à eux que nous la confions. »

L'honorable député, dont le trop court passage au Parlement fut marqué par de si brillantes initiatives et des interventions qui firent sensation, n'a jamais, croyons-nous, présenté à ses collègues plus expédientes et opportunes propositions.

Et nous aurions volontiers adopté comme frontispice à notre travail l'adjuration par quoi il termine son exposé : « Hardi les jardiniers !.... »

# CHAPITRE III

## LES GRANDS CORPS DE L'ÉTAT

Le Conseil d'État. — La Cour des Comptes. — Les corps de contrôle.
— Les Administrations centrales. — Les conseils ou commissions supérieures.

---

### § 1. — Le Conseil d'État.

Cette assemblée administrative qui recèle l'élite des fonctionnaires, soit qu'ils y aient fait toute leur carrière, soit que le
mérite les ait désignés pour y être appelés, après avoir rempli
des fonctions actives, nous paraît devoir jouer de plus en plus
un rôle important de collaboration législative (1).

Nous avons aussi indiqué plus haut (2) que c'est dans leur sein
que nous paraîtraient devoir être pris les chefs des grands services de l'État. Il suffirait d'augmenter le nombre de ses membres,
théoriquement du moins, puisque cette réforme n'aurait pour
effet que de permettre la délégation d'un certain nombre
d'entre eux (toujours constant) dans les hautes fonctions publiques dont il s'agit.

Nous avons signalé que cette permutation automatique des
membres des grands corps de l'État et des hauts fonctionnaires
de province devait avoir pour les uns et les autres les plus
heureuses conséquences.

Nous avons enfin souligné qu'ainsi serait résolu, par l'ampleur
du choix qui s'offrirait à lui et sa qualité, le problème que pose,

---

(1) Voir *supra*, chapitre I, p. 6 et suivantes.
(2) Voir *supra*, chapitre IV, p. 110, où nous avons marqué, en traitant de la
fonction préfectorale, qu'elle nous paraît devoir être comprise sous la forme d'une
délégation.

pour la désignation de certains administrateurs, la nécessité de trouver réunies dans le même homme des garanties de loyalisme et de compétence.

## § 2. — La Cour des Comptes.

Si le Conseil d'État nous paraît pouvoir constituer ce « réservoir » administratif à la disposition du Gouvernement pour les importantes missions administratives, la Cour des Comptes nous semble toute désignée pour constituer pareille ressource en ce qui concerne les mandataires d'inspection et de contrôle.

Le bénéfice des permutations incessantes, entre sédentaires et actifs, résultant de cette pratique, serait au moins aussi appréciable pour le personnel de la rue Cambon que pour celui du Palais-Royal.

Nous croyons même qu'il pourrait utilement être fait appel à la compétence des membres de la Cour pour apprécier à l'usage du Parlement l'incidence fiscale ou budgétaire de certaines dispositions législatives en projet.

Et qu'on ne nous objecte pas que ces avis multipliés en marge de l'action parlementaire retarderaient par trop le vote des lois.

Cette éventualité nous sourirait plutôt. Pour une loi absolument nécessaire, sous quel faix d'inutiles ou insuffisamment étudiées ne ployons-nous pas?

## § 3. — Les Corps de contrôle.

M. A. Schatz propose d'unifier d'abord le rôle et la répartition de ces agents.

« Chacun des six ministres, écrit-il (1), aurait le nombre de contrôleurs nécessaires pour exercer sa surveillance sur la marche et les résultats des services du département. Or, cette surveillance mettrait en jeu deux ordres d'aptitudes et de connáissances techniques, les unes communes à tous les ministères et les autres supposant une formation et une éducation appro-

---

(1) *L'Entreprise gouv^le*, *op. cit.*, p. 242.

priées. On conçoit sans difficulté que cette formation pourrait être donnée par une École centrale du Contrôle, de même que l'école centrale des Arts et Manufactures ou les Écoles des Mines forment des ingénieurs appelés, plus ou moins tôt, à se spécialiser dans telle ou telle branche. »

### § 4. — Les Administrations centrales.

Par ce vocable on entend généralement les bureaux des ministères, organes d'impulsion en même temps que régulateurs de l'administration générale du pays.

Au surplus, est-ce dans les techniciens de ces bureaux que les parlementaires recrutent leurs meilleurs collaborateurs pour la mise au point des initiatives qu'ils veulent prendre, quand elles ne leur sont pas inspirées par l'un quelconque de ces fonctionnaires.

Leur rôle étant ainsi, de toute évidence, fort important, il est à peine besoin que nous insistions sur la nécessité de leur appliquer des règles que nous avons définies plus haut touchant la généralité des agents de l'État. Plus encore qu'aux échelons inférieurs, il est indispensable que les fonctionnaires placés en haut de l'échelle soient constamment placés en présence de leur responsabilité, exercent réellement l'autorité correspondant à leurs fonctions et jouent auprès des ministres, non pas le rôle d'employés préoccupés de répondre aux désirs du maître, exprimés ou devinés, mais conservent l'indépendance nécessaire pour donner en toutes circonstances et très librement leur opinion. Il n'est pas douteux qu'ils devraient également réunir des garanties de compétence exceptionnelles, et enfin connaître, pour la pratique qu'on les aura obligés d'en faire, l'administration locale qu'ils ont mission de diriger et de contrôler.

Il serait ainsi superflu que nous revenions, au sujet du personnel des ministères, sur les considérations que nous avons déjà longuement développées.

Quant à l'organisation intérieure des ministères, dont la diversité est si frappante, nous estimons qu'il est, en effet, souhaitable de la réformer.

Mais nous nous défendons d'avoir sur ce sujet des possibilités d'appréciation telles que nous puissions en toute bonne foi conclure à des solutions déterminées.

Cette question a été minutieusement étudiée dans une brochure dont nous ne pouvons que conseiller la lecture. Elle est due à la plume acerbe de M. Demartial (1).

Nous pensons que les suggestions qu'elle renferme peuvent, dans leur ensemble, être retenues.

Nous nous gardons d'ailleurs de faire le procès des fonctionnaires des administrations centrales. Nous sommes de ceux qui ont pu apprécier leur savoir et leur bon vouloir, et nous estimons qu'ils recèlent des facultés de travail, de méthode et de dévouement qui n'attendent que l'occasion de se manifester. Il n'est que de leur en donner les moyens. Nous tenons pour efficaces ceux que nous avons déjà proposés.

### § 5. — Les Conseils ou Commissions supérieures.

Ces organismes fonctionnent auprès de certains ministères pour de nombreux compartiments administratifs, avec des attributions et une composition fort variables quant à l'origine de leurs membres.

Nous pensons que l'expérience est concluante dans le sens le plus favorable de l'utilité de ces organismes et qu'il serait expédient de doter chaque grand service d'un conseil avec des attributions mi-administratives, mi-contentieuses.

Nous proposons que ces conseils soient institués dans le même esprit que ceux dont nous suggérons l'organisation dans le département.

Et comme, d'une part, il nous est difficile de déterminer, au milieu des conseils existants et que nous ne connaissons pas tous, quelle réorganisation s'imposerait; comme, d'autre part, nous fixons suffisamment notre pensée, pour ce qui est des conseils départementaux et qui peut être extrapolé aux grands conseils à organiser dans la capitale, nous croyons plus simple de prier le lecteur de s'y reporter (2).

---

(1) *Le Personnel des ministères*, par J. DEMARTIAL.
(2) Voir *infra*, p. 225.

# TITRE II

# LA RÉGION

## CHAPITRE I

### LA RÉGION

Les idées directrices. — La région et ses limites territoriales. — Le régionalisme et la Nation. — La région et la décentralisation. — La région et les économies. — La région et les ruraux.

### § 1. — Les idées directrices.

La division de la France en régions comporte tant de systèmes, politiques ou administratifs, répond à tant de mobiles, qu'avant de discuter de cette réforme il faudrait commencer par se mettre d'accord sur la signification qu'on entend donner à ce terme.

La vérité est que la fortune de cette formule est faite en partie des difficultés qu'on éprouve à la préciser. Ainsi, chacun pouvant, sur ce vaste champ aux limites imprécises, se construire la petite chapelle régionaliste de son goût, le régionalisme a-t-il pu grouper comme en une fédération de mécontents tous ceux qui, frappés des inconvénients de notre régime politique ou administratif, mais incapables ou insoucieux d'en déterminer les véritables causes, croient mystiquement à la vertu d'un nouveau découpage de la France.

« Le régionalisme paraît avoir séduit tout le monde. On est régionaliste sans savoir au juste ni pourquoi ni comment. De bons esprits, à la suite de mon regretté confrère Vidal de la Blache, se sont faits les apôtres du régionalisme par pure logique géographique. Comment contester qu'il soit raisonnable de s'inspirer de la logique quand il s'agit de délimiter les subdivisions territoriales de la République?

« On ne s'est pas demandé si la modification des cadres administratifs n'apporterait pas un trouble grave dans la gestion des services, et dans quelles mesures ce trouble serait compensé par la logique plus grande de la géographie politique. On a condamné, *a priori*, le département, que quelques ignorants prennent pour une invention arbitraire de l'Assemblée constituante. On lui reproche de n'être plus en rapport avec la facilité des communications. Il n'y avait en 1789 qu'un pauvre réseau de routes royales. Il n'y avait ni voies ferrées, ni télégraphe, ni téléphone. Le département est devenu trop petit. Ce découpage excessif de la carte de France est ruineux, dit-on, par la multiplication qu'il impose du nombre des fonctionnaires. Singulière étourderie! car l'importance des fonctions administratives ou judiciaires, le nombre des arrêtés à prendre ou des jugements à rendre ne varie pas avec la forme de la circonscription dans laquelle ils sont pris ou rendus. La suppression du tribunal du Havre supprimera-t-elle les procès qu'il juge? Oh! j'entends bien qu'il y a des sous-préfectures et des tribunaux inutiles parce qu'inoccupés : mais est-il besoin, pour les supprimer, de modifier la circonscription départementale?

« En quoi consiste — ou plutôt doit consister la réforme régionaliste? Deux écoles se sont formées : l'une supprime le département et le remplace par la région. C'est la doctrine orthodoxe. L'autre superpose l'organisation régionale à l'organisation départementale. C'est le schisme.

« Les régionalistes schismatiques ont pour excuse l'impossibilité d'adhérer à l'orthodoxie sans révolutionner les services d'une manière inacceptable. Croit-on que Nantes voudra se résigner à n'être plus qu'un satellite de Rennes? Imagine-t-on que Caen subira volontiers la suprématie administrative de Rouen? Conçoit-on même que Saint-Étienne puisse accepter la condition de vassale de Lyon? Alors, on se rabat sur cette complication qui fait sourire quiconque est au courant des pratiques administratives : On maintiendra les préfets, mais en les subordonnant à la suprématie de sur-préfets gouverneurs de province, comme les préfets du département du Rhin sont subordonnés à la suprématie du gouverneur de l'Alsace, comme les préfets de l'Algérie relèvent du gouverneur général de la colonie (1). »

Le caractère vague de la définition du régionalisme paraît même être un ferme propos des apôtres de cette doctrine pour lui attirer le plus grand nombre possible d'adhérents.

C'est ainsi que M. J. Charles Brun (2) qui, je crois bien, fait autorité dans les cénacles régionalistes, écrit :

« Sans doute, il y a des degrés, et nous ne confondons que provisoirement, comme on le verra tout à l'heure. M. Louis Marin, député de Nancy, président de la Fédération régionaliste française, et qui occupe au Collège libre des Sciences sociales la chaire des « méthodes ethniques et sociales » a, par deux fois, (conférence aux groupes d'études régionalistes, 11 févrie.· 1904 et 23e congrès de la Société d'économie sociale, Paris, 1904), soumis à une pénétrante analyse les conceptions des diverses écoles sociales qui, surtout à l'étranger, se rattachent plus ou moins directement à la théorie régionaliste. Il a ainsi étudié le provincialisme, le traditionnalisme, la déconcentration, l'anti-réglementation, la décentralisation, le régionalisme proprement dit, le fédéralisme, le particularisme, l'école du retour aux champs, la théorie de la famille-souche et de l'hérédité des professions. Mieux encore, il a subdivisé avec soin ces diverses théories et montré leurs divergences. 

« Mais on voit bien que ce sont là autant au moins des tendances communes que des systèmes, et que, si l'on veut parler d'écoles, il est permis de les rapprocher, après les avoir distinguées pour la commodité de l'analyse. Parmi leurs tenants, les uns (retour aux champs) ne s'attachent qu'à une partie du programme; les autres (décentralisation, fédéralisme), poussent plus ou moins loin les conséquences des principes régionalistes, et, du reste, pour le moment, marchent d'accord avec les régionalistes, quitte à ne pas les suivre jusqu'au bout, ou au contraire, à les devancer, à un autre stade...

« ... Sans doute, il nous paraîtrait impertinent d'appliquer

---

(1) *Traité élém.*, par H. BERTHÉLEMY. *Op. cit.*, préface, p. XII.
(2) *Op. cit.*, p. 46.

au régionalisme la boutade de M. G. Sorel : « L'expérience de la théorie marxiste nous montre de quelle importance peut être l'obscurité pour donner de la force à une doctrine »; mais, nous accepterions assez volontiers, par contre, la formule d'un de nos maîtres, M. Ch. Le Goffic : Le régionalisme est, jusqu'à nouvel ordre, une terre vague... où toutes les opinions se trouvent à l'aise et chez soi parmi les autres. »

Laissant de côté les hommes que nous appellerons les régionalistes de mauvaise foi pour qui cette réforme n'est qu'une machine de guerre contre nos institutions, nous nous bornerons, pour rester, d'ailleurs, dans le cadre de notre travail, à examiner sur le terrain proprement administratif, sur quel point portent particulièrement les vues des régionalistes et quelles critiques soulèvent leurs projets.

Les autres points ne seront qu'effleurés dans la mesure où ils offrent quelques incidences avec le premier.

Il semble qu'on peut dégager la pensée régionaliste du point de vue administratif en lui assignant les buts suivants :

1º Réaliser une décentralisation effective en reportant de Paris aux centres régionaux la solution de quantités de questions par le procédé de la décentralisation tant politique que démocratique et administrative;

2º Réaliser, grâce aux organismes régionaux, les grandes œuvres d'intérêt général, communes à un certain nombre de départements composant la région;

3º Réaliser, non seulement une économie de temps dans la tractation des affaires, mais aussi une réduction du nombre des fonctionnaires;

4º Permettre un contrôle plus efficace du fonctionnement de l'outillage administratif;

5º Revivifier la vie provinciale économiquement et intellectuellement parlant, et même son originalité, en aidant au rétablissement de ses coutumes.

Les régionalistes déclarent, en outre, pour se défendre contre les attaques dont ils sont l'objet sur ces différents points :

« 1º Que l'unité nationale, bienfait de la centralisation, est désormais cimentée trop solidement pour que le réveil de l'esprit régional la puisse ébranler;

« 2º Qu'il ne faut pas confondre unité et uniformité ;

« 3º Que vouloir la vie et la prospérité de chaque région de France, est un dessein patriotique au premier chef, si l'ensemble, comme il apparaît, doit sa vigueur à la vigueur de chacune de ses parties ;

« 4º Enfin que le régionalisme, en créant là encore une harmonie, en hiérarchisant les groupes sociaux, concilie de la façon la plus heureuse le particularisme et le patriotisme (1). »

Nous pensons ainsi avoir posé les termes du problème régionaliste dans ses buts positif et négatif. Nous allons passer à l'étude de ces différents points.

### § 2. — La région et ses limites territoriales.

Une des raisons invoquées pour briser le cadre départemental est tirée de l'inutilité de cette division trop fragmentaire qui a pu être justifiée autrefois, eu égard aux difficultés des communications qui doivent restreindre la consistance des cellules administratives, à la possibilité pour les administrateurs placés à leur tête d'embrasser l'ensemble de leurs intérêts, et d'avoir contact avec tous leurs administrés.

Avec une remarquable concision, M. J. Barthélemy (2) s'élève contre ce parallèle.

« Les considérations que l'on fait valoir en sa faveur sur le rapprochement des distances et de la multiplication des fonctionnaires, ne doivent être acceptées que sous bénéfice d'inventaire. Si, en effet, l'action du pouvoir central a été rendue plus facile par le développement des moyens de communication, elle a été rendue en même temps infiniment plus complexe par la multiplication des fonctions de l'État ; c'est d'ailleurs à un développement des services rendus par l'État qu'a correspondu l'accroissement du nombre des fonctionnaires. Les chemins de fer, le télégraphe, le téléphone... ont rendu plus petite la circonscription des fonctionnaires ; mais les attributions nouvelles ou considérablement étendues de l'État

---

(1) *Le Régionalisme*, par J. CHARLES-BRUN. *Op. cit.*, p. 71.
(2) J. BARTHÉLEMY, *Les Tendances de la législation*, etc., *op. cit.*, p. 147.

(instruction, assistance, hygiène...) ont étendu le domaine réel de leur activité. Mais, en outre, la campagne régionaliste nous paraît artificielle; pas plus qu'en 1871 elle ne répond aux vœux et aux aspirations du pays. Le souvenir des anciennes divisions territoriales est bien effacé et il a fait place à un véritable patriotisme départemental » —

— « La tutelle (1) n'exige pas seulement de ceux qui en sont chargés les qualités de prudence et de discernement, cette pratique avisée des lois et décrets qui caractérisent les bons administrateurs, elle suppose aussi un sens exact des besoins des populations et de leurs ressources, elle implique, en un mot, la connaissance de ces éléments complexes et variables qui constituent le milieu où l'administrateur est appelé à remplir son office et dont l'ignorance l'expose à commettre des erreurs ou des fautes. Ceux qui étudient les affaires à grande distance sont souvent inhabiles à en saisir les nuances changeantes et la diversité, ils sont enclins à les traiter toutes d'après le même formulaire, mauvaise méthode pour les choses administratives où il faut mettre un peu de souplesse et beaucoup de tact.

« Le commissaire régional qui aura l'administration d'un vaste territoire, formé de parties souvent disparates, ne parviendra qu'après un long séjour à comprendre le tempérament propre à chacune d'elles, à être renseigné sur nos facultés contributives. Il ne s'y montrera qu'à de rares intervalles dans des tournées trop rapides pour être fructueuses. Il aura trop de questions à résoudre pour qu'il puisse les examiner toutes et, pour la plupart d'entre elles, il se bornera à couvrir de sa signature la solution préparée par ses services, de sorte que le résultat le plus sûr de la réforme sera de renforcer les influences bureaucratiques qu'on veut réduire... »

... Et M. le sénateur Bienvenu-Martin complétait cette argumentation par le plus judicieux avertissement :

« Les particuliers et les municipalités se rendent fréquemment à la préfecture ou à la sous-préfecture, tantôt pour demander un conseil, tantôt pour s'enquérir de la situation d'une affaire,

---

(1) *Revue politique et parlementaire* (10 février 1911). Un projet de réforme administrative. L'organisation régionale de la France (Bienvenu-Martin).

fournir une pièce ou un renseignement qui peut en faciliter la conclusion. Que de difficultés sont aplanies, que de préventions sont dissipées, que de lenteurs sont évitées, que de projets utiles prennent corps dans un entretien de quelques minutes ! Le chef-lieu de département ou d'arrondissement est proche, il en coûte peu pour s'y rendre et c'est un va-et-vient continuel qui s'établit au grand avantage de la chose publique. Il n'en sera plus ainsi lorsque le centre administratif sera à grande distance; les intéressés reculeront devant les frais et la durée du voyage et ils attendront en maugréant, qu'il ait plu au commissaire régional de statuer sur leur affaire... »

La régionalisation dit M. H. Bérthélemy (1) réaliserait « l'éloignement de l'administrateur et de l'administré. Presque toujours il est aussi difficile de se rendre au chef-lieu de la région que de venir à Paris. On va plus vite de Nantes à Rennes.

« Ce sont encore les complications. On est embarrassé quand on ne sait — pour telle affaire — si l'on doit s'adresser au maire, au sous-préfet, au préfet ou au ministre. Y ajouter le gouverneur, c'est mettre une note de plus dans une gamme qui en a déjà trop. »

L'unité nationale a si bien été réalisée par la suppression des provinces et la création des départements, que la reconstitution des circonscriptions provinciales se heurte aux plus grandes difficultés.

« Disons-le tout net, avoue franchement M. J. Charles Brun (2), l'accord s'arrête là. Il faut substituer une division régionale à la division départementale actuelle : c'est la clef de la réforme administrative tant prônée. Mais que sera cette division? A peine peut-on considérer quelques-uns de ses principes, les plus généraux, comme acquis : mais, arrivés au détail, les régionalistes sont fort loin d'avoir réalisé l'entente. Tout au plus pourrait-on noter comme une indication ce fait que le problème de la division régionale qui fut, d'abord, le plus fréquemment débattu, semble aujourd'hui rejeté au second plan ou abordé avec plus de réserve. »

---

(1) *Op. cit.*, préface, p. xv.
(2) *Op. cit.*, p. 91.

Sans doute, les amoureux passionnés des traditions provinciales se rencontrent-ils en très grand nombre, mais n'allez pas leur demander de fixer des bornes territoriales précises à leur attachement.

Il en est de même et pour d'autres raisons, des économistes, commerçants ou industriels, etc...

C'est que non seulement le souvenir des limites provinciales et l'habitude d'une vie sociale rétrécie dans leur entité sont désormais perdus, mais aussi que tant de grands intérêts sont nés et se sont développés dans le cadre des départements et le débordent, mais, sans souci de l'ancienne région, se sont développés dans des sens différents.

C'est pourquoi si les départements peuvent avoir intérêt à unir leur action pour la poursuite de solutions économiques ou la reviviscence de conceptions artistiques locales, ces groupements doivent comporter beaucoup de souplesse et pouvoir se modeler suivant la nature de la question envisagée. Ainsi les départements provençaux ont des intérêts agricoles communs, mais certains de ces départements riverains du Rhône en ont de puissants communs avec tous ceux que baigne ce fleuve. C'est l'opinion émise également par l'éminent préfet de la Seine-Inférieure, M. Charles Lallemand, dans son rapport à l'assemblée des maires de la Loire-Inférieure :

« Les exemples de M. le maire de Nantes sont convaincants. Il considère la Loire navigable, question dont je puis précisément parler comme ancien préfet de la Loire ; l'intérêt se manifeste depuis l'embouchure, depuis le port de Nantes jusqu'à Roanne et ultérieurement jusqu'à Saint-Étienne par le prolongement du canal. Si le canal de Roanne était continué jusqu'à Saint-Étienne et à Givors, la France serait traversée de part en part et le Sud-Est et Marseille mis en rapport direct par voie d'eau avec notre grand port de Nantes. Où seraient donc les limites de la région dont les départements seraient ainsi cointéressés d'une manière si étroite, si évidente ! Ce serait le tiers médian de la France.

« Il y a aussi les intérêts du Rhône navigable, justement cher à plusieurs départements et qui peuvent être en opposition avec des intérêts d'irrigation pour l'agriculture et de force hydro-

électrique pour l'industrie; des discussions homériques ont eu
lieu à ce sujet à Marseille entre riverains du Rhône. Pour le
Rhône, l'intérêt commun va encore plus loin, il pénètre en Suisse;
mais pour ne pas considérer que la France, c'est une énorme
partie de son territoire qui a avantage à unir ses efforts pour la
meilleure utilisation du fleuve, tandis que la plupart de ces départements n'ont pas entre eux d'autres intérêts communs,
en ont même souvent d'opposés. Pourquoi, alors, les lier
indissolublement pour tout faire ensemble, même ce qu'ils ne
pourront et ne voudront pas? »

Il est donc évident, à notre sens, que si la vie économique
doit pouvoir trouver son impulsion et sa défense dans un élargissement du cadre départemental vers telle ou telle direction,
suivant les intérêts en cause, on ne saurait la cristalliser dans les
cadres d'une région dont les limites ne seraient inspirées que de
considérations administratives.

Nous aurons l'occasion de compléter notre pensée en indiquant dans quelles conditions nous estimons que cet élargissement du cadre départemental peut se poursuivre.


### § 3. — Le régionalisme et la Nation.


« Ainsi, dit M. J. Charles Brun (1), la division de la France
fondée tout entière désormais sur trois éléments logiques :
communes, districts, régions; chaque élément, dans sa subordination, gardant sa vie propre et sa nécessaire autonomie; les
régions groupées, chacune autour d'un centre vigoureux, en
assez petit nombre pour résister à l'action parisienne... »

Nous croyons, précisément, qu'il y a lieu de prendre garde à
cette éventualité.

Décentraliser, dans le cadre du département, cela est bien,
mais dans celui de la région, cela est proprement désagréger
l'unité nationale.

« Il y a (2) un régionalisme qui pousse la décentralisation

---

(1) *Op. cit.*
(2) J. BARTHELÉMY, *op. cit.* p. 146.

au point de menacer l'unité française : il tend à l'établissement de circonscriptions nouvelles sur le modèle aggravé des anciens pays d'État ; il y aurait de vastes provinces gouvernées par des assemblées élues qui régiraient l'administration, les tribunaux, les universités, les travaux publics... C'est le provincialisme ou fédéralisme. Il est préconisé par la *Réforme sociale*, organe du réformisme conservateur de Le Play ; l'*Action régionaliste*, de Charles-Brun ; la *Revue félibréenne*, de Paul Mariéton. M. Barrès n'y semble pas hostile. M. d'Auriac, dans son livre *La France d'aujourd'hui et de demain* (1908), n'en est pas éloigné. M. Raoul de La Grasserie s'en déclare partisan résolu (*Du Fédéralisme*, broch. 51 p., 1907). »

M. Bienvenu-Martin note qu'en plus de sa répercussion sur les intérêts matériels, la réforme, au point de vue politique, aurait des conséquences plus graves encore. « Nous n'irons pas, dit-il (1), jusqu'à prétendre qu'elle serait un retour partiel à l'ancien régime, mais elle pourrait compromettre, dans une certaine mesure, l'exécution des lois. Avec l'organisation actuelle qui rapproche des populations les autorités chargées d'assurer cette exécution, les résistances sont faciles à réprimer ; aussi sont-elles rares et, par suite, sans danger. Il n'en sera pas de même le jour où, par l'effet du système régional, les autorités seront placées plus loin. L'opposition se montrera d'autant plus vive que, parfois, elle pourra trouver dans les conseils régionaux, assemblées puissantes, un encouragement et un appui.

« Si, malgré les différences de tempérament, de croyances et d'intérêts, une grande cohésion se maintient dans notre pays, c'est un peu, sinon beaucoup, à l'action administrative qu'on le doit. Les rapports fréquents qui existent entre les municipalités et les représentants du pouvoir central empêchent ou atténuent ces antagonismes et ils concourent à entretenir le sentiment de l'unité nationale. Que ces relations, par suite de l'éloignement, deviennent plus rares et les liens se relâcheront ; les communes, livrées à leur isolement, tomberont dans un inquiétant particularisme. »

Et, en effet, régionaliser, cela implique, qu'on le veuille ou

______

(1) Dans l'article cité.

non, et beaucoup le déclarent expressément, la formation de
parlements au petit pied. Quelle aventure !

C'est ce qu'exprime M. le doyen Berthelémy (1) :

« La décentralisation administrative est nécessaire et excel-
lente. La décentralisation politique ne peut être que funeste
dans un État comme la France », en faisant allusion à l'organisation de fructidor.

Car c'est bien de cette constitution que rêvent les régionalistes.

« Pour la commune (2), le contrôle, vestige de la tutelle administrative, pourrait être transféré du préfet aux pouvoirs décen-
tralisés supérieurs (dès maintenant, par exemple, en attendant
la constitution de la région, à la Commission départementale.)
Alix préconisait ce régime ingénieux qui remédie aux abus
d'une liberté par une autre liberté. »

Après des siècles d'efforts, la France présente aujourd'hui
le seul exemple au monde d'une nation sans compartiments et
l'on songerait à en recréer de toutes pièces !

Ne doit-on pas se préoccuper de savoir quelle sera l'action
du Gouvernement sur le haut fonctionnaire administratif de
la région qui pourra mettre en échec le pouvoir exécutif, s'il a
l'aveu ou suit les directives de l'ensemble des parlementaires
de sa circonscription !

Quelle sera la position du Gouvernement quand une cinquan-
taine de parlementaires se grouperont derrière un homme ou
le combattront en opposition avec le Gouvernement ?

Il est probable, d'ailleurs, que d'aussi hautes fonctions tente-
raient certains parlementaires mêmes, si l'on en juge par la pratique actuelle de semblables « missions » pour les grands postes
dont dispose le Gouvernement ; sans doute leur mandat électif
accroîtrait-il l'autorité de leurs charges, mais leur indépendance
surtout, et au service de qui ? lorsque les intérêts et les droits du
pays tout entier se trouveraient en opposition avec les aspirations régionales ?

Et encore sous le titre : « Trois régionalismes : Flandre, Irlande

_________

(1) *Op. cit.*, p. 125.
(2) *Le Régionalisme*, par J. CHARLES-BRUN, *op. cit.*, p. 127.

et Bretagne », M. Olivier Guillemenc écrivait dans le journal
*Le Rappel* du 31 août 1920 :

« Inutile, n'est-ce pas, de marquer davantage le trouble
qu'apporte dans une nation brave, moderne, pleine de bon sens,
et en général des mieux gouvernées, la passion « régionaliste »
alliée à d'autres tendances destructives de la vie organique de
l'État.

« L'exemple de l'Irlande celtique est encore plus flagrant.
L'arrivée de l'évêque Manix, l'entêtement — ma foi héroïque —
du maire de Cork qui se laisse mourir de faim pour galvaniser
les suprêmes énergies, déjà hypertendues de ses compatriotes,
au moment où ils touchent au but et où le Gouvernement de
Londres subit le maximum d'embarras, montrent avec quelle
prudence et quelle délicatesse il faut traiter ces questions de
« nationalités » dans la nation quand une fois on les a laissé
s'accuser sous prétexte de régionalisme. »

Croit-on qu'il n'y a pas là, en effet, matière à réflexion ?

Enfin, écoutons ce cri d'alarme lancé par MM. Marius et
Ary Leblond (1) :

« Mais il y a quelque chose de plus grave, de plus émouvant
encore : le destin de la France, beaucoup plus sérieusement atteint
qu'on ne le voit ! Cette question d'unité française, de régionalisme
que M. d'Arbaud, comme quelques autres, résolvent en ne la
considérant qu'au point de vue d'intérêts locaux, souvent d'ailleurs très nobles, sans sortir de Provence, nous sommes allés
l'étudier non seulement dans plusieurs parties de la France, mais
dans plusieurs pays de l'Europe, à Wilna, à Kief notamment,
en essayant de la comprendre du point de vue des intérêts
humains. Le mouvement lithuanien, fait avec le concours alle-
land, contre la civilisation polonaise, est funeste à l'Europe,
à la Pologne, qui sauva, jadis, la Lithuanie, à la Lithuanie elle-
même. Bien davantage, le mouvement ukrainien. Le flamingantisme tend, non seulement à la séparation, mais à une cruelle
jacquerie. Et ce sont encore des morts de soldats français qui
seront le contre-coup de tous ces mouvements régionalistes.

---

(1) Lettre de MM. Marius et Ary Leblond à M. Joseph d'Arbaud. *Le Feu*, 15 janvier. 1922, n° 2, p. 21.

Il n'y a pas un homme s'occupant de politique extérieure qui en doute.

« Ayant étudié l'origine de ces mouvements, nous sommes épouvantés quand nous voyons se poursuivre dans notre beau Midi une sorte de flamingantisme : à notre sens, nous ne prétendons pas autre chose. Les félibres ne voient pas à quoi ils marchent, parce qu'ils en sont encore au premier stade !... »

### § 4. — La région et la décentralisation.

Nous avons dit que les régionalistes se flattaient d'opérer avec leur formule une décentralisation rapide.

Or, on ne lit pas sans étonnement les propos de M. J. Charles-Brun qui atteste un esprit centralisateur presque outrancier.

Il semble bien que les régionalistes de sa catégorie ne visent pas à une décentralisation ayant pour effet de faire refluer la vie économique, politique, sociale, industrielle, jusque dans les plus petites cités, mais bien de distraire simplement de Paris, pour la reporter dans des grands centres, un peu de l'activité de la capitale.

« Il est facile de comprendre, dit M. J. Barthelémy (1), qu'on n'est pas nécessairement décentralisateur parce qu'on est régionaliste; on peut vouloir une circonscription supérieure au département par simple motif de simplification et d'économie. »

Mais voici l'aveu plus net (2) :

« Assurément, voilà l'essence du régionalisme, et le reste est de plus mauvaise décentralisation. Le régionalisme verrait d'un œil sec disparaître les universités qui ne groupent pas un nombre suffisant d'élèves et ne se rendent pas vraiment utiles à la région : cinq ou six universités bien dotées et largement pourvues soutiendraient avec plus de chances de succès la concurrence parisienne. En ce sens, le régionalisme est centralisateur. »

Et encore :

« Il est clair, d'abord, si l'on nous a suivi jusqu'à ce moment,

---

(1) J. Barthelémy, *op. cit.*, p. 144.
(2) *Le Régionalisme*, par J. Charles-Brun, *op. cit.*, p. 80.

que le régionalisme est, en un sens, une formule centralisatrice et n'est donc pas aussi nettement contredit qu'on veut le dire par une évolution centralisatrice des capitaux ou du commerce, je suppose. »

Pour ce qui est des entreprises financières, M. J. Charles-Brun (1), tient un raisonnement implicitement analogue, lorsqu'il louange les banques régionales; voici d'ailleurs ce qu'il écrit à ce sujet :

« Ce n'est pas tout que l'initiative privée, ni même que la direction donnée par le futur conseil régional : cet aménagement, cette exploitation des richesses régionales que nous souhaitons, ne sauraient se faire sans argent. Il existe bien des caisses de crédit régional agricole; mais, outre que l'on pourrait faire beaucoup de réserves sur leur fonctionnement, elles ont un objet très précis. Pour les entreprises d'ordre commercial et surtout industriel, c'est à la banque locale qu'incombera le premier rôle. Il serait de la plus haute importance d'empêcher le drainage de l'épargne locale vers les grands établissements de crédit. La banque locale se rapproche davantage de ses clients, elle connaît mieux leurs besoins, elle peut prêter dans des conditions plus diverses. Surtout elle peut appliquer l'argent qu'on lui confie à des entreprises locales ou régionales. Le client, au lieu de se fier aveuglément à l'établissement de crédit, peut étudier lui-même plus aisément ses affaires et suivre l'emploi de ses fonds. L'exemple des banques de l'Est, les plus prospères de France, qui ont soutenu le remarquable développement économique de la région lorraine, serait à imiter un peu partout. »

Or, c'est précisément les banques dites régionales ou les succursales des grandes banques de Paris qui remplissent le même objet, à l'institution desquelles nous devons la disparition de presque toutes les petites banques privées de chefs-lieux d'arrondissement ou même de cantons qui assuraient à nos modestes artisans ou entrepreneurs le prêt de la modique somme d'où dépendait leur avenir. Ces banquiers prêtaient moins sur titres que sur le gage d'honorabilité des emprunteurs; ils connaissaient personnellement leur clientèle.

---

(1) *Op. cit.*, p. 201.

Combien de commerçants ou entrepreneurs ont-ils dû leur prospérité au secours initial qu'ils ont trouvé dans ces banques locales! Les banques régionales dans leurs fastueux immeubles ne donnent point accès à des sollicitations de cet ordre; elles ont industrialisé le commerce bancaire, elles ont fait de la centralisation et de la mauvaise. Et voilà ce que nous donne en exemple M. J. Charles-Brun.

« Non, tout cela n'est pas de la décentralisation, écrivait à propos des projets régionalistes M. Laurent Thiéry, sénateur de Belfort. Il y a d'autres moyens plus sûrs et moins coûteux de décentraliser. On en parle depuis longtemps; ils sont simples et, pour cette raison, n'ont pas l'heur de plaire aux amateurs de nouveautés. La simplicité ne tire pas l'œil et ne crée pas de réputation à ceux qui la préconisent.

« Croit-on qu'il ne vaudrait pas mieux étendre les attributions des conseils généraux et autoriser les préfets, agents exécutifs de leurs décisions, à régler sur place la plupart des affaires qui ne regardent que le département? Pourquoi envoyer à Paris tant de dossiers qui n'intéressent pas les administrations centrales des ministères? Les fonctionnaires départementaux ont, ce me semble, les capacités suffisantes pour solutionner, d'accord avec les conseils généraux, la plupart des questions. »

Dans une proposition de résolution (1) concernant la réforme administrative, signée par un certain nombre de députés, on lit ceci :

« Le régionalisme serait un non-sens s'il se bornait à interposer un rouage supplémentaire entre les départements et les ministères. C'est la base de notre administration qu'il faut renforcer en décongestionnant la tête. Et la décentralisation nécessaire à opérer entre Paris et les futures régions doit se réaliser de même, et plus complètement, entre les départements et les arrondissements. L'effet en sera bien autrement profond et salutaire puisqu'il permettra, par le contact direct entre l'agent d'exécution et l'administré, de supprimer les trois quarts des rapports et des paperasses au lieu d'en changer simplement la gare d'arrivée. »

_______________

(1) Voir *J. O.*, annexe 2731 du 22 décembre 1921.

« Qu'avant 1914, écrivent MM. Imbert et Mosse, inspecteurs
généraux des services administratifs (1), on se soit cru fondé
(sans aller toutefois jusqu'à un régionalisme décentralisé que
nous tenons pour une utopie) à envisager des réformes plus pro-
fondes que celles que nous considérons actuellement comme
un maximum, cette conception est, à la rigueur, soutenable.
Mais, depuis la guerre, nous ne trouvons que cette formule tri-
viale : si notre régime administratif n'existait pas, il faudrait
l'inventer.

« Évidemment, à une telle manifestation de ce qui peut paraître un optimisme outrancier, les ripostes ne sauraient faire
défaut, mais, en l'occurrence, les arguments ont moins de valeur
que l'opinion instinctive. On se rangera, sans discussion utile,
pour ou contre cette thèse.

« Notre régime administratif, vieux de cent trente ans, a été,
tout d'abord, l'expression de la seule modalité de régionalisme
à laquelle nous nous rallions, la région unique : la France; puis
pendant près de trois quarts de siècle, il a résisté à une série non
pareille de gouvernements de coups de force; enfin, depuis la
troisième République, après tant de vicissitudes nationales, il a
répondu à la période de 1914-1918; actuellement aucune nation
belligérante — réserve faite de l'Amérique, figure distante dans le
conflit — n'est mieux que la France gardée, grâce à lui, de la révolution fille de la guerre; on peut donc sans excéder ce que com-
mandent la prudence, la crainte patriotique, soutenir que, pour ce
régime, et sauf retouches, les temps ne sont pas encore révolus;
et qu'il n'y a aucun bienfait à attendre d'une législation spon-
tanée, contredisant les événements et les mœurs. »


## § 5. — La région et les économies.


Pour ce qui est de l'économie que la réforme régionale fait
espérer, nous avons dit notre sentiment à propos de quelques-
unes des réalisations dont elle se prévaut.

Il n'est pas douteux que, d'une manière générale, la créa-

---

(1) *Des réformes administratives opposées à la « Réforme administrative »*, p. 24.

tion des centres régionaux, loin d'apporter une économie dans le budget des fonctions publiques, aurait comme résultat immédiat de créer des fonctionnaires en superfétation : ce sera un rouage nouveau qui absorbera pas mal d'activités et dont le budget propre s'agrandira rapidement.

Écoutons encore M. H. Berthelémy (1) :

« Faut-il attendre davantage? Peut-on escompter les ressources élevées que se procurera la région (puisque sa population sera beaucoup plus nombreuse) pour en attendre l'exécution d'un large programme de travaux publics, et concevoir en cette matière « de « grands espoirs et de vastes pensées »? Regardons-y de près. Les ressources de la région seront demandées aux mêmes contribuables qui alimentent déjà les budgets de l'État, du département et de la commune. Imagine-t-on qu'un quatrième budget de recettes puisse être superposé à ceux que nous avons si grand'-peine à satisfaire? »

Et encore :

« Nous ne sommes pas au bout de nos critiques. Car, si l'on ne peut attendre aucun bien de la régionalisation des services préfectoraux, on peut en redouter de sérieux inconvénients.

« C'est d'abord la création d'une nouvelle série de fonctionnaires. L'administration active ne s'est jamais prêtée à de pareils changements sans les exploiter au profit de la bureaucratie.

« C'est, enfin, le gaspillage de temps et d'argent. Les sessions des conseils généraux sont dérangeantes. Les sessions des conseils régionaux s'y ajouteront; elles seront plus coûteuses parce qu'on y viendra de plus loin. Et puis, chaque nouveau service voudra justifier son existence et prouver sa vitalité. Il dépensera donc. Administrer, c'est dépenser. La région dépensera pour montrer qu'elle administre, comme font déjà quelques ministères qui n'ont apporté que peu de progrès dans les matières dont ils s'occupent, bien qu'ils aient utilisé un nombre important de rédacteurs, de sous-chefs, de directeurs, de papiers, de registres et de locaux.

« La formule régionalisme est décidément un mirage. »

_______________

(1) *Traité élém.*, *op. cit.* Préface, p. xv.

## § 6. — La région et les ruraux.

A dire le vrai, nous considérons comme un véritable danger national la formule régionaliste qui, sous prétexte de décentralisation, n'aboutirait qu'à multiplier les centres de congestion. L'attraction, accrue de leur importance grandie, contribuerait à accentuer le vide dans leur périphérie. Nous voulons dire la dépopulation de nos campagnes. Or, le problème le plus aigu de l'heure présente nous paraît être celui-là même (Voir les résultats du dernier recensement dans les cantons ruraux).

Il est du devoir de ceux qui se rendent compte chaque jour du désastreux effet de l'abandon de nos champs de jeter le cri d'alarme quand, pour résoudre un problème administratif, on envisage des solutions qui ne tendent à rien de moins qu'à aggraver une situation aussi périlleuse.

Odilon Barrot disait déjà :

« L'attraction exercée par les villes n'est bonne ni au point de vue des mœurs, ni au point de vue de la reproduction. Elle n'est pas plus rassurante au point de vue politique (1). »

En vérité, notre pays court à sa ruine si la ruée qui entraîne nos ruraux vers les villes ne se peut arrêter; car on peut déjà mesurer les conséquences d'ordre économique, d'ordre intellectuel et d'ordre moral, d'ordre social enfin, qui résulteraient de la concentration sur quelques points du pays de la presque totalité de son activité.

Il est vrai que d'aucuns nient encore le péril.

Ainsi, M. A. Schatz (2), après avoir fait l'éloge de la propriété paysanne, déclare :

« Cependant le retour à la terre n'est ni à prévoir ni à désirer pour une nation industrialisée. Dans l'industrie, un perfectionnement d'une autre nature est susceptible de produire les meilleurs effets : c'est l'association libre dont Owen, Fourier et L. Blanc ont montré la puissance et l'avenir. L'association peut s'établir soit entre ouvriers et patrons par l'établissement de la

---

(1) Block, p. 431.
(2) *L'Indiv. éc. et soc.*, p. 247.

participation aux bénéfices, soit entre ouvriers seuls sous la forme de coopératives de production. »

Un témoignage venant d'une nation industrielle lui répond éloquemment. M. J. Ramsay Macdonald (1) écrit, en effet :

« Lorsque nous examinons les conditions modernes en vue de déterminer le point de départ du sentier embroussaillé et tortueux de la pauvreté, nous nous arrêtons tout naturellement au village silencieux, désert, et au champ abandonné. Nos régions rurales sont dépeuplées; dans chaque pays de commerce actif elles se vident au profit des cités, et comme, de la sorte, les sources de l'humanité saine se tarissent, les réserves d'où la race tire sa force sont drainées et s'épuisent. Des commissions se rassemblent pour faire des rapports sur l'état physique de la population, et leurs conclusions, si mauvaises soient-elles, pourraient être pires. En effet, il n'y est tenu aucun compte de l'état nerveux de la population, ledit état ne pouvant être l'objet de mesures ou de pesées; la moralité publique, loin d'être soumise à une investigation impartiale et réfléchie, est abandonnée au bavardage des fabricants de faits sensationnels ou à l'amusement des sectaires. »

Certes, la lutte s'organise et les apostolats se multiplient pour enrayer les fléaux qui menacent l'avenir de notre race, et qui tiennent presque tous à l'étiolement physique et moral qui est le fait de la grande ville et notamment pour les nouveaux arrivants, accourant de leurs campagnes ensoleillées et condamnés à modifier complètement les conditions de leur vie, péjorativement il va de soi. Mais à quoi serviraient cette lutte et les dévouements qu'elle suscite si nous ne nous en prenions en même temps aux causes, à la véritable cause?

A l'heure où nous écrivons, dans un département que nous connaissons bien, une compagnie du génie, qui a pu être obtenue de la bienveillance du ministre de la Guerre, est occupée à démolir une grande partie d'un bourg important dont les ruines menacent les quelques maisons encore habitées.

Si l'Administration militaire veut bien s'y prêter, sa collaboration est assurée de trouver une tâche fort longue, car la voix

_______________

(1) *Op. cit.*, p. 17.

des municipalités l'appellera un peu de tous les points où le même problème se pose de la démolition, véritablement symbolique, du cœur de nos villages et de nos hameaux qu'un long délaissement a transformés en ruines.

Il est donc nécessaire, disons-nous, de faire refluer la vie vers ces cellules exsangues et en tous cas d'arrêter leur agonie et, pour cela, il est indispensable de maintenir en parfaite vitalité ce que nous appellerons les relais entre la grande ville et la bourgade.

Ces relais, d'importance croissante au fur et à mesure qu'on s'approche des grands centres, doivent constituer pour les alentours le petit centre d'irradiation de vie intellectuelle en même temps que de vie économique et, parmi ceux-là, le chef-lieu d'arrondissement est des plus importants.

Il s'agit, à notre sens, beaucoup moins de savoir si quelques tribunaux d'arrondissement, si quelques sous-préfets (et encore ceux-ci peuvent-ils toujours s'employer utilement) sont plus ou moins indispensables, mais bien plutôt de se demander si, en faisant disparaître de la petite cité les administrateurs, les magistrats, avec le monde intellectuel qui gravite autour d'eux, avoués avocats, etc..., tous ceux n'ayant aucun caractère officiel, qui ont fixé là leur résidence parce qu'ils étaient assurés de trouver un milieu au commerce agréable, ne s'évaderont pas aussi vers la grande ville et si, de proche en proche, nombre de fils de cultivateurs des environs, jeunes gens qu'on peut supposer instruits, ne seront pas détournés de se fixer sur leur terre, où l'isolement intellectuel leur apparaîtra plus pénible puisqu'ils n'auront plus la ressource d'aller retrouver un milieu vivant que très loin de là, vers la florissante capitale de la région.

Nous entendons bien qu'il s'agit là d'une loi qui semble être fatale et la rançon de l'avancement des civilisations; mais, si nous voulons retarder la terrible échéance, il nous appartient d'abord de ne pas l'avancer par des mesures contre-indiquées.

Ce côté de la question a été examiné dans une brochure remarquable par un très distingué magistrat municipal dont nous demandons la permission de reproduire l'avis (1) :

---

(1) *De la division administrative et territoriale de la France.* M. DITOÈS, maire de **Draguignan.**

« Personne ne contestera que la suppression de l'élément administratif dans les 50 ou 60 préfectures actuelles dont la population est inférieure à 50.000 habitants fera diminuer non seulement la population, mais encore l'activité locale. Cette activité locale, grâce à l'élément administratif, se manifeste aussi bien dans le petit commerce ou la petite industrie des différents corps de métiers que dans les établissements d'instruction, les sociétés scientifiques, littéraires, sportives. Ces chefs-lieux peuvent faire vivre, prospérer le petit commerce ou la petite industrie, entretenir le goût et la culture des choses de l'esprit ou du corps parmi la population locale par sa fusion avec le personnel administratif, presque toujours cultivé. Ces éléments disparaissant, c'est l'anémie, la mort de toute cette activité; les établissements d'instruction perdant une partie de leurs élèves, des suppressions de classes s'ensuivront, et la population scolaire, non seulement locale, mais les internes des environs, devront aller à grands frais faire leurs études au chef-lieu de région.

« La population agricole, à 20 kilomètres à la ronde, composée en France, pour la majeure partie, de petits cultivateurs, propriétaires, petits fermiers ou métayers, qui tiraient un bon parti de la vente à la ville voisine de leurs légumes, de leur basse-cour, de leurs fruits, etc..., c'est-à-dire de tous les produits autres que ceux de la principale récolte qui se vend en gros, ne trouveront plus les mêmes facilités dans cette petite ville, non seulement pour la vente, mais aussi pour des achats de produits manufacturés, car il faut bien comprendre que l'achalandage des magasins diminuant, les détaillants découragés, timorés dans leurs achats, abandonneront d'abord quelques articles, puis fermeront boutique, et le brave paysan, qui vient si magnifiquement de prodiguer son sang pour la patrie (70 % des tués sont des paysans), verra toutes les difficultés s'élever contre lui! Plus d'acheteurs pour ses denrées, plus de marchands pour le fournir, plus d'administrateurs pour l'administrer amicalement! Pour retrouver tout cela il lui faudra faire 100 kilomètres de plus, dépenser 100 francs et perdre trois jours.

« Et cependant ce brave homme, qui a été un si grand soldat, a peiné terriblement pour mener à bien ses récoltes toujours si incertaines. Il est, certes, aidé par sa courageuse femme, cette paysanne admirable que la guerre nous a révélée si travailleuse ; mais ce brave homme et cette courageuse femme se sentiront bien isolés et presque abandonnés lorsqu'ils seront encore plus loin d'un vrai centre ; ils résisteront peut-être au découragement et à l'attirance de la grande ville grâce à leur grand amour de la terre, mais ils n'auront plus la force d'y retenir leurs enfants.

« C'est la fatale dépopulation des champs encore aggravée, c'est la diminution de la production agricole, c'est l'appauvrissement de la France par la nécessité d'augmenter ses achats à l'étranger ; c'est enfin la course éperdue vers la grande ville de tout un monde qui restait encore attaché à la terre. Tous les discours, tous les conseils, tous les poèmes sur le bonheur aux champs, sur la vie saine qu'on y mène, n'y feront rien. Ce qu'il faut pour retenir l'homme à la terre, c'est de lui faciliter l'existence sur cette terre qu'il aime tant ! On la lui facilitera en créant des moyens de transport, en mettant l'Administration à son service, presque à sa porte, et surtout en la faisant accessible et bienveillante. »

Et ce vibrant et délicieux plaidoyer tout imprégné de parfum de détresse de la petite cité menacée (1) :

« Si concluante qu'elle soit, ce n'est pas néanmoins sur une simple discussion de textes et de chiffres qu'il convient de juger du véritable caractère de la réforme. Car, même si cette dernière présentait une utilité pratique, même si elle devait se traduire par quelques économies, même si elle devait concourir à la bonne administration de la justice, il faudrait encore la repousser parce qu'elle éteindra les plus anciens foyers de la vie provinciale en bouleversant l'ordonnance naturelle du pays.

« Partout où deux vallées convergent, où deux cours d'eau confondent leur lit, où un ensemble de plateaux, battus des mêmes vents, se couronnent des mêmes essences, où des plaines, formées par le même horizon, se chargent des mêmes moissons et nourrissent le même cheptel, il s'est formé depuis des siècles des cercles qui divisent la France en petits territoires dont on

---

(1) Extrait du registre des délibérations du Conseil municipal d'Apt. Séance du 24 novembre 1921. Protestations contre les projets de suppression de la sous-préfecture et du tribunal d'Apt.

peut reconnaître l'unité à la nature de leurs produits, au caractère de leur industrie et aux particularités de leurs habitants.
Ce sont des réalités géographiques qui portent un nom, qui se
distinguent les unes des autres par les accidents de leur climat
et de leurs lignes, par la cornette de leurs paysannes, par la
physionomie de leurs gars, par la nuance de leur langage, par
leur accent, par leurs chansons, par leurs coutumes et leur costume, par le bon ou le mauvais naturel et leur population.

« Ce sont les mille touts dont la France est faite.

« Au centre de ces cantons s'élève la ville qui en est l'expression,
parce qu'elle est le marché, le centre d'échange, d'urbanité et
de plaisir.

« Depuis douze siècles ces petites cités, capitales en miniature,
forment, dans la population des champs, les premiers îlots de
la vie communale. Elles ne font qu'un avec·les campagnes qui
les entourent, leurs quartiers et leurs lieuxdits. C'est la ville
avec son district où tous les intérêts sont liés et où tous les organes
sont nécessaires. L'Église y avait mis un prélat avec son chapitre
de chanoines, parfois un séminaire, toujours des couvents et des
collèges; le roi y faisait rendre la justice par son bailli ou son
viguier; elle avait un barreau issu de sa bourgeoisie et dont les
membres étaient entourés du respect dû à leurs connaissances
acquises et à l'honorabilité de leurs familles. C'est là qu'on venait
acheter la semence des champs et les faïences du dressoir. Chacun
y possédait l'objet de son désir ou de sa foi, depuis le commerce
des ribaudes jusqu'à la châsse du saint local.

« Ces petites cités, consacrées par les siècles, avaient, pour la
plupart, conservé leurs prérogatives, toujours visibles dans l'habit
brodé de M. le sous-préfet et dans la simarre de MM. les juges.
C'est elles que l'on parle de supprimer.

« Pour quelle fin, Messieurs! pour que les campagnes avec
lesquelles elles faisaient corps soient désormais privées des avantages qu'y trouvait leur population; pour que l'agent d'affaires
vienne y prendre la place de l'avocat et de l'avoué fils du terroir;
pour que ceux-ci s'en aillent dans la grande ville compromettre
dans une lutte inégale les traditions d'honneur qu'ils conservaient au foyer de leurs ancêtres; pour qu'il règne dans nos districts un peu plus d'ignorance, d'indiscipline et de désordre.

Aussi bien cette situation ne se présente pas pour la première fois dans l'histoire des peuples civilisés et en pouvons-nous ainsi en supputer les incidences.

Écoutons, précisément, M. Léon Homo, professeur de l'Université de Lyon, auteur d'un captivant volume où les parallèles abondent entre les problèmes sociaux de jadis et d'à présent (1) :

« Le petit propriétaire, ruiné par la concurrence, dépossédé de son patrimoine familial, déserte la campagne et va grossir la population de Rome.

« De nos jours, écrira Varron, à la fin de la République, il n'est « guère de chefs de famille qui, laissant la faux et la charrue, « n'aient émigré dans l'enceinte de Rome et ne consacrent à « applaudir au cirque et au théâtre des mains jadis occupées au « travail des vignes et des champs. » Les statistiques officielles de la fin du III<sup>e</sup> siècle et du II<sup>e</sup> avant J.-C. attestent l'accroissement global de la population romaine : en 204, 214.000 citoyens; 104, 243.709; 189, 288.318; 179, 258.704; 174, 269.015; 169, 312.308; 164, 337.452; 125, 394.730; 115, 394.336; 86, 483.000. »

M. Léon Homo, poursuivant ses investigations sur la situation de la Rome encombrée, par suite de la désertion des campagnes, des mesures prises par l'autorité pour enrayer cette mutation sans cesse accrue de paysans en citadins, nous instruit de la législation intervenue (2) :

« La loi agraire de Tiberius Gracchus, relative au lotissement du domaine public, devait avoir, dans la pensée de son auteur, le double avantage de reconstituer la classe des petits propriétaires ruraux et de débarrasser la capitale de ses éléments indésirables, deux résultats dont la crise du logement ne devait pas tarder à ressentir les bienfaits. Malheureusement, les prolétaires avaient pris à Rome de fort mauvaises habitudes; le travail leur apparaissait désormais comme une corvée désagréable et pour le moins inutile; nul, parmi eux, n'avait envie de quitter la capitale pour aller s'ensevelir dans une région perdue de la Calabre ou du Brutium, et cette opposition fut un des écueils

______

(1) *Problèmes sociaux de jadis et d'à présent*, par Léon Homo, p. 81, « La vie chère à Rome ».

(2) *Op. cit.*, p. 74 et suivantes.

contre lesquels devaient se briser les projets de lois agraires de Tiberius Gracchus à Rullus et de Rullus à César.

« Les adversaires de la loi le savaient bien et, avec l'immoralité que la politique comporte, ne se faisaient pas faute d'exploiter cyniquement des sentiments aussi peu respectables. Écoutons Cicéron, aux prises avec la loi agraire de Rullus, en 65 avant J.-C. : « Voilà donc pourquoi il a été dit en plein Sénat par un « tribun de la plèbe que le peuple de Rome regorgeait dans la « ville et qu'il fallait en écouler le trop-plein, car il s'est servi de « ce terme comme s'il eût parlé d'une sentine à nettoyer et non « de la classe de citoyens la plus patriote. Pour vous, Romains, « si vous voulez m'en croire, conservez votre pouvoir, votre « liberté, vos suffrages, votre dignité, votre ville elle-même, vos « jeux, vos fêtes et toutes autres commodités, à moins peut-« être que vous ne préfériez renoncer à ces possessions, à la « majesté de la République, pour aller à la suite de Rullus « transporter vos foyers domestiques dans les sables arides de « Siponte ou dans les marais empestés de Salapia. »

« Trois ans plus tard, en 60, le tribun du peuple Flavius proposait à son tour une loi agraire au profit des citoyens pauvres et aussi des vétérans de Pompée. Cicéron, qui avait au Sénat soutenu le projet, écrivait à son ami Atticus : « Mon système, « habilement appliqué, avait l'avantage de nettoyer la sentine « de Rome et de peupler les solitudes de l'Italie. » Le grand orateur, cette fois, était sincère, mais la politique qui légitime de semblables contradictions était, à cette époque lointaine déjà, une bien vilaine chose.

« La fondation de colonies tendait au même but que les lois agraires et devait avoir pour le désencombrement de la capitale les mêmes effets bienfaisants. Véritables garnisons jetées en pays conquis ou douteux, les colonies étaient constituées par un envoi de citoyens pris dans la population urbaine ou rurale...

« Quant aux résultats de ces créations coloniales pour le désencombrement de la ville, un passage de l'historien Suétone nous permet de les toucher du doigt : « Quatre-vingt mille citóyens, « écrit-il à propos de César, furent répartis dans les colonies « d'outre-mer. » C'est donc par centaines de mille qu'il faut compter si l'on veut estimer à sa juste valeur l'effort colonial de la fin de la République et du début de l'Empire. Si tous ces nouveaux colons n'étaient pas des Romains de Rome, il y en avait, du moins, un bon nombre...

« ... Il est temps de conclure. Les mesures législatives ou autres prises par l'État pouvaient — et encore dans une très faible mesure — atténuer le mal, non le guérir. Les causes principales de la crise des loyers : rareté des locaux, charges grevant la propriété, spéculation sous formes multiples, continuaient à agir dans le même sens, celui d'une hausse ininterrompue. Le problème du logement, en somme, restait intact. Il s'aggrava même à la suite des grands travaux d'édilité qui transformèrent, au temps de l'Empire, la physionomie de la ville. De nombreux immeubles de rapport disparurent pour faire place aux édifices nouveaux, et le fait, on le devine aisément, rendit la situation plus difficile encore. Le conflit chronique entre propriétaires et locataires s'est poursuivi, toujours plus âpre, jusqu'à la fin de l'Empire et, seule, la chute de Rome a mis les parties d'accord en supprimant radicalement l'objet même du litige. »

Quel avertissement venant du fond de l'histoire !

# CHAPITRE II

## DE QUELQUES AUTRES BUTS DU RÉGIONALISME

Le régionalisme et le mouvement économique et social.
Le régionalisme et le mouvement intellectuel.

———

### § 1. — Le régionalisme et le mouvement économique et social.

L'inutilité d'une nouvelle répartition des circonscriptions administratives du pays pour activer la solution des problèmes économiques et sociaux peut être tirée de faits indiscutables. M. le doyen H. Berthelemy, l'indique expressément (1) :

« L'unité et l'indivisibilité de la France font-elles, cependant, obstacle à ce que le territoire national soit subdivisé, pour l'exercice plus commode du pouvoir exécutif, en circonscriptions plus vastes qu'un département? On oublie que l'organisation judiciaire comprend vingt-six ressorts; que l'organisation militaire est répartie en vingt et un corps d'armée; que les services d'enseignement relèvent de dix-huit académies; que les transports ferroviaires sont administrés par sept réseaux principaux; que les forêts sont gérées par des conservations régionales; que c'est par bassins que s'organise présentement le régime de la distribution des forces hydrauliques, etc...

« Va-t-on reprocher à ce système, si admirablement souple et variant suivant les besoins, l'absence de coordination des subdivisions qui chevauchent les unes sur les autres?

« Éprouve-t-on quelque gêne du fait qu'une région de corps d'armée ne corresponde pas au ressort d'une cour d'appel ou

———

(1) *Traité élém., op. cit,* préface, p. xiv

à la circonscription d'une académie? Y a-t-il un inconvénient
à ce qu'un général en chef, un procureur général, un recteur,
aient affaire à plusieurs préfets pour les rapports qu'ils entre-
tiennent avec le pouvoir exécutif?

« Cette situation présente, au contraire, de sérieux avantages.
Un seul gouverneur de province, ayant dans son gouvernement
une seule cour, une seule académie, un réseau autonome de
chemins de fer, etc..., ressemblerait vite, pour peu qu'on lui
accorde la confiance dont jouissaient autrefois les intendants de
la monarchie, aux vice-rois de Chine, qui sont à leur place en
Chine, parce que la Chine est immense et ne ressent pas le besoin
d'être une et indivisible.

« Ce qu'il y a de raisonnable dans les vœux des régionalistes
se trouve donc réalisé... et le reste est littérature. Au surplus,
on peut faire mieux encore et l'on s'y applique en provoquant
la formation de régions économiques. »

Précisément, la création des régions économiques, réalisées
par M. le ministre Clémentel, a donné d'appréciables résultats
parce qu'on a conservé à ces formations la souplesse nécessaire.
En effet, les chambres de commerce ont pu s'affilier, suivant les
intérêts qu'elles avaient à défendre, avec telle ou telle région
économique, c'est-à-dire se trouver agrégées à plusieurs à la fois.

C'est ce que fait encore ressortir, avec beaucoup d'à-propos,
l'honorable M. H. Berthelemy (1) :

« Ce fut l'occasion, pour M. Clémentel, d'énoncer les termes
essentiels de son programme. L'aboutissant devait en être la
constitution de comités régionaux d'action économique, non pas
dans le cadre artificiel des divisions administratives, mais dans
le cadre de régions imposées par l'expérience et par les vœux
mêmes des principaux agents de la prospérité économique.

« Les uns ont reproché à l'effort de M. Clémentel sa hardiesse;
les autres en ont blâmé la modération.

« Il faut, au contraire, louer le ministre et ses principaux
collaborateurs en cette matière, MM. Fighiera et Hauser, de
ne s'être pas embarrassés, pour entreprendre une œuvre raisonnable et féconde, des textes étriqués des articles 18 et 24. Il faut

_____________

(1) *Traité élém.*, *op. cit.* (Intervention administrative en matière commerciale).

les féliciter plus encore d'avoir borné leur très heureuse tentative aux matières économiques.

« Sans aucun doute, la division départementale est arbitraire, mais n'oublions pas que les intérêts qui subissent cette géographie (services de voirie et d'assistance) s'accommoderaient moins bien de tout autre régime. Souffrons-nous de ce que les subdivisions militaires, judiciaires, académiques, ne soient pas identiques aux subdivisions administratives dans le cadre desquelles sont administrés les chemins et les hôpitaux? Pourquoi tenir si fort à réformer ce qui n'a pas besoin de l'être? Quel intérêt voit-on à ce que la région économique ait la même circonscription géographique que le ressort judiciaire, par exemple, ou que la circonscription préfectorale? »

La mutualité, dans le magnifique essor de ses groupements régionaux, se superposant aux groupements départementaux, les syndicats d'initiative et dans d'autres associations, dont chacune a choisi quel cadre convenait à ses circonscriptions, auraient-elles trouvé des facilités ou auraient-elles dû subir une contrainte pénible si la région administrative leur avait imposé ses limites?

M. le Président de la République, dans un discours qu'il prononçait en Auvergne au cours de l'été dernier (1923), déclarait : « Oui, il est bon et il est nécessaire que commerçants, industriels, agriculteurs, se groupent pour défendre leurs intérêts. »

Le premier magistrat de la République faisait allusion à leur activité dans la 17e région économique, celle précisément dont M. Clémentel était le mandataire au Parlement.

Est-ce à dire qu'on aiderait cette région en lui infligeant la tunique de Nessus d'une organisation administrative? Gardons-nous de paralyser les efforts individuels ou collectifs d'initiative privée en faisant intervenir l'État dans leurs affaires.

### § 2. — Le régionalisme et le mouvement intellectuel.

« On est encore régionaliste, dit M. J. Charles-Brun (1), même sans le mot, d'une façon virtuelle, si l'on aime son coin de terre

_______________

(1) *Op. cit.*, p. 44.

et son clocher, que l'on en soit éloigné, d'ailleurs, ou que l'on y soit demeuré fidèle. On l'est si l'on porte intérêt à son passé, à ses monuments ou à ses paysages et si, en dehors de tout système, l'on regrette le pittoresque de nos vieilles provinces, leurs coutumes, leurs costumes, leurs dialectes, leurs légendes et leurs chansons. Disons mieux : ce sont de tels regrets éprouvés par les poètes et les artistes qui ont préparé le mouvement régionaliste à peu près partout en France. »

Comme nous sommes d'accord encore une fois et complètement avec M. J. Charles-Brun ! Si c'est être régionaliste que d'aimer son coin de terre, ses traditions, son clocher, ce qui est d'ailleurs une forme de respect pour ses ancêtres, nous le sommes avec lui.

Et nous nous rencontrons encore avec son opinion quand le fougueux apôtre du régionalisme déclare qu'il a pris naissance dans le cerveau des poètes et des artistes. Aussi bien, en trouverait-on la preuve dans les espoirs irraisonnés que les protagonistes de cette réforme mettent dans sa réalisation. Cette noble candeur, au sens élevé du mot, qui le faisait appliquer par M. Clemenceau aux vues généreuses du Président Wilson, est bien d'artiste ou de poète.

Mais, au fait, le monde intellectuel demande-t-il autre chose que de pouvoir librement ressusciter la pratique de coutumes anciennes et pittoresques, et si savoureuses, de l'histoire de nos provinces, qui sont aussi l'histoire de notre nation ?

Les régionalistes, poètes et artistes, entendent-ils appeler à leur secours le bras séculier de l'Administration et voir emprisonner leur propagande dans les cadres fixes d'une nouvelle division du pays ?

Nos universités ont-elles besoin, pour aider à la reprise de l'activité intellectuelle provinciale, pour faciliter la reviviscence ou développer les foyers, autrefois si prospères, de la science ou de la littérature dans nos provinces, de cette division régionaliste administrative ? Qui ne sent, d'ailleurs, que celle-ci ne pourrait épouser d'une manière parfaite les divisions qui, au point de vue local, sont commandées par les origines historiques de nos provinces, et que la division arbitraire dont il s'agit ne pourrait que nuire aux tentatives de résurrection des langues provinciales tombées en désuétude ?

Quant à faire de cette résurrection le cheval de bataille et la justification du régionalisme, nous trouvons cela exagéré et ce serait même un danger de plus que nous verrions au régionalisme ainsi conçu.

Qu'on y prenne garde, car M. Charles-Brun nous le dit explicitement (1) :

« Mais il existe des groupements régionalistes actifs et importants (comme de raison là où l'idiome local s'est maintenu, a ses traditions et ses chefs-d'œuvre) pour faire de leurs réclamations en faveur de cet idiome la base même de toute leur campagne régionaliste. Tel est le cas des pays de langue d'oc, de la Bretagne, de la Flandre. Les régionalistes que nous visions, émus par les exemples de nationalités (Grèce, Roumanie) et de groupements provinciaux étrangers (Finlande, Irlande, Pays de Galles, Bohême, Catalogne etc...) ressuscités, si l'on peut dire, par la restauration de leur langue propre, font de la question linguistique le premier et quelquefois le seul article de leur programme. Non qu'ils abandonnent, d'ailleurs, les autres desiderata régionalistes; mais ils prêtent à la langue une vertu souveraine et, hors d'elle, ne conçoivent point de lutte contre la centralisation. »

Bel exemple, en vérité, que celui de l'Irlande notamment! et si l'on peut dire que le problème linguistique a été à l'origine des troubles si néfastes à cette province anglaise, nous devrions nous garder terriblement de favoriser la reviviscence des idiomes locaux.

Mais nous croyons qu'on peut concevoir le régionalisme intellectuel en dehors de toutes espèces de réformes administratives ou politiques; ce sont d'ailleurs là des mots qui se heurtent.

______________

(1) *Op. cit.*, p. 162.

# CHAPITRE III

## ORGANISATION RÉGIONALE ACTUELLE
## DE CERTAINS SERVICES PUBLICS

Services régionaux à maintenir. — Services régionaux à départementaliser.

——

Si nous avons marqué notre hostilité à la régionalisation administrative dans la forme rigide et absolue où elle est généralement présentée, quelques services nous paraissent pouvoir être maintenus avec leur caractère régional. Par contre, la départementalisation de certains autres services nous paraît souhaitable : nous allons rapidement passer en revue les premiers et les seconds.

### § 1. — Services régionaux à maintenir.

A — *L'enseignement supérieur et l'enseignement secondaire.*

Nous donnons notre adhésion non seulement au maintien de la régionalisation de l'enseignement supérieur — ce qui ne peut être mis en cause, — mais encore à la même mesure appliquée à l'enseignement secondaire, conclusions conformes aux propositions de M. Louis Marin.

B — *Arrondissement minéralogique.*

Il est évident que les mines sont trop inégalement réparties entre les départements pour qu'on puisse songer à faire de leur contrôle un service départemental. Toutefois, nous pensons qu'une des attributions des ingénieurs des Mines pourrait être avec profit passée aux services des Ponts et Chaussées : c'est de la délivrance de brevets pour la conduite de voitures automobiles que nous voulons parler. Eu égard au développement considérable de la circulation automobile, il nous paraît, en effet, qu'il y aurait intérêt à décentraliser le service d'examen des candidats conducteurs, sauf à laisser à l'arrondissement minéralogique le sommier des brevets délivrés et des numéros qui y correspondent.

### C — *Arrondissement des Haras.*

Il s'agit, là encore, d'un service très spécial, qui ne peut être d'ailleurs assimilé à une véritable administration publique. Nous ne pensons pas qu'il y ait lieu de modifier son caractère régional.

### D — *Brigades de police mobile.*

Nous sommes d'avis qu'il y a lieu de maintenir un cadre régional à ces organisations qui rendent de signalés services et dont on pourrait même accroître le rôle (Voir *infra*, Direction départementale de la police, p. 258).

### E — *Service des Douanes.*

L'Administration des Douanes ne saurait non plus être assimilée à un service public départemental, cela irait sans dire.

Quant à son organisation, nous estimons qu'il y aurait lieu de la comprendre dans le sens indiqué dans le rapport de M. Louis Marin.

### § 2. — Services régionaux à départementaliser.

### A — *Conservation des Eaux et Forêts.*

Nous justifierons notre proposition en discutant de l'organisation de la Direction départementale des Forêts (Voir *infra*, p. 248).

### B — *Service du génie rural.*

Le génie rural dont le rôle va sans cesse croissant et qui rend au monde agricole des services si appréciés, nous paraît devoir revêtir un caractère départemental et dépendre, au point de vue administratif, de la direction départementale de l'agriculture et des services économiques, ainsi que nous le proposerons (Voir *infra*, p. 252).

### C — *Service d'inspection du travail dans l'industrie.*

Nous proposerons la création de directions départementales du travail, de la prévoyance et des œuvres sociales qui prendraient charge, avec un ou plusieurs inspecteurs suivant l'importance du département, de l'inspection du travail (Voir *infra*, p. 255). Nous proposons donc la suppression en tant qu'échelon administratif de la circonscription d'inspection du travail dans l'industrie, les directeurs de ces circonscriptions devenant des inspecteurs régionaux, sans autre attribution qu'un rôle d'inspection et de contrôle, c'est-à-dire de directives générales.

### D — *Services des poids et mesures.*

Nous faisons pour ce service les mêmes propositions que pour l'Inspection du travail; et pour les mêmes raisons nous proposons son agrégation à la Direction départementale du travail, de la prévoyance et des œuvres sociales (Voir *infra*, p. 256). Il est vraisemblable que l'économie pourra être faite des vérificateurs, versés dans le cadre des inspecteurs du travail, leurs fonctions étant fusionnées et leur nombre ainsi diminué.

# TITRE III

## DE L'EXTENSION DU CADRE DÉPARTEMENTAL

—

## CHAPITRE I

### LES ASSOCIATIONS OU SYNDICATS DE DÉPARTEMENTS

—

Nous n'avons pas contesté que la vie économique dût pouvoir trouver son impulsion et sa défense par un élargissement du cadre départemental, dans telle ou telle direction, suivant les intérêts en cause.

« Si d'ailleurs, un grand travail intéresse une région, n'est-il pas possible aujourd'hui d'y pourvoir par les fonds départementaux, aidés par les subventions de l'État? Ne peut-on pas admettre la constitution de syndicats départementaux? N'existe-t-il pas des chemins de fer d'intérêt local, des réseaux électriques interdépartementaux? Sans doute, observera-t-on, mais cela implique d'inextricables formalités! Soit! on peut les simplifier en instituant le rouage régional, on ne les simplifie pas, on les change de place (1). »

Mais, est-ce à dire que même, si repoussant le caractère mouvant de ces formations, on trouvait une formule de région

—

(1) *Traité élém. Op. cit.* Préface, xv.

parfaite, économiquement parlant, on la doive consacrer par une organisation économique et politique : nous avons dit plus haut les raisons qui déterminent notre opposition.

Aussi bien, la loi de 1871, qui est l'armature de l'administration départementale, a-t-elle incité à la création d'organes interdépartementaux toutes les fois qu'il paraît y avoir intérêt.

C'est l'opinion de M. J. Barthélemy (1).

« Ce n'est pas, cependant, que nous voulions dire que les départements doivent rester isolés. Un grand nombre d'entre eux n'arrivent qu'avec peine à assurer tous les services dont ils sont chargés : beaucoup sont obligés de mendier des subventions auprès de l'État, pour l'assistance publique, le traitement des aliénés, les services hospitaliers, les secours à domicile, le service des enfants assistés, l'instruction primaire, la voirie, les sociétés de secours mutuels et quantité d'autres œuvres purement départementales.

« Nous le reconnaissons; mais nous ne croyons pas que pour modifier cet état de choses, il soit nécessaire de recourir à la mesure, pleine d'imprévu, de la création des régions. Les intérêts communs doivent grouper un nombre de départements qui est défini par l'intérêt lui-même au moment où il apparaît et qui ne peut pas l'être par le législateur à l'avance et d'une manière uniforme. Tel intérêt peut grouper un département avec un autre département voisin; tel autre peut grouper le même département avec deux autres limitrophes, etc...

« Or, les départements peuvent-ils s'entendre· pour la construction d'une route traversant plusieurs départements, pour la construction et l'entretien des asiles d'aliénés, d'écoles normales? Peuvent-ils mettre en commun les dépenses pour tous établissements qui dépasseraient leurs besoins ou leurs ressources respectives? Oui, l'article 89 de la loi du 10 août 1871 le leur permet. Dès lors, le besoin ne se fait pas sentir d'une nouvelle complication des rouages administratifs. »

Malheureusement, il en est de cette disposition législative comme de bien d'autres : elle a été insuffisamment appliquée; certains départements, cependant, ont usé de cette faculté et

_______________

(1) *Op. cit.*

s'en sont bien trouvés. Elle permet les agrégations suivant les circonstances de temps et de lieu, avec toutes les garanties de collaboration et d'indépendance et de souplesse aussi, qui ne se trouvent point dans la formule rigide du régionalisme compartimenté.

C'est ce que dit encore excellemment M. Charles Lallemand (1) :

« Il ne faut pas rendre l'union complète, générale, obligatoire pour ceux qui ne la demandent pas telle. Surpris dans leur bonne foi par le mirage d'une institution nouvelle apparaissant comme une panacée, ils se repentiraient après avoir aliéné leur liberté sur dix points pour tirer avantage de cet abandon sur un seul. Il est préférable que les départements contractent suivant leurs convenances, pour des intérêts de la vie administrative ou de la vie économique, des unions simultanées ou successives avec ceux qui, réellement, ont, dans chaque cas, les mêmes intérêts qu'eux.

« Pour concevoir ces unions, nous n'avons pas besoin de chercher ailleurs que dans l'œuvre déjà accomplie par le législateur.

« Trois fois le législateur a voulu favoriser le groupement de personnes morales, il a prévu des commissions interdépartementales, des syndicats de communes, des conférences de chambres de commerce. Pourquoi ne s'est-on pas assez servi de ces organismes? Parce que nous aimons nous mettre à la recherche de ce que nous n'avons pas en négligeant ce que nous avons, alors qu'il ne s'agirait que de le bien mettre en œuvre.

« On a souvent demandé la décentralisation en faveur des départements. Or, la loi de 1871, sous la réserve de l'approbation si libérale du budget par l'État, offre aux conseils généraux toutes les facultés qu'ils peuvent désirer. Les départements peuvent créer des chemins de fer, des canaux, des hôpitaux, des instituts techniques, des entreprises de transport, etc... tout ce qu'ils veulent (je ne dis pas qu'au point de vue communal ce soit la même chose). Et lorsque certains auteurs de systèmes de décentralisation sont mis au pied du mur, on s'aperçoit qu'ils ont été abusés par l'exemple de départements quin'ont pas voulu ou su tirer parti de la loi de 1871. Ce n'est pas parce qu'une loi nouvelle serait offerte à un conseil général qu'il réaliserait des

---

(1) Rapport cité.

améliorations s'il ne veut rien faire ou s'il n'a pas assez d'argent.

« Je pense que c'est par une combinaison des conceptions des trois lois de 1871, de 1884 et de 1898, qu'on peut établir la formule pratique offrant à des groupements départementaux toutes les possibilités pour réaliser, sans péril, la meilleure expression de leur existence.

« Définir l'ensemble des besoins et des projets d'intérêt commun en des commissions interdépartementales obligatoires ; étudier et préparer la réalisation de tels ou tels de ces projets au moyen d'une conférence entre départements intéressés, enfin, réaliser chaque projet arrêté par un syndicat interdépartemental.

« Sans doute, il faudra améliorer, en les fondant dans cette charte des associations de départements, les dispositions à puiser dans les lois de 1871, de 1884 et de 1898, mais ce sera chose aisée et on aura ainsi l'instrument le plus souple et le mieux adapté aux besoins régionaux, présents ou futurs, territorialement superposables ou non, passagers ou permanents, qui se constatent dès à présent ou qui se révéleront dans notre milieu si mobile.

« Offrir davantage de facultés et de facilités dont on saura profiter, mais éviter la contrainte, voilà la vérité. Il pourra se dessiner ainsi, en fait, de vraies régions (comme aussi de plus grandes communes à la faveur d'une pratique facilitée des syndicats de communes, ce qui serait également très désirable en France, où il y a de petites communes impuissantes) et il restera à consacrer les résultats de libres expériences. Mais est-ce au moment où le monde entier se bat pour le droit des petits peuples de disposer d'eux-mêmes, qu'il faut faire violence à de plus petites unités dépa tementales qui ne voudraient pas s'incorporer à de plus grandes. Non.

« Il faut prouver qu'il y va de l'intérêt de départements faibles de s'unir librement à d'autres. Si, par l'expérience préalable, la d'monstration en est faite d'une façon éclatante et incontestable, on verra, à la faveur des intérêts satisfaits, la sentimentalité, l'orgueil d'autonomie auquel on se heurte actuellement et qui s'attachent à des traditions infiniment respectables, céder au profit de formations nouvelles, justifiées non par l'arbitraire de ceux qui veulent remanier, mais par le consentement libre de ceux qui reconnaissent qu'il convient de se lier.

« Si nous imposons précipitamment de mauvais mariages, nous aurons des luttes funestes dans les ménages; efforçons-nous donc de préparer des unions raisonnables, fondées sur des rapprochements volontaires et scellées après constatation faite qu'on peut vivre heureux ensemble... »

Et il ajoute aux applaudissements de l'assemblée :

« ... Si l'on veut faire quelque chose de sain et de pratique, on peut faire beaucoup et beaucoup mieux que ce qui a été fait jusqu'à présent sans chercher bien loin, avec les moyens mêmes dont on dispose, en les améliorant simplement et en les utilisant dans leur souplesse, en toute bonne foi, et en toute bonne volonté. »

C'est le bon sens même. Car, à rechercher les améliorations que l'opinion publique réclame et que l'état du pays exige dans le cadre d'une totale transformation de notre actuel aménagement administratif, c'est pure gageure.

Et pendant qu'on s'évertue à trouver la panacée, chaque jour qui passe est non seulement perdu pour le profit des améliorations de détail entrevues, mais encore les tendances s'accroissent dans le sens de la centralisation exacerbée et des déplorables méthodes qui sont pourtant si nettement condamnées par tous.

Nous nous sommes, d'ailleurs, en principe, déclaré opposé à toutes les formules absolues, à tous bouleversements de l'organisation administrative devant appeler une intervention législative longue à déterminer et qui aurait encore à faire ses preuves.

Nous pensons qu'il convient de profiter de l'expérience acquise par plus de cent ans du fonctionnement actuel de notre machine administrative, qu'il faut procéder par étapes, et que toutes les formules demeureraient des formules sans vertu si un esprit nouveau ne les pénétrait.

C'est pourquoi nous nous rallions à la proposition de MM. Imbert et Mossé (1) :

« Mais est-il indispensable pour de tels cas de détruire le dépar-

_______________

(1) *Op. cit.*, p. 21.

tement et de construire la région? Une réforme beaucoup plus
simple, beaucoup plus réalisable, permettrait d'obtenir un résultat identique. Ce serait de mettre à la disposition des dépar
tements la faculté que la loi de 1890 a déjà donnée aux communes.
Aux conférences interdépartementales prévues par la loi de 1871,
mécanisme insuffisant, il faut le reconnaître, parce qu'il n'en
pouvait sortir aucune personne morale, qu'on substitue le syndicat de départements. Le syndicat, qui présenterait des caractéristiques de la région, n'encourrait pas, à notre sens, les
mêmes critiques. Créé en vue d'un but déterminé, il serait dissout ce but une fois atteint et, de la sorte, on n'aurait pas irré-
médiablement engagé l'avenir. Il serait mobile et non fixe, il
pourrait être multiple et non pas unique, un même département
faisant partie de plusieurs syndicats, ou s'associant éventuellement à des départements non limitrophes, suivant les objets
envisagés, et alors, grâce à la souplesse et à la ductilité de ce
système, le département serait en mesure de suivre dans leurs
différences et leur versatilité les phénomènes économiques et
administratifs d'où découlerait la constitution du syndicat. »
Nous ne voyons, en effet, que des avantages à ces formations
nouvelles.
Mais pourquoi ne pas user d'abord largement de la loi de 1871?
Si les fonctionnaires, pour quelques-unes des raisons que nous
avons dites, doivent se défendre contre des reproches immérités,
c'est aussi bien souvent le lot des législateurs. A coup sûr si,
pour les premiers, ce peut être notre souci d'écarter d'eux des
accusations injustes, les seconds n'auraient que faire de notre
plaidoyer et pourraient trouver impertinent que nous ne leur
en laissions point le soin.
Il faut cependant reconnaître qu'autant nous sommes exi-
geants de réformes législatives, autant nous paraissons peu enclins
à en user sitôt qu'elles nous sont acquises !
Mieux encore, lorsque notre carence s'est affirmée sur des
textes du plus haut intérêt, nous les tenons pour désuets, ou,
plus simplement, nous arrivons à les ignorer totalement et nous
nous retournons vers le Parlement pour l'inviter à combler une
lacune qui n'est guère que dans notre insuffisante informa-
tion.

Ayons le courage de le constater, les lois s'apparentent ainsi trop souvent dans nos esprits versatiles aux jouets de notre enfance qui ne nous ont ravis que dans l'espoir de les posséder et dont la magie s'est tôt dissipée dès que nos mains pouvaient les saisir!

Or, le législateur de 1871 a sagement prévu l'agrégation des départements pour la poursuite de buts communs, avec la souplesse qu'elle doit comporter, suivant que la question envisagée commande l'union de départements différents... On sait combien peu il a été tiré parti de cette institution et qu'on recherche en des formules de régionalisme sur lesquelles nous avons donné notre opinion, les moyens d'en faire jouer les dispositions!

# CHAPITRE II

## LE PLUS GRAND DÉPARTEMENT

—

Nous avons marqué nos réserves touchant l'efficacité de la constitution de circonscriptions administratives en indiquant les dangers qu'elle nous paraissait présenter, sans compensation de résultats aussi satisfaisants que leurs promoteurs le supposent.

Nous nous rallierions plus volontiers, pour atteindre lebut d'économie recherché par la création de la région, à la suppression de quelques départements dont les arrondissements seraient répartis entre les départements voisins. La superficie nouvelle des départements ainsi agrandis ne devant jamais dépasser l'étendue ou l'importance de deux départements actuels.

Un représentant du Bas-Rhin, le général Taufflieb (1), qui a été à même de supputer les résultats d'une organisation régionale, celle de l'Alsace-Lorraine, s'est détourné de cette solution pour adopter celle qui a notre préférence.

« D'excellents esprits, écrit-il, pour remédier à cette centralisation qui nous étouffe, préconisent un retour pur et simple aux provinces d'autrefois. C'est peut-être aller un peu vite dans la voie des réformes.

« Procédons avec plus de mesure et commençons par choisir dans un certain nombre de régions quelques départements conti-

---

(1) Extrait du journal *La République du Var*, du 2 octobre 1920. Article intitulé « Le département doit être élargi », par le général Taufflieb, sénateur du Bas-Rhin.

gus pouvant former un tout homogène, ayant les mêmes caractères, la même production, des débouchés analogues, un réseau commun de voies de transport, désireux enfin de faire tomber les barrières que dressent entre eux les séparations administratives.

« A ces départements, dont les lisières seraient élargies, le Pouvoir central devra conférer des prérogatives plus étendues que celles qu'il leur mesure si parcimonieusement et un droit aussi ample que possible d'initiative et de décision. »

Aucune des objections que soulève la formule régionaliste ne se présente à l'égard de cette proposition. Le soulagement pour le Trésor public en est certain. Vingt départements supprimés en France, c'est 20 chefs de toutes les administrations publiques et leurs bureaux qui disparaîtraient, et nous conserverons à ce département légèrement agrandi, exactement le même cadre administratif, sans plus.

Cet agrandissement du département par environ un arrondissement de plus n'est en effet pas tel que, soit le préfet, soit les chefs des administrations publiques se trouvent hors d'état de tenir le contact avec leurs agents ou la population au milieu desquels ils administrent.

L'accroissement du travail dans les bureaux serait presque infime et le personnel actuel suffirait presque à absorber la tâche nouvelle qui lui écherrait.

Pas de modification au régime des Assemblées départementales, les conseillers généraux étant répartis suivant le rattachement de leur canton.

La ventilation et de l'actif et du passif du département serait facile à réaliser.

En somme, cette suppression d'un certain nombre de départements comporterait des économies sensibles et aucune modification proprement dite.

Si dans ce nouveau cadre départemental on instaurait une décentralisation administrative efficiente dans les conditions que nous avons suggérées en faisant fonctionner à plein rendement et sans congestion ses rouages administratifs; si on modifiait pour cela profondément les méthodes actuelles en laissant à chacun l'autorité, l'initiative et partant la responsabilité qui correspond à ses fonctions électives ou autres, on aurait accompli en fait une vaste réforme.

Enfin, quand l'expérience aurait été faite dans ce cadre élargi, de ce que peuvent donner, avec l'esprit que nous venons de définir, nos institutions administratives actuelles, on pourrait s'attacher, peut-être avec profit, à de plus vastes desseins.

# TITRE IV

## LE DÉPARTEMENT

### CHAPITRE I

#### L'ENTITÉ ADMINISTRATIVE ET SES ORGANES PROPRES

La circonscription départementale et sa justification. — La décentralisation appliquée aux organismes départementaux. — Les Services dé-
pondant de l'organisme départemental. — Les finances départementales. — L'assemblée départementale.

### § 1. — La circonscription départementale et sa justification.

Nous nous sommes défendu d'introduire dans ce travail
des résumés historiques qui doivent trouver leur place en d'autres ouvrages.

Cependant, puisque la circonscription départementale que
nous allons étudier est l'objet, en cette époque, de très vives attaques, du côté des régionalistes notamment, que nous tenons
pour éminemment désirable sa conservation, nous croyons qu'il
est absolument indispensable d'étayer notre opinion de hautes
références.

Il convient de se rappeler à quels mobiles ont obéi les membres
de l'Assemblée constituante qui furent les véritables organisa-
teurs de cette nouvelle division du Pays.

Une des réclamations qui figuraient le plus communément

sur les fameux cahiers dont étaient porteurs les délégués aux
États généraux de 1789, consistait précisément dans la protes-
tation contre la diversité de régimes, légaux ou réglementaires,
auxquels étaient astreintes les populations ou les privilèges
différents dont elles jouissaient suivant le lieu de leur habitat.
L'élan patriotique qui porta les députés de la Constituante à
sacrifier non seulement les privilèges d'ordre personnel, mais
toutes les immunités ou franchises politiques sur l'autel de
l'unité nationale dans la nuit du 4 août, répondait ainsi au vœu
du pays expressément formulé.

On se rappelle les termes du décret qui entérina ce vote :

« Une constitution nationale et la liberté publique étant plus
avantageuses aux provinces que les privilèges dont quelques-
unes jouissaient, et dont le sacrifice est nécessaire à l'union
intime de toutes les parties de l'empire, il est déclaré que tous
les privilèges particuliers des provinces, principautés, pays,
cantons, villes et communautés d'habitants, soit pécuniaires,
soit de toute autre nature, sont abolis sans retour et demeure-
ront confondus dans le droit commun de tous les Français (1). »

Quelque dix ans plus tard, lorsque dans ce cadre conservé
de la division du territoire, on songea à introduire une solide
administration, après les expériences malheureuses qui en avaient
été faites, les mêmes arguments qui avaient guidé les membres
de la Constituante, étaient repris, soit au Tribunat, soit au Corps
législatif, soit par la voix des orateurs au Conseil d'État. Au
risque d'encourir le reproche d'abuser des citations — malgré
l'avertissement inclus en préface — nous nous en voudrions
cependant de ne pas rappeler ces interventions.

Daunou dans une séance du Tribunat soulignait quel respect
il convenait d'avoir pour l'œuvre de la Constituante, en se rap-
pelant à travers combien de vicissitudes elle était demeurée
vivante :

« Mais, citoyens tribuns, il ne s'agit point ici d'une création
nouvelle; il s'agit du maintien d'une distribution existante,
usitée, familière; et, au milieu de tant de ruines, conserver est

---

(1) *Pandectes françaises.* Nouveau répertoire de législation, de doctrine et de
jurisprudence, p. 463.

au moins un bonheur, si ce n'est pas un devoir. Il faut bien, après tout, qu'elle ait mérité, par quelque avantage vivement senti, un véritable assentiment national, cette division restée seule de toutes les créations de l'Assemblée constituante, et respectée durant dix années de troubles par tant d'hommes et par tant d'événements (1). »

Dieudonné au Tribunat rappelait précisément à quels désordres l'Assemblée constituante avait voulu mettre fin :

« Quand on se reporte à l'état de choses qui précéda la division de la France en départements, districts et cantons, qu'on se rappelle que chaque province avait ses lois particulières; que celle-ci était soumise à des règlements totalement différents de ceux adoptés dans celle-là; que l'une était connue sous le nom de pays d'État, une autre régie comme pays d'élection, et telle autre administrée comme pays conquis; que chacune de ces dénominations établissait des différences dans le régime administratif, on bénit la main hardie et le génie créateur qui surent briser tant d'entraves, anéantir l'esprit de localité, en y substituant un mode d'administration uniforme, et une sorte d'esprit national enfanté par l'amour de la liberté.

« La division de la France en départements; leur dénomination tirée des fleuves, des montagnes ou d'autres objets remarquables offerts par la nature et le territoire; l'uniformité absolue d'administration dans chacun de ces nouveaux arrondissements, sont une de ces grandes idées qui ont si souvent caractérisé les immortels travaux de l'Assemblée constituante...

« ... Elle n'eut pas seulement pour objet d'étouffer jusqu'aux germes des privilèges de quelques provinces, et de faire disparaître les différences et les bigarrures qui se rencontraient dans presque toutes les branches de l'administration publique, mais encore d'assujettir à une surveillance active toutes les parties du territoire français et tous les individus qui l'habitent, en proportionnant l'étendue des départements, de telle sorte que les organes de la loi puissent faire sentir toujours l'au-

_______________

(1) Tribunat. Présidence du citoyen Dieudonné, page 108. Séance du 23 pluviôse. Rapport du citoyen Daunou sur le projet de loi relatif à la division du territoire et aux administrations locales. *Archives parlementaires des Chambres françaises*, de 1800 à 1860, p. 170 à 192.

torité qui leur était confiée, et maintenir l'ordre et la tranquillité.

« L'expérience de dix années a fixé, sur cette opération importante, le sceau de l'approbation publique. Plusieurs des motifs qui la firent adopter alors existent encore aujourd'hui. Les lois, restées si souvent dans l'oubli, réclament partout l'impulsion d'une main ferme et vigoureuse, toutes les parties de l'administration, tombées dans un état de langueur, implorent les soins et la vigilance des agents du Gouvernement. Il faut donc que ceux-ci puissent porter, sur tout ce qui peut intéresser le bien public dans leurs circonscriptions, une attention soutenue, qu'aucun abus n'échappe à l'activité de leur zèle, et que les administrés apprennent enfin que, quand l'autorité exécutive commande au nom d'une grande nation, l'obéissance est un devoir; et que la résistance doit être punie. Pour atteindre ce but, les circonscriptions dans lesquelles se trouveront placés les agents du Gouvernement ne doivent pas être étendues démesurément.

« En général, celle de chaque département présente les plus justes proportions entre le degré d'autorité confié au préfet principal et les relations continuelles qu'il doit avoir avec les administrés. Si, comme quelques hommes d'ailleurs éclairés l'avaient proposé, on avait réuni plusieurs départements sous l'autorité et la surveillance d'un préfet principal, on aurait excité mille réclamations, et rendu la marche de l'administration beaucoup plus lente. D'abord les administrés, habitués depuis dix ans, à trouver dans leur département respectif les administrateurs auxquels ils ont besoin de recourir, ne se verraient pas sans peine obligés d'aller dans un autre département implorer les secours de l'autorité, et demander le redressement d'un tort. Les affaires, se multipliant dans la proportion de l'étendue et de la population du ressort de la préfecture, ne pourraient se décider avec la célérité nécessaire; bientôt les papiers s'accumuleraient dans les bureaux; il faudrait des armées de commis et d'employés, et l'on sait comment ils reçoivent pour l'ordinaire un pauvre habitant de la campagne qui vient solliciter une décision. Ainsi les administrés seraient dans la cruelle nécessité de faire de longs voyages, d'essuyer des retards, et les dépenses qui en résulteraient excéderaient souvent en valeur l'objet de la réclamation. *Ce système des grands arrondissements* (1), *serait donc ruineux pour le peuple, et deviendrait la source d'une foule d'abus et de vexations.*

« Il ne présenterait pas de moins graves inconvénients sous le rapport des résultats généraux d'administration. Le préfet principal, ne pouvant se procurer par lui-même les renseignements qui doivent former les éléments des comptes qu'il rendra au Gouvernement, serait obligé de les demander aux sous-préfets. Or, plus ceux-ci seraient nombreux et éloignés, moins la correspondance aurait d'activité et l'autorité d'énergie. L'on retrouverait donc dans ce système une partie des obstacles nés de l'établissement des administrations, plus on en aurait entravé et ralenti la marche.

« Dans le projet soumis à notre délibération, un préfet principal pour chaque département connaîtra bientôt l'esprit qui anime chaque arrondissement d'une préfecture, et même chaque canton. Tout ce qui pourra intéresser l'ordre public, indiquer une amélioration, commander la réforme d'un abus, viendra sans peine fixer son attention, exciter sa vigilance; rien n'échappera à sa sollicitude s'il veut justifier la confiance dont il est honoré. N'ayant à correspondre qu'avec quatre ou cinq sous-préfets qui seront très rapprochés de lui, et dont il pourra stimuler le zèle, s'il en est besoin, il en obtiendra facilement tous les renseignements et les résultats qui lui seront nécessaires. A son tour, il transmettra avec activité au Gouvernement tous ceux qui pourront l'éclairer, et l'on n'aura plus à gémir sur les retards apportés dans l'exécution des lois (2). »

Les raisons exposées par Dieudonné ont-elles vraiment perdu tout caractère d'actualité? Sans doute les moyens de communication se sont multipliés depuis cent ans, en des conditions telles qu'il y a vraiment plus de facilité aujourd'hui à parcourir un département qu'il y en avait à cette époque à sillonner un arrondissement.

---

(1) Arrondissement est pris ici dans le sens de circonscription.
(2) Tribunat. Présidence du citoyen Demeunier, p. 166. Séance du 24 pluviôse. Discours du citoyen Dieudonné. *Archives parlementaires des Chambres françaises*, p. 192 à 207.

Mais qu'on veuille bien songer à ce qu'était l'administration il y a un siècle et à l'enflure qu'elle a prise de nos jours.

Nous aurons l'occasion, en parlant de la commune, de nous appesantir sur le rôle sans cesse accru qui est imparti aux municipalités dans le fonctionnement de la machine administrative et de lancer un avertissement touchant la difficulté toujours plus grande de trouver des citoyens assez dévoués à la Chose publique pour prendre la responsabilité de l'administration communale.

Nous tenons que seule l'action personnelle, sous la forme d'une aide constante et d'un contrôle, où trouve place une sollicitude avertie, peut permettre d'assurer une application rationnelle de notre législation.

Nous ne pouvons au surplus que nous référer à ce que nous avons dit de l'application et de la diffusion des lois pour marquer combien nous considérons comme ayant un intérêt actuel, les observations formulées au tribunat, il y a plus de cent ans, par Dieudonné.

Qu'on veuille bien en croire l'expérience de ceux qui manient quotidiennement la pâte administrative : le cadre des départements actuels est aujourd'hui suffisant à employer l'activité d'un Chef de volonté et de bonne volonté en la personne du préfet et de chefs de service désireux de remplir leur mérite.

Peut-être, comme nous l'avons indiqué, pourrait-on légèrement agrandir la circonscription départementale. Mais le département, dans sa teneur présente ou légèrement agrandi, demeure le cadre dans lequel peut s'opérer une décentralisation administrative réelle et profitable.

Enfin, si la division du territoire a pu être sur certains points arbitrairement déterminée, il n'en est pas moins vrai que, depuis un siècle, une mentalité départementale s'est formée et qu'aujourd'hui le département a non seulement une vie administrative, mais une vie économique et sociale qu'on ne briserait pas impunément.

Quant à l'œuvre d'uniformisation qu'on reproche à l'organisation départementale d'avoir réalisé en détruisant l'esprit provincial, nous ne pouvons y souscrire. Ce ne sont pas les divisions administratives qui ont tué les coutumes provinciales, dans ce qu'elles ont de respectable, mais bien surtout les facilités de communication.

Croit-on qu'une nouvelle division provinciale aurait pour effet de décider les Arlésiennes ou les Bretonnes à reprendre leur costume traditionnel; qu'elle aurait pour résultat de revivifier les idiomes locaux; qu'on obtiendrait, par ce moyen, de faire reprendre goût à la forme du mobilier de nos ancêtres?

Tout cela n'a rien de commun avec l'administration. Il en est de la langue, du costume comme de l'alimentation, comme de l'hygiène : non seulement sur ces différents points une unité nationale s'est réalisée, mais elle a pris un caractère international qui tient précisément aux communications faciles et rapides que l'industrie moderne a mises à la portée des peuples.

Cette unité nationale que nous avons réalisée les premiers dans le monde, que le monde nous envie, tous les peuples, tour à tour, luttent pour en bénéficier.

Ne voit-on pas aujourd'hui la Turquie musulmane abandonner, même dans ses organisations officielles, le costume national?

Ce n'est donc pas la division départementale qui a détruit les coutumes provinciales, mais la marche de la civilisation à la tête de laquelle nous nous sommes placés.

Aussi est-il curieux de constater que, pour un certain nombre de régionalistes, la création administrative de la région a pour but d'assurer une unification plus certaine des services que l'on reproche à la division départementale de n'avoir pas suffisamment réalisée!

### § 2. — La décentralisation appliquée aux organismes départementaux.

Nous avons suffisamment formulé notre manière de concevoir la décentralisation pour que nous ne jugions qu'il y aurait superfétation à y revenir.

Quant aux applications qu'elle appelle dans le cadre du département, nous les étudierons à l'occasion de chacun de ses organismes :

Au point de vue *politique*, en étudiant le rôle de l'Assemblée départementale.

Au point de vue *démocratique*, en proposant l'institution de conseils auprès des services administratifs.

Au point de vue *administratif*, en étudiant tant le rôle du préfet que l'aménagement et le fonctionnement de chacun des compartiments administratifs.

### § 3. — Les services dépendant de l'organisme départemental.

Nous estimons qu'il n'y a pas lieu de distinguer, pour le principe de leur organisation dans le département, entre les *services dits d'État* et *ceux dits départementaux* (1).

Nous nous réservons donc de traiter concomitamment de leur aménagement.

Nous notons brièvement, car nous aurons l'occasion de nous expliquer plus complètement à ce sujet, que nous entendons supprimer en tant qu'organismes placés sous l'autorité immédiate du préfet, les bureaux des préfectures, soit que certaines de leurs attributions soient passées à des directions existantes, soit que nous en instituions de nouvelles (2).

En plus des raisons que nous avons déjà exposées pour justifier notre proposition, elle se réclame aussi de buts de simplifications et d'économies.

Nous avons, en effet, recherché par quelles mesures appropriées pouvaient être évités certains travaux et notamment les communications écrites de service à service dans une même ville et souvent dans un même bâtiment, que rien ne justifie.

Or, le seul moyen d'éviter le cheminement des dossiers à travers de multiples services, la production de rapports, de contre-rapports, d'avis, etc... est de grouper dans les mains de chefs compétents les affaires ressortissant à leur compétence.

Car si en matière de commerce le nombre excessif d'intermédiaires est une cause d'accroissement du prix de la vie, il est

---

(1) A l'exclusion, bien entendu, des établissements départementaux, tels les asiles, dont l'aménagement et le personnel ne peuvent être réglementés que par le département qui a pris l'initiative de leur institution et ne rentrent pas ainsi dans le cadre de notre étude à caractère général.

(2) Voir notamment p. 206 et 216 en note.

véritablement hors de doute que ce sont encore et surtout les intermédiaires inutiles qui compliquent notre administration, alourdissant les charges du budget en lui imposant un personnel excessif.

Que se passe-t-il en effet, en matière d'hygiène, de travaux publics, de voirie, d'eaux et forêts, d'enseignement, etc?... Le maire d'une commune écrit au préfet pour lui poser une question, lui soumettre un dossier dont le technicien doit connaître. La lettre du maire arrive dans les bureaux de la préfecture, y est enregistrée; elle est, suivant les cas, soit transmise simplement au technicien, soit démarquée pour lui être envoyée; elle aborde son service où elle est à nouveau enregistrée et le chef compétent adresse au préfet un rapport touchant la question posée par le maire. Le bureau de la préfecture prépare à la signature du préfet et à destination du maire une réponse pour celui-ci en démarquant l'avis qui a été donné et par conséquent en s'exposant à en trahir l'esprit. La réponse parvient au maire qui peut n'en être pas satisfait; nouvelle lettre au préfet, nouvelle transmission au technicien, nouveau rapport de celui-ci au préfet, nouveau démarquage de ce document pour répondre au magistrat municipal. Voilà le « processus ». Est-il admissible dans le temps où nous vivons?

Et toutes les fois qu'une question se posera soit générale, soit locale, qu'il s'agisse d'hygiène, de voirie, de forêts, de chasse, d'enseignement, etc... la même procédure sera employée et les techniciens vivant à côté du préfet, passeront leur temps à lui faire de beaux rapports qui lui seront demandés par les bureaux et que ceux-ci démarqueront, soit à l'usage des autorités municipales, soit à l'usage des ministres.

N'apparaît-il pas comme bien plus simple de charger ces chefs de service, techniciens, de la tractation de toutes les questions ressortissant à la dénomination de leur fonction? Que d'affaires ils résoudront par le téléphone, que d'ententes ils concluront avec les maires pour telle ou telle affaire parce qu'ils n'ont à consulter que leur propre compétence, que d'heures gagnées en travail, que de papier économisé, par le fait qu'on aura placé dans les attributions de celui qui peut les traiter rapidement, et avec le sens éclairé qui convient, les affaires dont il est le seul à pouvoir connaître et à pouvoir discuter.

Et encore : pour toutes ces affaires traitées en superfétation dans les bureaux de la préfecture — par exemple la construction d'une route, d'un chemin de fer ou de tout projet intéressant le département ou l'État — de ces projets qui exigent de vastes plans minutieux, comportant une somme de travail considérable, les ingénieurs sont dans l'obligation non seulement d'en constituer un dossier pour leurs archives et, le cas échéant, pour celles du ministère de l'Intérieur ou des Travaux publics, mais encore, par suite de l'organisation qui fait passer ces dossiers par la préfecture, d'en dresser également le double pour ses bureaux.

N'apparaît-il pas comme largement suffisant que l'ingénieur possède des archives complètes et quel intérêt y a-t-il vraiment à leur répétition dans les archives des bureaux des préfectures ?

Pourquoi l'ingénieur en chef et les autres chefs de service ne soumettraient-ils pas directement à la signature du préfet ou à son aveu les affaires qui appellent la décision ou l'approbation de ce haut fonctionnaire ?

La suppression à peu près complète que nous réalisons des bureaux de la préfecture par la répartition de leurs attributions entre des directions, aura évidemment pour résultat de préparer la passation des employés départementaux y affectés à un régime analogue à ceux des autres administrations publiques.

Il est d'ailleurs indéfendable que ces fonctionnaires qui traitent d'affaires aussi importantes, aussi générales, aussi liées à l'État, que les employés des Contributions directes ou indirectes, soient soumis à un régime d'exception ; n'aient pu obtenir encore qu'une péréquation très approximative de leurs traitements. Certes un minimum leur est acquis depuis la loi de 1920. Mais chacun sait que, suivant leurs ressources ou leurs bonnes dispositions, les conseils généraux ont plus ou moins accru leur participation obligatoire à la rémunération de ce personnel.

De plus, les avancements ou mutations ne s'opérant pratiquement que dans le cadre départemental, qui n'en voit les difficultés et les iniquités ? Dans tel département, les employés supérieurs se trouvent être arrivés jeunes à ces fonctions et leurs inférieurs immédiats ne peuvent aspirer à leur succession. Dans tel autre département, des vacances se produiront nombreuses par le fait de circonstances exceptionnelles et l'avancement y sera excessif.

*Les employés de préfecture ont donc un intérêt véritable à se voir assimilés aux autres fonctionnaires des services publics; ils le méritent aussi pleinement.*

### § 4. — Les finances départementales.

La loi décentralisatrice de 1871, en accordant aux départements la faveur d'un budget propre et en élargissant singulièrement les pouvoirs des conseils généraux, a voulu les assurer aussi d'un patrimoine.

Mais cette « dot », entourée de plus sérieuses conditions que celles dont à cet égard le droit romain a pénétré notre Code, non seulement n'était susceptible d'aucune aliénation, non seulement ne comportait aucune « rente », mais elle devait entraîner des charges sérieuses.

Il en fut ainsi de certaines voies publiques et d'immeubles à affectation spéciale, tels que : hôtels de préfectures, palais de justice, prisons, etc...

Le logement des militaires de la gendarmerie leur a aussi été imposé, quoique s'agissant d'un service d'État.

L'entretien ou le loyer de ces immeubles figure à leur budget pour une somme assez élevée qui a naturellement suivi, ces dernières années, les majorations correspondant au renchérissement de toutes choses.

*Timeo danaos...* auraient pu s'écrier les administrateurs départementaux !

En effet, comme le remarque M. le doyen H. Berthélemy (1), « si au nombre de ces édifices, il y en a qu'il est logique de faire entretenir par la collectivité restreinte à laquelle ils sont destinés, par exemple les asiles d'aliénés; mais il en est d'autres qui, affectés à de véritables services d'État dans le fonctionnement desquels l'Administration départementale n'a aucun rôle à jouer, seraient aussi bien ou même mieux placés à la charge de l'État (exemple : les tribunaux).

_______________

(1) *Traité élém.*, *op. cit.*, p. 539.

Que de dépenses aussi, ont, peu à peu, été incorporées dans le budget départemental ! Ce procédé qui a ses avantages — que nous soulignerons — n'est pas à l'abri de toutes critiques ; M. J. Barthélemy en formule quelques-unes (1) :

« A cette décentralisation des dépenses, nous ne voyons donc pas d'avantages ; l'absence de la clarté et de la loyauté, qui sont les qualités de toute bonne politique financière, n'en est pas d'ailleurs le seul vice. Il en résulte encore des inconvénients très graves, des gênes, des retards, des frottements préjudiciables au bon fonctionnement des services. Les conseils généraux ou municipaux auront des hésitations bien naturelles à appliquer les ressources locales à des services qui n'ont pas un caractère local : c'est par un véritable abus que la loi du 5 juin 1875, amendée par la loi du 4 février 1893, a imposé aux départements les frais de la transformation des prisons à courte peine suivant le type cellulaire. Aussi, ce procédé n'a-t-il pas donné des ailes à la réforme (Grimanelli, *Les questions pénitentiaires au Parlement*, dans le *Temps* du 1er août 1908) ».

« Évidemment, constate M. le doyen Berthélemy (2) : le département ne peut avoir aucune liberté s'il n'a pas son propre budget. Mais au moins n'est-il pas utile de grossir ce budget de charges qui incomberaient à la Nation à plus juste titre. C'est toujours le même contribuable qui paie : budget de l'État, budget du département, budget de la commune, au point de vue de l'origine, c'est tout un. L'État ne fait pas une économie utile quand il rejette une dépense sur les autres collectivités. »

Or, si l'on examine de près les budgets départementaux, on se rend compte que les trois quarts et plus des dépenses qui y sont inscrites sont le fait de l'incidence des lois, donc inévitables ou qu'elles sont, comme pour l'entretien des routes, moralement obligatoires.

C'est donc, d'une manière générale, bien à tort que l'on reproche aux conseils généraux l'enflure croissante des budgets départementaux.

Mais une autre erreur que commettent les statisticiens dans

---

(1) Les tendances de la législation, etc., *op. cit.*, p. 134.
(2) *Traité élém.*, *op. cit.*, p. 530.

le calcul qu'ils font des charges puqbliues, est d'additionner les budgets des collectivités publiques pour y trouver la charge réelle du contribuable. En effet, les budgets départementaux comportent l'inscription de nombre de dépenses au titre de « centralisation » y compris la part revenant à l'État et aux communes, ces parts figurant en outre dans les budgets de ces deux dernières collectivités.

La même constatation s'impose d'ailleurs pour les budgets communaux bien que la nature de ces dépenses soit différente et moindre leur importance.

### § 5. — L'Assemblée départementale.

Je ne crois pas, cependant, qu'il y ait lieu de regretter ce procédé de l'État d'astreindre les départements à prendre à leur compte une partie des dépenses publiques : elles y sont l'objet d'un contrôle autrement serré, tant pour la fixation de leur quantum que pour leur emploi, que lorsqu'elles sont purement et simplement incorporées au budget de l'État.

Qui rendra, en effet, aux assemblées départementales, dans leur généralité, l'hommage de gratitude pour le dévouement éclairé qui s'y manifeste à la Chose publique?

A propos du projet de création des « conseils régionaux » qui, dans l'esprit de quelques-uns, auraient à suppléer à l'insuffisance d'activité des conseils généraux, M. le sénateur Bienvenu-Martin écrivait justement (1) :

« On aurait tort, cependant, de rabaisser le rôle joué par ceux-ci. Depuis que la loi du 10 août 1871 a étendu leurs attributions, ils se sont généralement montrés à la hauteur de leur mission. On sait en quels termes, au lendemain de la promulgation de cette loi, Gambetta traçait leur ligne de conduite aux membres des assemblées départementales. Les conseils généraux ont su se mouvoir avec un louable zèle dans le vaste cadre que le grand orateur offrait à leur activité. Leur sollicitude avisée s'est manifestée dans les diverses branches de l'Administration et plus spé-

---

(1) Art. C, p. 227.

cialement dans tout ce qui a trait à l'enseignement, à l'assistance, à l'agriculture, aux moyens de communication. C'est avec leur coopération assidue, souvent sur leurs propositions, que notre vicinalité a été portée presque partout à un haut point de développement, que des milliers de communes ont été reliées par le téléphone, que d'innombrables lignes de chemins de fer ont été construites, que les écoles et les chaires d'agriculture, les asiles de vieillards et les orphelinats se sont multipliés. Quel bilan instructif on dresserait, si l'on faisait l'inventaire des progrès réalisés avec le concours des conseils généraux depuis trente-cinq ans ! Les grandes lois que le Parlement a votées sur l'instruction publique, l'assistance, la mutualité, l'agriculture, n'auraient pas donné tous leurs effets si leur exécution n'avait pas été favorisée et soutenue par la bonne volonté clairvoyante de ces assemblées.

« On aurait pu craindre que des préoccupations de clocher n'inspirassent trop souvent leurs délibérations. Ce danger ne s'est pas réalisé. Sans doute, chaque conseiller général montre une tendresse particulière pour le canton qui l'a élu; c'est pour celui-ci tout d'abord qu'il demande des subventions, des écoles, des routes, parfois même un petit chemin de fer; mais tout en ayant les yeux tournés vers la circonscription dont il est le mandataire, il ne perd pas de vue les autres. La continuité des rapports, la connaissance des besoins des populations, une sorte de patriotisme local ont créé dans ces assemblées un état d'esprit propice à l'entente, un sentiment très accusé de solidarité et la communauté des vues. Le département leur apparaît comme une grande famille où il ne doit y avoir ni privilégiés, ni déshérités. Les dissidences de parti, elles-mêmes, ne font que rarement obstacle au rapprochement et à la bonne harmonie sur le terrain des affaires. »

Nous nous en voudrions d'ajouter quoi que ce soit à cet éloquent et si véridique jugement.

§ 6. — Modifications proposées à la loi du 10 août 1871.

§ 6. — **Modifications proposées**

*Modifications devant être apportées à la loi du 10 août 1871*

| TEXTE ACTUEL | MOTIFS DE LA MODIFICATION |
| --- | --- |
| *Art. 8.* — 1° Les préfets, sous-préfets, secrétaires généraux et conseillers de préfecture. | A modifier pour tenir compte de la suppression des sous-préfets et des conseils de préfecture. |
| 8° Les ingénieurs en chef du département et les ingénieurs ordinaires d'arrondissement. | L'ingénieur en chef devenant directeur départemental des Travaux publics, il convient de remanier ce paragraphe dans ce sens. |
| 11° Les inspecteurs d'Académie, etc... | De même, il y a lieu de tenir compte des directions départementales de l'Instruction publique au paragraphe 11° et de prévoir un 17° pour les autres directions. |
| *Art. 10 :* | A modifier pour tenir compte des réformes proposées et de la suppression des agents voyers. |
| *Art. 38 :* | Si le conseil d'arrondissement doit être supprimé, il convient de modifier cet article en conséquence. |
| *Art. 43 :* Chaque année. | Cet article est à supprimer en raison de la modification proposée à l'article 12 de la loi du 5 avril 1884. |
| *Art. 46.* — 4° Changement de destination. | Suppression des sous-préfectures et prise en charge par l'État de tout ce qui concerne *la gendarmerie, les prisons, les tribunaux.* |
| *Art. 46.* — 7° | La disposition de ce texte, qui a trait à la désignation des services compétents pour l'exécution des travaux, doit être supprimée en raison de la fusion proposée des services des Ponts et Chaussées et vicinal. |
| *Art. 46.* — § 19. | Du fait de l'unification des barèmes concernant les lois d'assistance, ce paragraphe est à supprimer. |
| *Art. 46.* — § 23 : Difficultés élevées relativement à la dépense des travaux qui intéressent plusieurs communes du département. | Disposition à supprimer, le préfet devant avoir un pouvoir de décision en l'espèce, après avis du conseil départemental des affaires communales. |

**à la loi du 10 août 1871.**

*pour être mise en concordance avec les réformes proposées.*

### TEXTE PROPOSÉ

*Art. 8.* — 1° Les préfets, secrétaires généraux dans le département où ils exercent leurs fonctions.

8° Le directeur départemental des Travaux publics et les ingénieurs ordinaires dans le département où ils exercent leurs fonctions ;

11° Le directeur départemental de l'Instruction publique, etc... ;
17° Les directeurs départementaux d'un service public et les agents sous leurs ordres.

10° D'architecte départemental, d'employés des directions des affaires communales et des affaires départementales.

*Art. 46.* — 4° Changement de destination des propriétés et édifices départementaux autres que les hôtels de préfecture et des locaux affectés aux tribunaux, aux écoles normales.

| TEXTE ACTUEL | MOTIFS DE LA MODIFICATION |
| --- | --- |
| *Art. 46.* — § 21. | Supprimer « et des sous-préfectures ». |
| *Art. 46.* — § 24 (Foires) | A supprimer, il y a lieu de donner la compétence au préfet par arrêté motivé (Voir art. 68, § *in fine*, loi 5 avril 1884). |
| *Art. 46.* — § 26 : Changements à la circonscription. | A supprimer, il y a lieu de donner la compétence au préfet par arrêté motivé (Voir art. 68, § *in fine*, loi 5 avril 1884). |
| *Art. 48.* — 1° | Suppression des sous-préfectures, etc... |
| *Art. 48.* — 4° | A supprimer, la compétence étant donnée au préfet (Voir texte proposé article 137 de la loi du 5 avril 1884). |
| *Art. 50.* | A supprimer, la compétence étant donnée au préfet (Voir texte proposé article 137 de la loi du 5 avril 1884).<br>Suppression du 1° (Voir articles 2, 3, 5 et 6, propositions concernant loi 5 avril 1884.) |
| *Art. 50.* — §§ 2 et 3. | Pour ces objets, le préfet devrait pouvoir décider par arrêté motivé pris sur avis du Conseil des affaires départemenatales.<br>Ces paragraphes sont à supprimer sauf à mettre le Code forestier en concordance. |
| *Art. 61.* — 1° | A modifier en raison de la suppression des sous-préfets. |
| *Art. 61.* — 5°<br>*Art. 61.* — 6°<br>*Art. 61.* — 8° | A supprimer du fait de la prise en charge par l'État des dépenses de gendarmerie, des tribunaux et des prisons. |
| *Art. 68.* — Les secours, etc... | Il convient de supprimer cet article et de permettre aux ministres compétents d'allouer les subventions prévues, sur l'avis du conseil départemental des affaires communales.<br>La législation concernant l'allocation des subventions scolaires, la seule qui prévoit, à notre connaissance, l'avis du conseil général, devra être remaniée en conséquence. |
| *Art. 69.* — 2° Elle se compose, etc... | A modifier pour tenir compte de la suppression des arrondissements. |

TEXTE PROPOSÉ

*Art. 48.* — 1° Sur l'acquisition, l'aliénation et l'échange des propriétés départementales affectées aux hôtels de préfecture, aux écoles normales.

*Art. 50.* — Le Conseil général donne son avis sur tous les sujets pour lesquels cet avis est prescrit par les lois et règlements ou sollicité par les ministres.

*Art. 61.* — 1° Le loyer, le mobilier et l'entretien des hôtels de préfecture.

*Art. 68.* — Abrogé par le présent texte.

*Art. 69.* — 2° Elle se compose de 4 membres au moins et 7 au plus.
Les membres de la commission sont indéfiniment rééligibles.

# CHAPITRE II

## VUE D'ENSEMBLE SUR L'ORGANISATION GÉNÉRALE
## PROPOSÉE DES SERVICES PUBLICS

En application des principes que nous avons posés, les bureaux de la préfecture, en tant qu'organismes placés sous l'autorité immédiate du préfet, disparaissent peu à peu complètement, les services qu'ils assurent étant répartis entre les directions existantes ou nouvellement créées et dont il sera parlé ci-après.

Avant d'en entreprendre l'exposition détaillée, voici quel serait, dans le sens de nos propositions, le cadre de l'organisation administrative du département :

1º A sa tête, le préfet, entouré, comme collaborateurs, sous ses ordres immédiats, des fonctionnaires composant son cabinet, d'un secrétaire général et d'un corps d'inspecteurs des services administratifs ;

2º De directions, entre lesquelles seraient réparties toutes les affaires administratives à incidences départementales ;

3º De conseils siégeant auprès de chacun des services administratifs dont il s'agit ;

4º Les conseils de préfecture étant purement et simplement supprimés, leurs attributions seraient réparties entre les conseils dont il vient d'être parlé en 3º et les tribunaux ordinaires.

Nous allons examiner quelles sont les règles qui devraient présider à l'organisation et au fonctionnement de tous ces éléments.

Quant à la régionalisation de certains services, nous y sommes en principe hostiles, sauf en ce qui concerne l'enseignement secondaire, la partie technique des P. T. T. et quelques autres, pour les raisons que nous avons dites.

On invoque pour légitimer la suppression de certaines directions plusieurs raisons :

1° L'organisation actuelle remonte à une époque où les communications n'étaient pas aussi faciles que présentement; il serait donc possible aujourd'hui d'étendre le ressort des agents des divers services;

2° Les affaires de la circonscription d'un fonctionnaire donné n'absorbent pas toujours toute son activité; il convient donc de réduire le nombre des fonctionnaires de manière que l'activité de chacun soit complètement utilisée;

3° Des raisons d'économie.

La première de ces raisons est sans valeur; sans doute le développement des moyens de communication a rapproché les distances, mais les affaires ont augmenté en nombre et en complexité dans une proportion bien plus forte, nous nous sommes déjà expliqués à ce sujet.

La seconde et la troisième doivent incontestablement être prises en considération.

L'énumération des attributions des directions telles que nous les ferons apparaître dans le cadre que nous étudierons de chacune d'elles, ne saurait donner qu'une faible idée du nombre, de la complexité et de la difficulté des affaires dont un directeur est appelé à connaître. Les directions, il est vrai, sont plus ou moins chargées, mais le nombre des inspecteurs et des rédacteurs qui y sont attachés varie avec leur importance et, en fait, il n'existe pas de directeur dont toute l'activité ne soit pas complètement employée.

Il importe, d'autre part, qu'un chef de service soit à même de prendre toutes ses décisions en connaissance de cause. Un directeur placé à la tête de plusieurs départements ne pourrait matériellement pas examiner, ne serait-ce que sommairement, la plupart des questions qu'il aurait à trancher; il en serait réduit à adopter de confiance les conclusions présentées par ses collaborateurs. L'intérêt du Trésor et celui des contribuables seraient également compromis.

On ne saurait, d'ailleurs, contester qu'un directeur fournit personnellement une certaine somme de travail, et que toute l'activité de ses collaborateurs immédiats est également employée.

Toute suppression d'emploi de chef de service se traduirait donc simplement par la substitution d'un inspecteur au directeur supprimé. L'économie réalisée serait donc, par direction supprimée, de 1.500 francs seulement, différence entre le traitement des deux grades.

Enfin, l'ambition légitime de parvenir au grade de directeur est le meilleur stimulant de l'activité des agents. Il n'existe que peu d'emplois de directeur par rapport aux emplois immédiatement subalternes; si l'on réduisait encore les chances qu'ont, par exemple, les inspecteurs adjoints de devenir inspecteurs, et les inspecteurs chefs de service, c'est une source d'émulation importante qu'on tarirait : les uns et les autres s'astreindraient-ils encore à préparer les concours successifs à subir (c'est le cas dans l'Enregistrement)? Témoigneraient-ils du même zèle dans le contrôle des perceptions et la recherche des droits célés pour ce qui est des services financiers? Il est permis d'en douter. La suppression de quelques emplois de directeur, qui ne procurerait qu'une économie négligeable, risquerait donc d'occasionner pour le Trésor des pertes qui seraient certainement considérables.

# CHAPITRE III

## LES ORGANES DE DIRECTION GÉNÉRALE, D'IMPULSION, DE COORDINATION ET DE CONTROLE

Le préfet. — Le Cabinet du préfet. — Le Secrétariat général de la préfecture. — L'Inspection départementale des Services administratifs.

### § 1. — Le préfet.

Dans l'esprit de la loi de pluviôse le préfet, celui qu'au Tribunat on appelait le préfet principal, pour le distinguer des sous-préfets, constituait *le pivot de la décentralisation administrative* en même temps que le *relai de l'action gouvernementale.*

Au Corps législatif, Chaptal, l'orateur du Gouvernement, justifiait ainsi la création préfectorale :

« Un bon système d'administration est celui qui présente à la fois force et promptitude pour l'exécution de la loi, facilité, justice et économie pour l'administré.

« La force d'un système d'administration est toute dans la certitude de l'exécution entière de la loi et des actes du Gouvernement; or, cette certitude existe toutes les fois que l'exécution est remise à un seul homme essentiellement responsable.

« C'est en partant de ces principes incontestables que le projet de loi propose d'établir un préfet par département, lequel serait chargé seul de l'exécution, et correspondrait, sans intermédiaires, avec les ministres.

« Le préfet ne connaît que le ministre, le ministre ne connaît que le préfet (1). »

---

(1) Corps législatif. Présidence du citoyen Grégoire (p. 267). Séance du 24 pluviôse. Suite de la discussion sur le projet de loi relatif à la division du territoire et à l'organisation de l'administration intérieure. Discours du citoyen Chaptal, orateur du Gouvernement.

Et Delpierre, également orateur du Tribunat, déclarait :

« Citoyens législateurs, il s'agit de donner à l'action du Gouvernement unité, vigueur et célérité, en mettant en jeu la volonté d'un moteur unique dans chaque département (1). »

Au Tribunat même, Dieudonné s'exprimait ainsi :

« Le Gouvernement ne pouvant exercer par lui-même et immédiatement l'action et la surveillance qui sont dans ses attributions constitutionnelles, ainsi que nous l'avons déjà observé, il faut que les fonctionnaires publics, chargés d'administrer en son nom et sous son autorité, soient placés dans des arrondissements déterminés par la loi, et dont l'étendue soit telle que les communications entre les citoyens et les administrateurs soient faciles et entraînent peu de dépenses. Le projet qui vous est présenté me paraît devoir atteindre ce but...

« ... Le projet qui nous est soumis a bravé sur ce point les clameurs de la démagogie et de l'ignorance. L'Administration, proprement dite, réside dans le préfet du département. Tout ce qui tient à l'exécution des lois, tout ce qui exige des résultats généraux, forme ses attributions. Les conseillers de préfecture sont uniquement chargés du contentieux; ainsi l'agent du Gouvernement est seul administrateur et c'est sur lui que pèse la responsabilité (2). »

Enfin, Mengez intervenait pour confirmer :

« Je vois d'abord dans l'établissement des préfets... cette unité qui doit caractériser l'exécution, cette unité qui doit assurer la célérité et l'uniformité, seuls souvenirs que l'on doive garder du régime intendantal (3). »

Mais la meilleure définition de l'esprit dans lequel la fonction préfectorale doit être exercée nous paraît se trouver dans le rapport de Roederer au Conseil d'État, qui examine quel doit être le rôle du préfet comme *procureur d'action* au point de vue de l'impulsion, de la coordination et du contrôle.

---

(1) *Ib.*, *id.* Discours du citoyen Delpierre (*Archives parlementaires des Chambres françaises de 1800 à 1860*).

(2) Tribunat. Présidence du citoyen Demeunier (p. 169). Séance du 24 pluviôse. Discours du citoyen Dieudonné.

(3) Tribunat. Présidence du citoyen Demeunier. Séance du 24 pluviôse. Discussion sur le projet de loi relatif à la division du territoire et aux administrations locales. Intervention du citoyen Mengez (*Archives parlementaires des Chambres françaises de 1800 à 1860*, p. 179 à 192).

Voici le principal passage de ce rapport que connaissent bien d'ailleurs tous ceux qui se sont penchés sur le problème de l'organisation de nos administrations publiques :

« Procurer l'action est la principale fonction de l'administrateur du département; ainsi que les ministres, *il a moins à faire par lui-même qu'à mettre le sous-administrateur dans l'obligation* de faire, et celui-ci encore est moins obligé à l'action qu'à assurer celle des municipalités qui, à leur tour, ont elles-mêmes presque autant à ordonner qu'à faire.

« La *procuration d'action est donc* une partie importante des devoirs et l'art de l'administration *à tous les degrés de l'échelle administrative.*

« Voici une analyse abrégée des fonctions très diverses qui sont comprises dans ce seul mot : fonctions, qui jusqu'ici n'ont été malheureusement distinguées que par ces deux autres mots très vagues : ordonner et surveiller.

« La première est d'expliquer aux magistrats inférieurs le sens des lois, règlements ou ordres qu'il s'agit de faire exécuter. Cette fonction est l'instruction.

« La seconde est de donner des ordres spéciaux que les circonstances de temps et de lieu peuvent exiger pour leur exécution. Cette fonction peut se nommer la direction.

« La troisième est de presser, de déterminer cette exécution, c'est l'impulsion.

« La quatrième est d'en vérifier l'exécution : c'est l'inspection.

« La cinquième c'est de se faire rendre compte de cette exécution, de recevoir les réclamations des personnes intéressées, ou les observations des préposés : cette fonction est la surveillance.

« La sixième est d'autoriser ou de rejeter les propositions d'intérêt public auxquelles peut s'étendre le pouvoir de l'administration : c'est l'estimation, l'appréciation.

« La septième est d'approuver et valider, ou de laisser sans valeur les actes qui ont besoin de vérification : c'est le contrôle.

« La huitième est de rappeler à leurs devoirs les autorités inférieures, ou les agents immédiats qui les méconnaissent ou les oublient : c'est la censure.

« La neuvième est d'annuler les actes contraires aux lois ou aux ordres supérieurs : c'est la réformation.

« La dixième est de faire réparer les omissions ou les injustices : c'est le redressement.

« La onzième, enfin, est de suspendre les fonctionnaires incapables, de destituer ou de faire destituer les négligeṇts, de poursuivre en justice les prévaricateurs : c'est la correction, la punition.

« Ainsi l'instruction, impulsion, direction, inspection, surveillance, sanction des propositions utiles, contrôle des actes suspects, censure, réformation, redressement, punition, voilà les fonctions que suppose cette partie de l'administration que l'on peut appeler procuration d'action.

« Les avoir séparées par l'analyse, c'est avoir suffisamment montré à quel point il est nécessaire qu'une même volonté les exerce si l'on veut qu'elles aient de l'accord et, par leur accord, une force suffisante à leur objet (1).

Et voici la définition des attributions du préfet comme représentant de l'État que nous trouvons dans le *Dictionnaire de l'Administration française* de Block :

« L'action du préfet, comme agent du Gouvernement, s'étend sur tous les services publics sans distinction. Bien que nommé sur la proposition du ministre de l'Intérieur et soumis plus spécialement à son autorité, il relève, pour l'exercice de cette action, de tous les ministres, et communique directement avec chacun d'eux. »

« Il prend les mesures nécessaires pour assurer l'exécution des lois, des décrets et des décisions ministérielles.

« Le préfet a une action directe, comme leur supérieur hiérarchique, sur tous les agents administratifs du département. A ce titre, il a le droit d'annuler et de réformer ceux de leurs actes qu'il juge contraires aux lois, décrets ou décisions dont l'exécution lui est confiée ou aux ordres qu'il a donnés lui-même. (L. 22 déc. 1789, sect. 3, art. 3; Instr. 12-20 août 1790, chap. 1; L. 3 sept. 1791, chap. 4, sect. 2, art. 6; L. 5 fructidor an III, art. 193; L. 5 avril 1884, art. 65, 68, 69, 85, 90, 91 et 95). Par suite, les administrés ont le droit de recours devant lui contre tous les

---

(1) Corps législatif. Présidence du citoyen Grégoire (p. 100). Séance du 18 pluviôse, an VIII. Rapport du conseiller d'État Roederer (*Archives parlementaires des Chambres françaises de 1800 à 1860*, p. 147 à 171).

actes émanés des agents administratifs inférieurs, par lesquels ils se croiraient lésés dans leurs légitimes intérêts.

« Le préfet est chargé de recueillir et de transmettre au Gouvernement tous les renseignements propres à guider, à éclairer sa marche. Il appelle son attention sur les améliorations ou les réformes à introduire dans la législation qui régit les divers services placés sous ses ordres.

« Il est chargé de donner son avis et de fournir des explications sur toutes les réclamations adressées à l'autorité supérieure, directement ou par son intermédiaire (Circ. Int. 5 germinal an VIII.

« La loi du 28 pluviôse an VIII, en disposant que le préfet sera seul chargé de l'administration, a fait ce magistrat dépositaire de la puissance exécutive dans le département. Ce caractère lui a été confirmé par l'article 3 de la loi du 10 août 1871. A ce titre, il a le droit, en cas d'urgence et dans des circonstances graves, de statuer provisoirement, même sur les matières qui sont de la compétence des ministres et du chef de l'État, et l'exécution préalable est due à son arrêté.

« En dehors des matières qui sont exclusivement du domaine de la loi et de l'autorité centrale, l'action du préfet est pleine et entière, et il est dispensé de justifier d'une délégation spéciale pour ses divers actes. Nous n'entreprendrons pas de donner la nomenclature de ces actes; il faudrait, pour cela, parcourir tout le domaine de l'administration, il suffira d'indiquer les plus importants (1). »

Il est facile de se rendre compte par l'énumération que nous venons d'en faire de l'importance des fonctions préfectorales dans leur esprit comme dans leur lettre.

Le préfet constitue dans le département, dont nous avons dit qu'il était à notre avis le cadre le mieux approprié aux réformes de décentralisation, *le pivot essentiel de cette décentralisation même* (décentralisation administrative, cela va de soi, — dans le sens où nous l'entendons), *précisément en raison de ce que le préfet détient cette procuration d'action du Gouvernement dans son entité.*

---

(1) Extrait du *Dictionnaire de l'Administration française*, par Maurice BLOCK.

Tel n'est pourtant pas l'avis de M. H. Chardon, et si nous sommes tombés d'accord avec l'éminent conseiller d'État sur nombre de ses suggestions, il nous permettra de nous séparer de lui quant à l'opinion qu'il porte sur l'Administration préfectorale, son utilité et ses agents :

« Les préfets, dit-il (1), sont des parasites laissés par l'Empire dans l'organisme républicain... »

Et encore :

« ... Une chose est certaine (2), le système administratif actuel est condamné; commençons donc par nous débarrasser de la superstition de l'organisation préfectorale. Au moment de la suppression annuelle et platonique des sous-préfets, je me suis toujours étonné qu'on se bornât à discuter les mérites des sous-préfets; comment supprimer les sous-préfets si l'on conserve les préfets?...

« ... En mars 1909 (3), dans une conférence sur la police, j'ai demandé le rattachement de ce service au ministère de la Justice; en février 1910, dans la conférence sur la suppression du ministère de l'Intérieur, j'ai expliqué pourquoi l'abolition du pouvoir des préfets était la condition de toute réforme administrative sérieuse...

«... L'Administration préfectorale est en marge des mouvements de la vie sociale, elle nuit au gouvernement plus qu'elle ne sert; des signes innombrables annoncent que c'est un organisme qui meurt...

« ... Si nous débarrassions (4) les services publics de toute intervention de l'Administration préfectorale nous verrions immédiatement commencer les simplifications et les améliorations...

« ... Ce qui est un fléau (5), c'est de maintenir le pouvoir du préfet sur l'instituteur, car cette monstruosité existe encore; les instituteurs sont nommés par les préfets et traités par eux comme des agents politiques...

« ... Tous les Français (6) réclament des simplifications dans

---

(1) *Op. cit.*, p. 163.
(2) P. 249.
(3) P. 2.
(4) P. 39.
(5) P. 98,
(6) P. 220.

les procédures administratives et la responsabilité effective de
chaque fonctionnaire. Mais dès qu'on commence à vouloir réaliser ce programme, on se heurte au ministère de l'Intérieur et à
l'Administration préfectorale...

« ... Je suis convaincu (1) qu'aucune réforme administrative
sérieuse et, peut-être même aucune réforme électorale n'est possible si nous ne commençons pas par nous débarrasser de la superstition préfectorale. Cette vieille garde de pluviôse an VIII
maintiendra envers et contre tous l'esprit impérial dans notre
administration. »

Il convient cependant de ne pas perdre de vue que si quelques
administrateurs ont donné des mécomptes — et cela ne saurait
étonner quand on songe aux conditions qui de manière générale
président au choix des fonctionnaires de cette carrière (soit coop-
tation, soit simple référence politique) — l'ensemble du corps a,
notamment durant la guerre, donné la mesure de ses capacités
d'activité, d'adaptation administrative à des tâches incessantes
et nouvelles, de son dévouement éclairé en un mot, à la Chose publique, c'est-à-dire au pays.

Aussi l'anathème jeté trop souvent sur l'ensemble apparaît-il
comme parfaitement injuste.

Que des fonctionnaires soient frappés comme indignes ou
appelés à d'autres tâches, parce qu'ayant perdu, à quelque titre
que ce soit, la confiance du Gouvernement, cela ne peut être
critiqué et l'autorité de leurs collègues en place ne saurait en
souffrir. Mais lorsque l'on vitupère la masse, c'est la fonction
que l'on diminue et cela est grave. Trop ne s'en aperçoivent
pas, bien qu'animé sans doute d'excellentes intentions. Nous
entendons bien qu'aucune mesure ne peut imposer une sour-
dine à des détracteurs systématiques, nous signalons le fait
simplement. Peut-être serait-il possible pour en atténuer l'effet
de faire avec d'autres sons un peu plus de bruit. C'est affaire à
d'autres.

La vérité est qu'il en est des préfets, surtout d'eux, dirions-nous,
comme des fonctionnaires en général dont nous avons indiqué
qu'ils seraient, à peu près tous, hommes à justifier la confiance

_____________

(1) P. 36.

que le pays place en eux si l'on ne s'était depuis longtemps atta·
ché à leur en refuser les moyens.

M. le vicomte d'Avenel, dont nous avons déjà cité l'opinion, marquée au coin du plus ferme bon sens, disait précisément des préfets (1) :

« C'est toujours sous prétexte que les préfets ne fassent quelque bêtise que les commis de la capitale les empêchent d'exercer leurs attributions, comme un père de famille qui confisque les joujoux donnés à son fils par un ami généreux et qui, les tenant renfermés dans une armoire, promet de les lui laisser manier de loin en loin. Mais le préfet n'est pas un enfant; s'il casse les ressorts de la législation qu'on lui confie, si les arrêtés qu'il prend ont trop souvent besoin de réparations, il faut rendre le préfet à la vie privée; mais, tant qu'il est préfet, il faut le laisser administrer dans la limite que le Parlement lui assigne...

« ... Le Gouvernement central fait tout le contraire, il délègue beaucoup trop peu; il semble, bien qu'il les ait nommés lui-même à sa guise, se défier des agents de tout ordre qu'il envoie dans les départements. Les préfets n'ont pas le quart de l'autorité qu'ils devraient avoir; tout est concentré dans les mains de cet administrateur parisien qu'on appelle le ministre. »

La vérité est qu'on a, à la fois, trop peu usé du préfet pour sa tâche administrative et qu'on a abusé de lui pour la partie politique de sa fonction.

La vérité c'est que, précisément, les préfets ont été jugés et récompensés, non pas sur les résultats de leur administration du département, mais dans la mesure des services politiques qu'ils ont pu rendre.

La vérité est que pour une fonction d'aussi grande importance, réclamant des qualités exceptionnelles de compétence, de valeur morale, qui n'excluent pas la foi républicaine, on n'a pas entouré le recrutement de ces fonctionnaires de suffisantes garanties. Nous nous sommes déjà expliqué à ce sujet (Voir *supra*, p. 106 et suiv.) et nous avons indiqué nos solutions.

C'est une erreur et une erreur grave que de faire le procès d'une fonction parce que tous ceux qui l'occupent ne remplissent pas

---

(1) *Op. cit.*

leur mérite; c'est une erreur aussi grave de faire le procès de ces fonctionnaires avant d'avoir examiné si c'est de leur carence propre qu'il s'agit ou du vice des méthodes qu'on leur a imposées.

Et d'abord on s'est mépris sur le rôle administratif du préfet.

En effet, lorsque sont intervenues les lois successives, de l'application desquelles on ne savait qui charger, notamment celles qui constituent notre charte sociale (assistance, hygiène, hygiène sociale, travail, prévoyance sous toutes ses formes, etc...) et précisément en raison de leur parution échelonnée, il n'a pas été constitué d'organismes départementaux spéciaux chargés de les appliquer sous la direction des préfets. Ces services sont ainsi venus, au fur et à mesure de leur institution, s'agréger aux bureaux des préfectures, dispersés au hasard des disponibilités de personnel : on a sans doute fait pour le mieux.

Il n'en est pas moins vrai que le préfet, alors que sa fonction est de « haute main », a vu s'accroître ainsi, dans une proportion considérable, sa responsabilité au premier degré de tous les détails de la marche de ces services, faisant de lui un chef de bureau en chef.

Il en résulte que, comme la responsabilité de ce « prêteur », chef des administrations publiques dans le département, ne peut être évoquée pratiquement pour les choses minimes et celle des bureaux n'existant point, elle n'est fixée nulle part.

D'autre part, il est évident qu'avec ce système ne peut se développer l'esprit d'initiative, le « cœur à l'ouvrage » et la continuité dans l'action, qui sont le propre des organismes à la tête desquels est placé un chef responsable (1). Nous avons déjà soutenu ce point de vue.

---

(1) Nous tenons à déclarer une fois pour toutes que ce n'est pas des employés de préfecture, individuellement pris, que nous entendons faire la critique chaque fois que nos propositions les viseront indirectement. Nous les avons trop vus à l'œuvre et nous tenons leur dévouement à la Chose publique comme au moins égal à celui de n'importe quel corps administratif. Ce n'est point de leur faute si la diversité de leurs fonctions et les mutations dont ils sont l'objet, soit par nécessité de service, soit en gravissant les échelons de leur carrière, ne leur permettent pas d'acquérir sur toutes les questions administratives qui peuvent leur échoir une érudition complète. Aussi bien les solutions que nous préconisons ayant pour effet de les spécialiser (car il est bien entendu qu'une partie d'entre eux seraient versés dans le cadre des *directions* dont je parle plus loin), ils ne pourraient que gagner à devenir des fonctionnaires d'une administration spéciale telles que les Directes ou les Indirectes.

Au surplus cela est-il vrai à tous les degrés de la hiérarchie; les vices de notre organisation aboutissent ainsi, entre autres résultats déplorables, à une déperdition considérable de l'activité utile dans le corps des fonctionnaires.

Sans doute, est-il essentiel que pour ces compartiments administratifs, comme pour tous les autres, le préfet demeure, dans le département, le chef incontestable à travers lequel doit passer l'impulsion des départements ministériels, chargé qu'il est de la transmettre aux services départementaux, d'en contrôler la marche et de la coordonner. Nous ajoutons que plus on accroîtra — et nous venons de dire les raisons pourquoi cela était, à notre avis, désirable — la vie propre de chaque service, plus sera nécessaire de maintenir intacte dans *son esprit* la fonction préfectorale, car ce contrôle et cette coordination du fonctionnement des services publics ne peuvent être utilement exercés que dans le cadre du département et non pratiquement à Paris, — pas davantage au siège d'un centre régional — sauf exceptions que nous avons dites.

Nous nous réservons d'indiquer plus loin, au titre de l'organisation des services publics dans le département, comment nous comprenons l'application de ces principes.

C'est bien d'ailleurs la conception qu'on se faisait au Tribunat de la fonction préfectorale (1) :

« Mais, en attribuant au préfet des fonctions si importantes, *il ne fallait pas l'en distraire en le chargeant d'immenses détails qui auraient pu occuper tous ses moments, et le mettre dans l'impossibilité de se livrer aux grands objets d'administration générale.* »

Dans cet esprit même le préfet doit être aussi, pour tous les services dirigés par des techniciens compétents, cet « organe de la raison » dont parle M. Maxime Leroy (2) :

« On honore beaucoup la compétence; nous l'aimons, nous réclamons son avènement au pouvoir; nous prendrons cependant la liberté de corriger la formule la plus courante par un rappel

---

(1) Tribunat. Présidence du citoyen Demeunier (p. 171). Séance du 24 pluviôse. Discours du citoyen Dieudonné (*Archives parlementaires des Chambres françaises*, p. 192 à 207).

(2) *Op. cit.*, p. 158.

des droits de la raison, qui ordonne et série, clarifie et généralise. Après avoir tant souffert de l'intelligence abstraite craignons de souffrir, peut-être davantage, de la compétence, si nous la laissons diviniser dans ses formes d'expression les plus matérielles, sans prendre garde qu'elle est facilement étroite, sans vues d'ensemble, routinière, méfiante des coordinateurs de spécialités, des inventeurs ou des législateurs novateurs, aussi bien d'un Turgot que d'un Jacquart, d'un Martin ou d'un Taylor. »

Il est encore nécessaire que son action personnelle puisse se développer pour tous les compartiments administratifs en tous lieux de son département.

Les termes de la circulaire ministérielle du 3 juin 1879 conservent toute leur actualité.

« Il est indispensable (1), était-il recommandé aux préfets, que vous vous teniez en rapports permanents avec les populations de votre département, et que vous soyez toujours prêts, aussi bien à répondre aux communications qui vous arrivent chaque jour qu'à vous rendre là où vous appelleront des incidents ou des affaires qui exigeraient une solution prompte et une intervention personnelle. »

Par exemple, la tâche des municipalités est à l'heure actuelle si lourde que les administrateurs des communes doivent de plus en plus sentir se manifester après d'eux le concours d'une administration décidée à faciliter leur tâche *à leurs côtés*.

Pour obtenir ce résultat, il convient que celle-ci n'attende point toujours, confinée dans ses bureaux, la venue des maires chargés de leurs doléances, mais qu'elle prévienne le plus souvent leurs visites.

De ce contact, renouvelé le plus souvent possible, non seulement on peut attendre les meilleurs résultats au point de vue purement administratif, mais aussi dans les moments difficiles que nous pouvons traverser, au point de vue social, le bénéfice peut être grand pour la paix publique de cette méthode qui pourrait se caractériser par cette expression : « Parler aux populations pour ne pas être obligé de parlementer avec elles. »

Il est en effet hors de doute que c'est le maintien du bon

_______

(1) *Pandectes françaises.* Département. Titre I, p. 483.

esprit public qui conditionne l'heureuse traversée de toute crise.

Un administrateur qui gagne la confiance de ses administrés par les moyens que nous venons de dire, nous paraît avoir, pour le cas improbable où nos institutions seraient en danger, une arme bien plus solide que tous les bataillons de gendarmerie.

Nous avons tout à l'heure rappelé l'un des griefs, et des plus sérieux qui était fait aux préfets, c'est du débordement de leur rôle politique sur leur action administrative.

M. Henri Chardon, qui n'est pas tendre pour l'Administration préfectorale — on l'a vu — ne manque pas de le retenir. Voici les passages principaux où sa critique est condensée (1) :

« On va penser que je me donne beaucoup de mal pour démontrer des choses qui ne sont pas contestées. Chacun sait bien que, pour la bonne exécution des services publics, l'intervention des préfets dans les affaires et dans les nominations n'est pas utile. Mais si l'Empire a donné et si la République a maintenu ce pouvoir aux préfets, c'est pour tout ramener à la politique.

« ... Une répartition plus rationnelle (2) des attributions entre les élus et les administrateurs; un parlement arrêtant les règlements sociaux et le budget, contrôlant les services publics par ses délégués les ministres; des administrations très simplifiées actives et responsables devant les ministres et le Parlement de la gestion des services publics; plus de grèves dans les services publics; plus de fonctionnaires politiques mêlant sans responsabilité la politique à l'administration, et, *par conséquent, plus de préfets :* voilà ce que tu vas trouver dans ce volume, comme tu l'avais déjà trouvé dans les études précédentes et comme tu le trouveras dans les études qui suivront si j'ai le loisir de les achever... »

« ... Comment organiser (3) le pouvoir administratif à côté du pouvoir politique, en maintenant la subordination nécessaire de l'administratif au politique?

« D'abord, *en supprimant toute intervention de l'Administration préfectorale* dans les différents services publics. »

--------

(1) *Op. cit.,* p. 269.
(2) P. 69.
(3) P. 35

Mais après cette diatribe M. H. Chardon trouve précisément
la solution que nous avons préconisée et qui consiste à établir
la responsabilité première des chefs de services. Non seulement on
établit ce faisant l'autorité et on fixe la responsabilité des chefs
de services, mais on détermine également la responsabilité du
préfet vis-à-vis de ces chefs et des affaires qui ressortissent à
leur direction.

« Qu'on examine, dit M. H. Chardon (1), toutes les affaires départe-
tementales les unes après les autres, la conclusion est la même.
L'article 52 de la loi de 1871 oblige les chefs de services des administrations publiques à fournir tous les renseignements réclamés
par le Conseil général sur les questions intéressant le département. Ce ne sont pas seulement des renseignements qu'il faut ;
c'est la responsabilité des affaires que les chefs de services gèrent
pour le compte du département. Si un ingénieur en chef a préparé un réseau d'intérêt local défectueux, ou signé une conven-
tion dommageable au département, il est non seulement naturel,
mais indispensable que cet ingénieur en chef porte la peine de
sa carrière. »

Or, si au lieu d'être entouré d'employés sans autorité et sans
responsabilité propre les affaires sont traitées et présentées au
préfet par un chef de service responsable, croit-on que la par-
tialité à mobiles politiques si elle se trouve dans la pensée du
représentant du Gouvernement, pourra se manifester sous la
forme d'un passe-droit avec autant de facilité?

Lorsque les affaires de travaux publics ou de vicinalité lui
seront présentées par un directeur départemental des travaux
publics et des transports, lorsque les affaires communales seront
présentées avec des propositions fermes au préfet par un directeur départemental des affaires communales portant la responsabilité de ses propositions et de même pour tous les compartiments administratifs, pense-t-on que le préfet aura autant de
commodité qu'on lui en croit généralement aujourd'hui, de s'inspirer de motifs purement politiques pour régler une affaire administrative et engager sa responsabilité en ne suivant pas les propositions du chef de service?

--------

(1) P. 260.

Il importe que le préfet ne soit pas seulement en théorie, mais en fait, le chef des administrations publiques dans le département, mais agisse à travers des chefs de services responsables, de manière que la responsabilité du préfet et des chefs de services soit nettement établie, les uns vis-à-vis des autres.

Le rôle du préfet sera donc, ainsi qu'il est dans l'esprit de sa fonction, d'impulsion, de coordination et de contrôle. C'est le préfet qui reçoit les instructions des ministres et qui les transmet aux services, c'est lui qui reçoit des services les communications pour les ministres. C'est en sa fonction que se réalise, comme nous l'avons expliqué, la véritable décentralisation.

Sans doute, ne s'agit-il pas de faire subir à la correspondance ministérielle de Paris en province — et vice versa — une station dans les bureaux de la préfecture, ceux-ci ayant pour mission, par exemple, de la transcrire à l'usage des chefs de service. Nous savons trop quelle faculté de génération formidable recèlent les papiers et que c'est le travers administratif contre lequel il faut lutter. Nos propositions comportant précisément la suppression de ces bureaux (où quelques unités seulement figureraient pour le service du Cabinet, Secrétariat général et Inspection administrative) ne se concilieraient pas, d'ailleurs, avec cette pratique absurde.

Mais il suffirait que toute cette correspondance, sans que la mention du destinataire effectif soit modifiée, passât entre les mains du préfet, « sous son couvert ». Ainsi à même de connaître, au jour le jour, le fonctionnement des rouages administratifs de son département, de faire, à l'occasion, les remarques utiles à l'envoyeur ou au destinataire, sur les incidences de telle ou telle instruction ou décision, le préfet pourrait remplir son mérite et verrait se restaurer son autorité.

Loin de nous la pensée de diminuer celle des chefs de services eux-mêmes; les mesures que nous préconisons prouvent le contraire.

C'est en s'inspirant des directives qui précèdent que nous proposons le remaniement des cadres de nos services publics dans les départements.

## § 2. — Le Cabinet du préfet.

### A. — *Attributions.*

Dans l'organisation nouvelle, le Cabinet du préfet conserverait les attributions qui sont actuellement à sa charge, c'est-à-dire :

Ouverture et distribution du courrier; personnel des administrations; conseils; commissions; distinctions et récompenses honorifiques; cérémonies publiques; affaires politiques; secours d'extrême urgence; passeports; affaires réservées.

### B. — *Personnel.*

*Origine :*

| | |
|---|---|
| Le chef de cabinet | Obligatoirement recruté — au choix du préfet — parmi les fonctionnaires d'autres services publics dont il sera *détaché.* |
| Des employés (en nombre variable), | détachés des services publics du département et demeurant régis par le statut dudit service. |

## § 3. — Le Secrétariat général de la préfecture.

### A. — *Attributions.*

Le secrétaire général de la préfecture  et le secrétaire général adjoint seront effectivement les substituts du préfet, agissant par délégation de lui, et, en cas d'absence du préfet, le remplaçant.

Ils dirigeront également le bureau qui aura mission de contrôler pour l'usage du préfet les rapports présentés ou les décisions proposées à celui-ci par les chefs de services, de même que les communications de ces derniers cheminant sous le couvert du préfet à destination des ministres — et vice versa.

Il ne s'agit, bien entendu, d'*aucun travail de copie* mais simplement d'un examen permettant au préfet d'exercer son contrôle utilement.

Enfin, l'un d'eux pourrait être utilisé, en temps normal, à des fins *d'inspection générale* portant sur l'ensemble des services publics, comme mandataire direct du préfet.

### B. —　*Personnel.*

*Origine*

| | |
|---|---|
| Le secrétaire général et le secrétaire général adjoint, | détachés d'administrations publiques et entrant à ce titre dans le cadre de l'Administration préfectorale. |
| Des employés de bureau, | détachés d'administrations publiques et demeurant régis par le statut de leur administration. |

### § 4. — L'Inspection des services administratifs.

Nous avons indiqué dans un chapitre précédent (Voir *supra*, p. 93) l'intérêt primordial que nous paraissaient revêtir les services de contrôle.

Ils sont non seulement utiles pour obtenir l'application des lois et la réformation des abus, mais aussi pour guider les municipalités.

Aussi bien cette réforme doit-elle, à notre avis, précéder la suppression des sous-préfets, et quelque opinion qu'on ait à cet égard, il est bien probable qu'il faudra donner cette satisfaction, j'allais dire cette pâture, à l'opinion publique. Mais ce serait faire montre d'une imprévoyance coupable si avant de démolir la maison administrative actuelle, quelque défectueuse qu'elle soit, on ne prenait préalablement la précaution de bâtir autre chose, et mieux, naturellement. Car les sous-préfets ont un rôle actif à remplir en ces matières. Et que quelques-uns d'entre eux l'aient négligé, donnant à leurs détracteurs, par leur inertie, les meilleures armes, cela ne fait rien à l'affaire.

C'est pourquoi, en dehors des agents spécialisés des divers

compartiments administratifs dont nous parlerons à leur place et pour chacun d'eux, il nous paraît indispensable de prévoir un corps d'inspecteurs départementaux des services administratifs.

En outre, ces inspecteurs départementaux des services administratifs seront, pour le préfet, ses véritables antennes, jouant vis-à-vis de lui, le même rôle au petit-pied, que celui que remplissent vis-à-vis des ministres, les inspecteurs généraux des services administratifs. Il n'est même pas douteux que par ailleurs, ils apporteraient, aux administrateurs communaux, leurs conseils *et leurs encouragements dans un moment où ceux-ci, ployant sous le faix d'une administration pléthorique, traversent une crise de découragement.*

Nous proposons leur institution dans le cadre de chacune des directions dont nous allons parler, — là où ils font actuellement défaut.

CHAPITRE IV

## L'ORGANISATION ET LE FONCTIONNEMENT DE CHACUN DES SERVICES PUBLICS PROPREMENT DITS

Principe de l'organisation. — La Direction de la Trésorerie. — La Direction des Contributions directes. — La Direction des Contributions indirectes. — La Direction de l'Enregistrement. — La Direction de l'Enseignement primaire. — La Direction des Travaux publics et des Transports. — La Direction des P. T. T. — La Direction de la Santé publique. — La Direction des Services vétérinaires. — La Direction des Eaux et Forêts. — La Direction des Services économiques. — La Direction du Travail, de la Prévoyance et des Œuvres sociales. — La Direction des Affaires départementales et communales. — La Direction des Affaires générales. — La Direction de la Police. — La Direction des Archives et des Beaux-Arts.

---

### § 1. — Principes de l'organisation des directions.

Tous les services administratifs du département, quelle qu'en soit l'origine ou le but (à l'exception de la gestion des établissements départementaux proprements dits), sont répartis en directions, à la tête de chacune desquelles est placé un directeur responsable, en premier lieu, devant le préfet, dans les conditions que nous avons déterminées et sur lesquelles nous ne croyons pas avoir à revenir.

Nous ne croyons pas non plus avoir à nous appesantir sur le caractère de cette division.

Nous en rappelons très succinctement les buts, au sujet desquels nous nous sommes longuement expliqué :

1º *Délimitation du rôle de chacun ;*

2º Fixation de l'*autorité* et de la *responsabilité ;*

3° Développement des facultés d'*initiative* des chefs à tous les degrés, leur donnant *du cœur à l'ouvrage;*

4° Garanties de *continuité dans l'action* administrative;

5° Garanties de *bonne gestion* par la *compétence* assurée de chefs de service techniciens;

6° Garanties que l'*impulsion,* la *coordination* et le *contrôle* seront efficacement exercés *sur tous les services publics* par le préfet, dégagé qu'il sera des préoccupations de détail du fonctionnement de certains d'entre eux qui relèvent actuellement de sa responsabilité immédiate;

7° Garanties quant au souci qu'on peut avoir de l'*ingérence excessive du préfet* dans les affaires administratives *du point de vue politique,* par l'interposition de chefs responsables;

8° *Réalisation d'économies* certaines et *sincères* par cet aménagement *qui provoquera la suppression d'un nombre important de fonctionnaires par le meilleur rendement de tous* et la suppression de *quantités de services en double emploi* ou en superfétation.

Nous précisons qu'il n'est point dans notre pensée de *changer pour le moment quoi que ce soit aux pouvoirs de décisions des diverses autorités,* ministres, préfets et chefs de services (sauf ce qui résulte des propositions que nous faisons de modification aux lois des 10 août 1871 et 5 avril 1884).

On verra *à l'usage* quelles mesures de *décentralisation* pourront être réalisées *dans l'intérieur de chaque direction* pour renvoyer certaines décisions du ministre au préfet et du préfet aux directeurs.

Quant aux simplifications de détail du travail des bureaux, elles sont nombreuses, qui peuvent intervenir sans nuire à sa bonne exécution. Nous nous abstiendrons cependant d'approfondir ce sujet. Non pas que nous le tenions pour secondaire dans le sens de négligeable. Mais pour la raison qu'il ne correspond pas au but d'organisation générale des services publics que nous avons seulement l'ambition — et peut-être excessive d'ailleurs — d'examiner.

Nous rappelons que cette organisation non seulement *ne comporte pas, tout compte fait, la création de nouveaux fonctionnaires, mais facilitera leur diminution.*

Les directions, dont nous allons examiner l'organisation de chacune d'elles, seraient les suivantes :

I. Direction départementale de la Trésorerie;
II.        —            —        des Contributions directes;
III.       —            —        des Contributions indirectes;
IV.        —            —        de l'Enregistrement;
V.         —            —        de l'Enseignement primaire;
VI.        —            —        des Travaux publics, des Transports et de l'Hydraulique;
VII.       —            —        des P. T. T.;
VIII.      —            —        de la Santé publique;
IX.        —            —        des Services vétérinaires;
X.         —            —        des Forêts;
XI.        —            —        des Services agricoles et économiques;
XII.       —            —        des Affaires départementales et communales;
XIII.      —            —        du Travail et de la Prévoyance sociale;
XIV.       —            —        des Affaires générales;
XV.        —            —        de la Police;
XVI.       —            —        des Archives et des Beaux-Arts.

## § 2. — Détail d'organisation de chaque direction.

### I. DIRECTION DÉPARTEMENTALE DE LA TRÉSORERIE

#### A. — *Propositions.*

1° *Attributions :*

Actuelles maintenues.
{ Rien à modifier aux attributions actuelles de la trésorerie générale qui sont, succinctement présentées, les suivantes :
Centralisation des recettes provenant des impôts directs, — des recettes

Actuelles maintenues (*suite*). . . . . . . { concernant les produits spéciaux du Trésor, les excédents de recettes de toutes les régies financières (contributions indirectes, douanes, enregistrement) des Postes et Télégraphes, des recettes et des dépenses du département, etc...
Paiement des dépenses publiques de trésorerie. Dépôt en compte courant, achat et vente de rentes françaises, bons de la Défense et bons du Trésor, titres des emprunts de l'État, etc...
Vérification des percepteurs, receveurs municipaux et spéciaux, etc...
Opérations pour le compte de la Caisse des Dépôts et Consignations, du Crédit Foncier, de la Ville de Paris, du Crédit National, etc...

2º *Personnel :*

Actuel maintenu. . . { Un directeur, le trésorier-payeur général.
Les bureaux de la direction.
Les comptables publics (percepteurs et receveurs municipaux ou spéciaux).

Supprimé . . . . . . Les receveurs particuliers des Finances.

Nouveau. . . . . . . { Un ou plusieurs inspecteurs des comptables publics.

B. — *Observations.*

Nous ne voyons rien à modifier aux organes intérieurs de la trésorerie générale, sinon à substituer au titre de trésorier-payeur général celui de directeur départemental de la trésorerie.

Et nous nous rallions d'ailleurs aux conclusions de M. Louis

Marin (1) touchant l'aménagement extérieur de ce service. Elles tendent :

1° A la suppression des recettes des Finances;

2° A l'institution d'inspecteurs du service des comptables directs du Trésor. Ces inspecteurs constitueraient les antennes du directeur départemental de la trésorerie et pourraient être pris parmi les receveurs des Finances dont les postes sont supprimés.

Il y aurait cependant lieu de *prévoir le maintien d'une recette des Finances* dans *les quelques chefs-lieux* de départements *qui ne sont pas le siège de la trésorerie générale.*

## II. Direction départementale des contributions directes

### A. — *Propositions.*

1° *Attributions :*

Actuelles maintenues.

Le service est chargé de l'assiette des impôts directs et de l'établissement des rôles nominatifs en vertu desquels sont recouvrés ces impôts.

Anciennes contributions directes (impôt foncier sur les propriétés non bâties et bâties, impôt des portes et fenêtres, impôt personnel mobilier, impôt des patentes).

Impôts sur les revenus (impôts cédulaires sur les traitements et salaires, sur les bénéfices de l'exploitation agricole, sur les bénéfices des professions commerciales, sur les bénéfices des professions industrielles et commerciales, impôt général sur le revenu).

Taxes diverses perçues au profit soit

---

(1) Voir *Officiel* du 10 décembre 1923.

Actuelles maintenues (*suite*). . . . . . } de l'État, soit des communes (Taxe sur les voitures et chevaux, sur les cercles, sur les gardes-chasse, taxe des prestations, taxe sur les chiens, etc...),

Nouvelles. . . . . . } Les affaires relevant de la compétence de la direction actuellement traitées par les bureaux de la préfecture, à titre d'intermédiaire entre le chef de service et le préfet.

2º *Personnel :*

Actuel maintenu . . . } Un directeur, chef de service.

Un inspecteur, chargé de vérifier le travail des contrôleurs.

Des contrôleurs en nombre variable.

Le territoire du département est divisé en circonscriptions comprenant un certain nombre de communes. Ces circonscriptions constituent des divisions de contrôle dont la gestion est confiée à un contrôleur.

Dans les villes importantes, les divisions de contrôle sont remplacées par des bureaux d'impôts directs à la tête desquels se trouve un contrôleur principal assisté de deux ou trois contrôleurs ordinaires.

B. — Observations.

Les fonctions dévolues aux contrôleurs sont essentiellement actives et exigent de fréquents déplacements dans les communes et des contacts permanents avec les contribuables.

Depuis la mise en application du nouveau régime fiscal institué par les lois des 15 juillet 1914 et 31 juillet 1917, la tâche qui incombe au service est devenue considérable d'autant que les anciennes contributions ont été provisoirement maintenues en vue de la perception des impositions départementales et communales.

Ainsi le nombre des agents est-il plutôt insuffisant pour assurer dans des conditions profitables au Trésor l'assiette des impôts sur les revenus.

Il n'est donc pas possible, *dans l'intérêt même du Trésor*, d'envisager *des suppressions d'emploi.*

### III. Direction départementale des contributions indirectes

A. — *Propositions.*

1º *Attributions :*

Actuelles maintenues.

Celles-ci comprennent la perception d'impôts très variés; en première ligne ceux qui frappent les boissons : vins, alcools, bières, cidres, poirés, hydromels; puis viennent les vinaigres, les bougies, les cartes à jouer; la perception sur les amodiations des pêches et francs-bords et qui constituèrent longtemps le fonds même des droits réunis devenus plus tard les contributions indirectes; plus récemment sont venus s'ajouter à ces attributions le recouvrement des impôts créés sur le prix des places des théâtres, cinémas, spectacles de tous genres; celui sur le chiffre d'affaires (partiellement), sur les automobiles. L'administration des contributions indirectes est également chargée de la vente au public des poudres, tabacs; du paiement des tabacs remis par les planteurs au monopole. Ces agents ont natu-

Actuelles maintenues *(suite).* . . . . . .
> rellement la surveillance des fraudes dont toutes ces taxes peuvent être l'objet, de leur constatation, de leur répression et poursuite devant les tribunaux compétents.
>
> La direction départementale doit également constituer les dossiers des candidatures aux recettes buralistes et bureaux de tabacs, tant celles qui sont à la nomination du ministre que du préfet, et par ses agents surveiller la gestion de ces derniers.

Nouvelles . . . . . .
> Affaires traitées par les bureaux de la préfecture entrant dans la compétence générale de la direction.

2º *Personnel :*

Actuel maintenu. . .
> Un directeur.
> Les employés de la direction.
> Les receveurs ambulants.
> Les receveurs buralistes.
> Les entreposeurs des tabacs.
> Les agents de contrôle (inspecteurs et contrôleurs en nombre variable suivant l'importance du département).

Supprimé . . . . . .
> Les sous-directeurs.
> Les receveurs spéciaux.
> (Il y a lieu de centraliser la perception des recettes du Trésor chez les comptables ordinaires, sauf pour l'impôt quérable) (Voir justifications ci-après).
> Un certain nombre d'entreposeurs.

### B. — *Observations.*

Comme pour les autres services financiers, il y a lieu de se montrer extrêmement circonspect quant à la compression du personnel, la rentrée des impôts pouvant en souffrir dans une mesure bien supérieure aux économies réalisées.

Cependant, nous pensons que certains emplois peuvent être, sans inconvénients, supprimés.

Il en est ainsi d'un certain nombre d'agents commis à la perception des impôts indirects, pour rattacher ces encaissements soit aux perceptions des contributions directes, soit aux trésoreries des Finances. Car, en définitive, les perceptions faites par les comptables de la Régie ne font que passer entre leurs mains pour être, par eux, versées aux comptables du Trésor. Il semble que l'on pourrait éviter ce stade de l'argent dû à l'État, avec un profit réel résultant non seulement d'économies de personnel, de loyer, de frais de bureau, mais encore en mettant plus rapidement dans les caisses du Trésor les revenus qui lui appartiennent. Pendant que ces fonds séjournent chez ces comptables intermédiaires, le Gouvernement doit émettre des bons qui augmentent inutilement ses charges.

Dans ces conditions, il n'y aurait, selon nous, que des avantages à supprimer les emplois de *receveurs particuliers, receveurs spéciaux ou principaux.*

Nous sommes d'avis que la plupart des receveurs ambulants pourraient être supprimés également et leurs attributions transférées aux receveurs buralistes, quitte à pourvoir toutes les communes qui n'ont pas encore d'emplois de ce genre. Cette petite réforme serait au surplus très appréciée par les populations, obligées parfois à des déplacements onéreux pour se pourvoir des titres nécessaires à l'enlèvement des boissons de leur récolte.

Il paraît aussi qu'on pourrait étudier avec profit la suppression des entrepôts des tabacs pour en confier la gestion à des entrepreneurs privés qui prendraient ces matières au comptant dans les manufactures, mettant encore immédiatement aux mains du Trésor public des valeurs importantes qui séjournent souvent longtemps dans ces entrepôts, et on aurait par-dessus le marché des agents intéressés à activer la consommation des tabacs.

## IV. DIRECTION DÉPARTEMENTALE DE L'ENREGISTREMENT
## DES DOMAINES ET DU TIMBRE

### A. — *Propositions.*

1º *Attributions :*

Actuelles maintenues {

1º Assiette et recouvrement des impôts suivants :
Droits d'enregistrement ;
Droits de timbre ;
Impôt sur le revenu : des valeurs mobilières. — des congrégations. — des créances ;
Impôt sur les opérations de bourse ;
Impôt sur le chiffre d'affaires (concurremment avec les Contributions indirectes et les Douanes).
2º Conservation des hypothèques ;
3º Affaires domaniales ;
4º Liquidation des congrégations ;
5º Liquidation des indemnités aux propriétaires qui ont subi des pertes de loyers.

Nouvelles . . . . . . {

Les affaires ressortissant à la compétence de la direction actuellement traitées dans les bureaux de la préfecture.

2º *Personnel :*

Un directeur.
Les employés de la direction.
Les receveurs cantonaux (en nombre réduit).
Les agents de contrôle : inspecteurs (en nombre variable suivant l'importance du département).

## B. — *Observations.*

Nous ne reviendrons pas sur les observations que nous avons déjà faites touchant l'utilité de maintenir en assez grand nombre les agents du fisc au moment où l'État accroît sans cesse les sources de ses revenus et modifie si profondément l'assiette des impôts.

Il paraît ainsi que peu d'économies peuvent être réalisées dans l'Administration de l'Enregistrement, si ce n'est en ce qui concerne les *receveurs cantonaux.*

Il importe cependant que les contribuables et les officiers ministériels aient toutes facilités pour souscrire leurs déclarations, présenter à la formalité les originaux et les minutes de leurs actes, ou venir s'expliquer personnellement avec le receveur au sujet des difficultés qui peuvent surgir.

D'autre part, un receveur ne saurait obtenir de bons résultats, en matière de recouvrements, que s'il est en contact immédiat avec les redevables ; en matière de droits célés et surtout d'insuffisances, que s'il connaît bien sa circonscription.

Il est donc de l'intérêt des contribuables comme de l'intérêt de l'État que le plus grand nombre possible de bureaux de recettes soit réparti sur le territoire.

Aussi bien, la crise des logements est telle, que le regroupement des bureaux des campagnes dans les villes et surtout dans les grandes villes serait, dans la plupart des cas, matériellement impossible, et, au surplus, très onéreux pour l'État.

Il est vrai toutefois qu'il existe dans les cantons les moins importants un certain nombre de bureaux dont le titulaire n'est pas suffisamment occupé.

Les jeunes receveurs qui gèrent ces bureaux perçoivent un traitement qui est hors de proportion avec les produits encaissés ; ils se trouvent eux-mêmes à perdre l'habitude du travail dans un emploi qui leur laisse trop de loisirs.

Ces bureaux peuvent donc être supprimés, par voie de rattachement au bureau voisin, toutes les fois qu'il n'en doit pas résulter un surcroît de charge appréciable pour l'ensemble des redevables du canton. Les commodités particulières de ces derniers doivent, en pareil cas, être sacrifiées à l'intérêt général. La suppression ne peut donc être générale, mais doit être appliquée dans la plus large mesure possible.

*Les conservateurs.*

Leur nombre est lié à celui des tribunaux de première instance. La question de la suppression d'emplois de conservateurs ne présente d'ailleurs aucun intérêt au point de vue des économies à réaliser, car ces agents ne sont pas payés par l'État, mais rétribués par des salaires versés par les parties.

## V. DIRECTION DE L'ENSEIGNEMENT PRIMAIRE

### A. — *Propositions.*

1° *Attributions :*

Actuelles maintenues.

Création, suppression d'écoles publiques.

Contrôle d'ouverture et de fonctionnement des écoles privées.

Examen des bourses de l'État pour les écoles primaires supérieures (choix des compositions et propositions pour l'attribution desdites bourses). — Délégation des instituteurs et institutrices stagiaires. — Propositions au préfet pour les nominations d'instituteurs ou d'institutrices.

Questions de discipline du personnel de l'enseignement primaire (censure, réprimande, suspension provisoire, révocation).

Propositions au ministre, avec l'agrément du préfet, des dames déléguées pour l'inspection des internats de jeunes filles, etc...

Supprimées . . . . . { Tout ce qui a trait à l'enseignement secondaire.

Nouvelles . . . . . . { Toutes les affaires actuellement traitées par les bureaux de la préfecture, sauf ce qui concerne les bâtiments scolaires (construction) et le personnel.

*2° Personnel :*

Actuel maintenu. . . { Un directeur (simple modification d'appellation.
Les bureaux de la direction.
Des inspecteurs (en nombre variable suivant l'importance du département).

B. — Observations.

Nous sommes tout à fait d'accord avec l'honorable M. Louis Marin quant à la régionalisation de l'enseignement secondaire et à l'institution d'une direction départementale de l'enseignement primaire.

Nous différons d'avis avec lui en ce qui concerne le choix du directeur; nous estimons qu'il doit continuer à être pris dans les cadres de l'enseignement secondaire.

Enfin, par suite de la suppression que nous réalisons dans notre projet des bureaux de la préfecture, toutes les affaires qui y sont traitées concernant l'enseignement sont évoquées par la direction de l'enseignement primaire, à l'exclusion de celles qui sont plus particulièrement d'ordre communal, telles les questions de locaux scolaires, qui seront de la compétence de la « Direction des affaires communales », et des questions de personnel, traitées par le cabinet du préfet.

Pour le surplus, nous nous rallions entièrement aux conclusions du rapport de M. Louis Marin.

## VI. DIRECTION DÉPARTEMENTALE
### DES TRAVAUX PUBLICS ET DES TRANSPORTS

A. — *Propositions.*

1º *Attributions :*

**Actuelles maintenues.** Chemins de fer. — Tramways. — Service de transports automobiles. — Routes nationales. — Service vicinal. — Police du roulage de la grande et de la petite voirie; autorisations de voirie. — Jury d'expropriation. — Ports de commerce. — Phares et balises. — Ponts et Chaussées. — Service électrique. — Service hydraulique. — Canaux. — Pêche et pisciculture (ces deux derniers services étant distraits du service des Eaux et Forêts pour ce qui était de sa compétence. Voir discussion aux *Observations* figurant sous la rubrique de la direction départementale des Forêts ci-après [X]). — Irrigations. — Associations syndicales. — Domaine public maritime.

**Nouvelles . . . . . .** Toutes les affaires actuellement traitées par les bureaux de la préfecture qui entrent dans le cadre de compétence de la direction.

2º *Personnel :*

**Actuel maintenu . . .** Un directeur : l'ingénieur en chef. Les bureaux de la direction. Les ingénieurs ordinaires avec rôle d'inspection (sauf exception dont il sera parlé ci-après).

|  |  |
|---|---|
| Actuelles maintenues (*suite*). . . . . . | Dans certains centres particulièrement importants, maintien sur place d'ingénieurs ordinaires avec leurs attributions modifiées de manière à réduire au minimum leur travail de bureau (passé aux bureaux de l'ingénieur en chef), et au maximum leur rôle d'inspection. |
| Supprimées . . . . . | Les bureaux des ingénieurs ordinaires (sauf exceptions indiquées ci-dessus). |

B. — *Observations.*

Nous avons déjà marqué notre accord avec les conclusions de M. Louis Marin touchant l'intérêt que présente la *fusion des services de voirie.*

Nous estimons que c'est une obligation qu'il y a lieu de faire aux départements de confier leurs services vicinaux à l'ingénieur en chef des Ponts et Chaussées.

Nous estimons que celui-ci devrait être le véritable directeur, avec ce titre, de tous les services touchant aux travaux publics et aux transports.

Enfin, nous nous sommes déjà expliqué sur les avantages de la passation aux services de ladite « Direction des Travaux publics et des Transports » de toutes les affaires pour lesquelles les bureaux de la préfecture servent actuellement d'intermédiaires entre ce chef de service et le préfet.

Quant à la suppression des ingénieurs ordinaires et leur rattachement provisoire à l'ingénieur en chef du département, nous ne pensons pas que cette réforme puisse être réalisée dans l'absolu. Elle doit souffrir des exceptions pour certains départements qui comportent, en dehors du chef-lieu et très éloignées de lui, d'importantes agglomérations, et où il existe de nombreux services dont le contrôle, pour être efficace, doit être effectué de manière permanente (tels les services de transport), sauf à décharger dans toute la mesure du possible le travail de bureau.

Il en serait ainsi, par exemple, dans le Var, pour Toulon;

dans le Finistère, pour Brest, dans le Nord, sans doute pour certaines circonscriptions, etc...

Mais au chef-lieu du département, la mesure ne paraît souffrir aucune exception comme aucun inconvénient et la fusion des bureaux de l'ingénieur en chef avec ceux de l'ingénieur ordinaire présentera incontestablement des avantages, en même temps qu'elle permettra de réaliser de sérieuses économies.

En outre, les ingénieurs ordinaires débarrassés d'un travail de bureau pourront plus utilement remplir leur rôle d'inspection et de contrôle.

## VII. Direction des Postes, Télégraphes et Téléphones

### A. — *Propositions.*

*1º Attributions :*

Actuelles maintenues.
{
Présentation aux emplois soumis à la signature du préfet (facteurs-receveurs, facteurs de ville et facteurs ruraux). Nomination aux emplois de courriers et de facteurs auxiliaires, gardiens d'entrepôts, etc. Nominations aux emplois d'aide. Désignation des intérimaires (service général, distribution, manipulations et transports des dépêches). Avancement et discipline du personnel.

Exploitation postale. — Adjudications de courriers. — Organisation de courriers. — Distribution des correspondances. — Concessions de nouveaux bureaux secondaires, etc...

Comptabilité départementale — approvisionnement de valeurs fiduciaires et de bons de la défense nationale.
}

Supprimées et passées à la Direction régionale. . . . . . . .

> Construction des réseaux télégraphiques et téléphoniques et directives générales touchant le fonctionnement de ces réseaux. — Contrôle des articles d'argent français et internationaux.
> Rebuts.

Attributions nouvelles

> Les affaires actuellement traitées dans les bureaux de la préfecture ayant trait aux P. T. T. sauf le personnel relevant du cabinet du préfet.

2º *Personnel :*

Actuel maintenu . . .

> Un directeur.
> Et tout le personnel actuel, à l'exception de celui dont la suppression résulte de la passation des affaires plus haut énumérées à la Direction régionale.

### B. — *Observations.*

L'honorable M. Louis Marin propose la régionalisation des services des P. T. T.

Nous pensons qu'il y a lieu de distinguer à cet égard entre les services proprement administratifs et les services techniques.

Nous estimons qu'il y a lieu de maintenir un directeur départemental pour les *services administratifs proprement dits*, en raison du contact nécessaire qu'ils doivent tenir avec le chef des administrations publiques dans le département, c'est-à-dire le préfet, et par son entremise, ou directement, avec l'Assemblée départementale. C'est ainsi que le maintien au siège de la préfecture du service du personnel se justifie par la possibilité de mieux connaître les agents du département au moyen des renseignements qui sont fournis par les inspecteurs et les agents principaux de surveillance. Le transfert éventuel de cette section à la Direction régionale tout en ne présentant aucun avantage, constituerait simplement un déplacement de travail. Le service est très bien assuré par la Direction départementale en raison de ce que, saisie immédiatement de tous les incidents qui peuvent se produire, elle est mieux à même qu'une direction régionale d'intervenir utilement : également pour les rapports qui sont fréquents avec les administrations communales, c'est-à-dire tout ce qui a trait à l'exploitation postale en général (distribution des correspondances, organisation des tournées de facteurs, concessions de boîtes supplémentaires et de nouveaux bureaux secondaires, etc...). Par contre nous ne voyons que des avantages *à régionaliser* tout ce qui est d'*ordre technique*; construction de réseaux télégraphiques ou téléphoniques et règlements généraux s'appliquant au fonctionnement de ces réseaux, etc...

Nous pensons qu'un départ pourrait être facilement fait entre ce que nous appelons les fonctions administratives et les fonctions techniques de manière à en opérer la ventilation entre les services départementaux et les services régionaux.

Enfin nous soulignons que dans un but d'économie, une entente devrait intervenir entre les services de la Marine et de la Guerre et les services civils en vue d'éviter les constructions de lignes qui font manifestement double emploi.

Dans certains départements les services de la Marine et de la Guerre possèdent, en effet, des réseaux télégraphiques et téléphoniques très étendus dont les lignes ne sont utilisées ou mises en service qu'à des époques déterminées ou en des circonstances exceptionnelles. Il en est même quelques-unes qui suivent à peu près le même tracé que celles de l'Administration des P. T. T.

Or, lorsque les ministères intéressés, Guerre ou Marine d'une part, Postes et Télégraphes de l'autre, décident l'établissement d'une ligne télégraphique ou téléphonique, on ne s'attache généralement pas à éviter une construction nouvelle, tandis que la chose serait parfois possible, soit en changeant d'affectation une ligne devenue disponible, soit en utilisant les appuis et les fils déjà existants. Il suffirait dans certains cas de modifier légèrement le tracé prévu, sans inconvénient sérieux pour l'exécution du service.

On pourrait trouver dans cette coordination d'entente entre ministères, une source d'*économie extrêmement appréciable.*

Enfin il paraîtrait expédient de faire *exécuter d'une manière générale les travaux de construction de ligne par voie d'adjudication*, dans un but d'économie et de rapidité. Nous pourrions citer, pour justifier cette proposition, des exemples topiques.

## VIII. DIRECTION DÉPARTEMENTALE DE LA SANTÉ PUBLIQUE

### A. — *Propositions.*

**1° *Attributions* :**

Tous les services d'Assistance et d'Hygiène.

**Hygiène.** . . . . . . Application des lois d'hygiène (établissements classés) prophylaxie — désinfection — vaccination, etc... salubrité publique. — Hygiène sco laire — hygiène alimentaire — hygiène sociale.

**Assistance.** . . . . . Hôpitaux, hospices, asiles, sanatoria, etc..., bureaux de bienfaisance — assistance. — Service médical (affaires diverses). — Enfants assistés, protection des enfants du premier âge. — Assistance aux vieillards, infirmes et incurables. — Assistance aux femmes en couches — primes d'allaitement — assistance aux familles nombreuses — encouragement aux familles nombreuses— assistance médicale gratuite — primes à la natalité — consultations de nourrissons et pré-natales, etc...

**2° *Personnel* :**

**Un directeur.** . . . . A prendre à titre transitoire parmi les inspecteurs d'hygiène; par la suite, recrutement par concours (diplôme de docteur en médecine exigé).

Les bureaux de la Direction.

Deux inspecteurs. . . { Recrutement par concours (médecins), l'un plus spécialement pour l'Assistance ; l'autre plus spécialement pour l'Hygiène.

### B. — *Observations.*

Nous comprenons sous ce vocable à la fois les services d'*Assistance* et les services d'*Hygiène*.

Institués par des lois relativement récentes, ces services ont été agrégés aux bureaux des préfectures ou attribués à l'Inspection des Enfants assistés et placés sous la responsabilité immédiate du préfet. Nous avons dit ce que nous pensions des inconvénients de ce système et qu'il convenait que tous les services aient à leur tête un technicien qui prenne la responsabilité de leur marche au premier degré.

Si nous incorporons dans la Direction nouvelle, à la tête de laquelle nous plaçons un chef compétent, les services d'assistance et d'hygiène, c'est que dans ce domaine tout se tient et qu'il convient d'établir entre ces divers compartiments une parfaite unité de vues et d'action.

Pour ce qui est des lois touchant à l'*Hygiène publique*, chacun sait que seules les grandes villes, avec leurs bureaux d'hygiène, peuvent pratiquement en assurer l'application. Ce sont là des îlots, dans les périphéries desquels les maires sont laissés à leurs inspirations, à leur impuissance, résultant souvent de la multiplicité des charges qui leur incombent, ou même, quelle que soit leur bonne volonté, à l'ignorance dans laquelle ils sont du jeu de nos lois, du parti que l'on peut en tirer, enfin pris qu'ils sont entre leur devoir et le souci de ne point mécontenter leurs commettants.

Il en est ainsi des mesures sanitaires concernant les individus, — du contrôle de la salubrité des habitations, dont le lamentable entretien est trop souvent la cause du développement de maladies contagieuses et plus particulièrement de la tuberculose, — de la surveillance des eaux d'alimentation, — de l'entretien au point de vue de l'hygiène de la voirie urbaine, de l'hygiène de l'enfance et de l'hygiène scolaire, de l'hygiène alimentaire, de la prophylaxie et l'isolement, de la surveillance de la prostitution, au point de vue de la prophylaxie des maladies vénériennes, etc., etc...

Quant aux *lois d'assistance*, on peut affirmer qu'elles sont abusivement appliquées, dans presque toutes les communes, pour des raisons qu'il est facile de s'expliquer. Les maires, en effet, comme les commissions municipales, sont souvent très mal placés pour refuser l'admission à l'assistance de leurs administrés. Il n'est pas rare de voir le maire s'adresser lui-même au préfet pour lui demander le contrôle des listes où des inscriptions irrégulières ont été faites sans qu'il lui ait été possible pour des raisons locales, de s'y opposer.

Si un terme n'était pas mis à ces abus et étant donné l'état des finances publiques, le sort même de ces lois d'assistance qui sont l'honneur de notre régime pourrait être compromis et, en tout cas, il deviendrait impossible d'envisager l'augmentation du taux en ce qui concerne l'assistance aux vieillards, si désirable et si juste qu'elle soit par rapport à la valeur du franc et du coût correspondant de la vie.

Nous avons proposé la suppression des conseils *cantonaux* d'assistance, le Conseil départemental de la santé publique étant appelé à statuer sur les recours dont ceux-là étaient saisis. En effet, les conseils cantonaux n'ayant pas à connaître de litiges suffisamment nombreux, leurs séances sont fort espacées et aucune jurisprudence ne peut y être suivie. Au surplus, on est, au chef-lieu de canton, trop près de la commune pour que les juges aient une suffisante impartialité.

Enfin, il y a lieu d'instaurer une politique générale des services hospitaliers. Nous renvoyons pour ce sujet à notre communication au Congrès national d'Hygiène (1).

Nous considérons ainsi que, dans la plupart des départements, deux inspecteurs doivent être attachés à la direction d'Hygiène, l'un spécialement pour l'assistance, l'autre plus spécialement pour l'hygiène, mais **tous** deux opérant pour les deux ser-

_______________

(1) Voir *Revue d'Hygiène*, décembre 1922.

vices dans leurs tournées. L'un de ces éléments nous est d'ailleurs fourni par l'inspecteur des enfants assistés, dont les services sont fusionnés avec les services de la direction départementale de la Santé publique.

*Barèmes.* — Sans entrer dans le détail des modifications qu'il paraîtrait désirable de voir apporter à nombre de dispositions de détail de chacune des lois d'assistance ou d'hygiène, — ce qui nous entraînerait à de trop longs développements, — nous signalons d'abord, les complications extrêmes qui résultent du fait que, pour chacune d'elles, le calcul de la participation des trois collectivités (État, département et commune) aux dépenses de ces services est différente : une douzaine de lois ont chacune leurs stipulations financières particulières.

On se rend ainsi compte quelle simplification considérable serait apportée dans les services, tant de l'État, des département et des communes, par l'*unification de ces barèmes.*

*Conseils.* — Nous avons déjà fait connaître notre sentiment touchant le trop grand nombre de conseils, comités et commissions entre lesquels se divise et s'amenuise l'action des citoyens de bonne volonté.

Cette constatation est surtout fondée en ce qui concerne les services d'assistance et d'hygiène. Nous indiquons plus loin, en ce qui concerne la réorganisation des conseils départementaux, que nous entendons fusionner, tous les conseils touchant à la Santé publique dans un Conseil unique dénommé « Conseil départemental de la Santé publique » constitué par le Conseil départemental d'hygiène actuel, élargi dans sa compo sition pour permettre d'y appeler quelques-unes des compé tences qui figurent dans les conseils ou commissions supprimés.

### IX. Direction des services vétérinaires

#### A. — *Propositions.*

1º *Attributions :*

Actuelles maintenues. { Hygiène et police sanitaire des animaux. — Inspection des denrées alimentaires d'origine animale (con-

Actuelles maintenues (*suite*). . . . . . .
> trôle permanent sur le fonctionnement des services municipaux — répression des fraudes dans le commerce de ces denrées, etc...) — Surveillance et contrôle des établissements classés. — Conseiller technique de l' « Assurance mutuelle Bétail ». — Enquêtes sur certaines demandes d'abatage, etc.

Nouvelles . . . . . .
> Les affaires relevant de la compétence de la Direction actuellement traitées par les bureaux de préfecture, à titre d'intermédiaires entre le chef de service et le préfet.

2° *Personnel :*

Actuel maintenu . . .
> Un directeur. Le vétérinaire départemental qui porte déjà ce titre.
> Un employé de bureau (ou plusieurs suivant l'importance du département).

### B. — *Observations.*

Le directeur des Services vétérinaires peut assumer dans la plupart des départements, les services de direction et d'inspection.

## X. Direction départementale des forêts

### A. — *Propositions.*

1° *Attributions :*

Gestion du domaine forestier de l'État, des départements, des communes et des établissements.

Chasse et louveterie.

Restauration et conservation des terrains en montagne.

Toutes les affaires actuellement traitées par les bureaux de la préfecture qui rentrent dans le cadre de compétence de la direction.

2º *Personnel :*

### *Direction et contrôle comprenant :*

Un directeur départemental (ayant grade de conservateur ou d'inspecteur);

Les bureaux de la Direction;

Un ou plusieurs inspecteurs placés auprès du directeur et chargés du contrôle et des études techniques.

### *Régies locales comprenant chacune :*

Un régisseur ou chef de cantonnement.

Des gardes embrigadés, agents d'exécution.

Suppressions. . . . . { Les bureaux des *conservations* et des *inspections.*

## B. — *Observations.*

La transformation des cadres du service des Eaux et Forêts nous paraît s'imposer ainsi que nous l'avons noté plus haut (Voir *supra*, p. 115.

La nécessité actuelle de transmettre à la souvent lointaine Conservation, les documents administratifs déjà étudiés par l'Inspection départementale, avec la complication des ententes à réaliser entre l'Administration préfectorale et l'Administration communale et le Service technique des Forêts, met en œuvre un nombre trop élevé de rouages, pour des résultats de lenteur dans la solution des affaires.

En instituant pour ces motifs la Direction départementale des Forêts nous proposons, en outre, de lui enlever ses attributions touchant à la pêche et à la pisciculture. Celles-ci sont en effet, à l'heure actuelle, partagées entre le Service des Ponts et Chaussées et le Service des Eaux et Forêts : le premier ayant charge des canaux et rivières canalisées, les autres cours d'eau relevant de l'administration du second. Cette dualité ne se justifie pas, ou plutôt on en trouve l'explication en remontant à l'origine de l'institution du Service des Eaux et Forêts qui était à ce moment-là (il y a plusieurs siècles) également investi des fonctions touchant l'hydraulique en général.

Il est bien entendu que la direction comporterait, suivant l'importance forestière du département, non seulement un nombre d'agents variable, mais même un grade différent pour le fonctionnaire chargé de la direction des services départementaux. Il pourrait même n'avoir qu'une « délégation », s'il se trouvait à un échelon de sa carrière trop peu élevé pour être nommé directeur. Au surplus, si dans certains départements le service forestier était trop peu important pour justifier l'existence d'une direction, on pourrait au besoin jumeler deux départements, cette solution n'étant envisagée qu'à titre *tout à fait exceptionnel*.

Mais nous ne méconnaissons pas l'importance d'un service régional pour unifier les méthodes, c'est-à-dire donner l'impulsion et assurer le contrôle entre les départements relevant d'un même massif forestier. Il peut être essentiel en effet que les services forestiers de plusieurs départements obéissent à des directives uniformes. Nous ne pensons pas qu'il soit pour cela nécessaire de créer un organisme bureaucratique, mais bien plutôt d'y préférer une *inspection régionale efficace*. Pour cela, au rebours de la pratique actuelle qui groupe tous les inspecteurs généraux auprès du ministre, nous leur assignerions une résidence en province dans la ville appropriée pour leur permettre d'irradier leur action sur les départements dévolus à leur inspection.

Quant à l'aménagement d'exécution, il convient de noter que la principale et essentielle attribution du service forestier est la « régie » des forêts. Et en bonne règle, il importe que le régisseur soit aussi près que possible du domaine confié à sa gestion.

Les fonctions de régisseur exigent surtout de bons praticiens qui doivent normalement passer leur carrière dans ces fonctions et y trouver une situation et des perspectives appropriées, sans qu'il soit nécessaire, pour récompenser leurs mérites, de les admettre dans une catégorie d'emplois supérieurs, aux fonction desquels ils pourraient ne pas être suffisamment aptes.

Le régisseur doit être essentiellement homme de terrain. Donc le décharger de toute autre tâche administrative.

La besogne bureaucratique devra être concentrée et effectuée dans les bureaux de la Direction.

Le service de direction, contrôle et études techniques, exigera du personnel qui y sera affecté une forte culture générale et scientifique et une instruction technique très développée.

Les directives régionales seraient données par des inspecteurs généraux dont nous venons de parler, en nombre suffisant pour leur permettre une tournée annuelle dans la région d'inspection générale attribuée à chacun d'eux et comprenant une ou plusieurs régions naturelles.

Dans les propositions ci-dessus, on n'aurait plus, en dehors des préposés, agents d'exécution, que deux échelons, direction et contrôle d'une part, régie d'autre part, exigeant du personnel qui serait affecté à chacun d'eux des qualités, aptitudes et compétence nettement distinctes. A ces deux catégories d'emplois devraient donc correspondre deux cadres également distincts (officiers et agents techniques), respectivement assimilables à ceux des ingénieurs des Ponts et Chaussées et des ingénieurs des Travaux publics de l'État (anciennement « conducteurs ») et pour chacun desquels on prévoirait un recrutement et une préparation convenables.

Les conclusions du rapport de M. Louis Marin tendent à substituer aux inspections et cantonnements, un système de chefferies comportant éventuellement un ou plusieurs officiers adjoints à l'inspecteur.

Ce système présente à notre avis les quatre inconvénients ci-après :

*a*) Il laisse subsister le caractère régional de la Conservation qui complique et alourdit le service.

*b*) Il supprime le contrôle, que le conservateur, déjà débordé, ne pourrait assurer cumulativement avec ses fonctions de direction;

*c*) Il maintient le régisseur (dans ce système c'est l'inspecteur qui est régisseur) plus ou moins éloigné du domaine confié à sa gestion, ce qui est préjudiciable à l'exécution de celle-ci, et serait d'autant plus grave que les chefs de cantonnements seraient supprimés.

*d*) Il fait du régisseur un organe bureaucratique et aurait pour effet d'aboutir à ce que la gestion se fît du fond d'un bureau au lieu d'être effectuée sur le terrain comme il convient.

### XI. DIRECTION DÉPARTEMENTALE
### DES SERVICES AGRICOLES ET ÉCONOMIQUES

A. — *Propositions.*

1° *Attributions :*

**Actuelles maintenues.**

Enseignement agricole (cours à l'École normale d'instituteurs, dans les écoles d'agriculture d'hiver. — Écoles fixes. — Écoles ambulantes post-scolaires, agricoles et ménagères, etc.)

Vulgarisation des connaissances agricoles (conférences et conseils aux agriculteurs ainsi qu'aux associations agricoles. — Publications agricoles, affiches, brochures, etc...)

Contrôle des œuvres syndicales, mutuelles, coopératives de crédit, etc...

Service et contrôle de l'abatage des oliviers. — Travaux, missions et enquêtes sur les questions techniques (recherches sur les maladies, les parasites des cultures, sur l'hygiène rurale, sur le service des renseignements agricoles), etc...

**Nouvelles . . . . . .**

Les affaires relevant de la compétence de la Direction, actuellement traitées par les bureaux de la préfecture, à titre d'intermédiaire entre le chef de service et le préfet, et notamment liaison avec les Chambres d'agriculture et les offices.

Tout ce qui a trait aux statistiques

Nouvelles (*suite*) . . .
{ agricoles, encouragements à l'agriculture (primes diverses, etc...).
Liaison avec les Chambres de commerce.
Tout ce qui concerne le commerce alimentaire et en particulier le *ravitaillement*.
Génie rural. }

2° *Personnel* :

Actuel maintenu . . .
{ Un directeur.
Des employés de bureau.
Des inspecteurs départementaux (en nombre variable suivant l'importance du département) avec siège en dehors du chef-lieu pour certains d'entre eux.
Un ingénieur du génie rural. }

### B. — *Observations.*

Si nous ne proposons pas l'agrégation de *tous* les professeurs d'agriculture au siège de la Direction, c'est que nombre d'entre eux ont moins une mission d'administration que d'éducation parmi les populations agricoles de leur ressort et sont, en outre, chargés de cours dans certaines écoles publiques.

Quant à la fusion des services proprement dits agricoles avec les services touchant au commerce, c'est que les questions qui relèvent de la compétence des uns et des autres sont intimement liées, au point qu'on a pu envisager la fusion des ministères du Commerce et de l'Agriculture.

Si la division peut cependant apparaître comme désirable au sommet de l'échelle administrative, elle est contre-indiquée dans le cadre du département.

Aussi bien, a-t-on chargé récemment les directeurs des services agricoles de délivrer les permis d'exportation de certaines denrées.

Quant au Génie rural, il nous paraît constituer l'une des

branches normales de la Direction de l'agriculture. Son caractère régional actuel, sa dépendance de la Direction générale des Eaux et Forêts ne lui permettent pas de remplir tout son mérite, alors que les populations rurales pourraient tirer de son aide des profits considérables.

On en trouve la preuve dans les services qu'a déjà rendus le Génie rural bien que trop peu connu par le fait même qu'il n'a pas son siège au chef-lieu de chaque département, et partant peu de liaison avec les différents services administratifs de celui-ci, y compris la Direction de l'agriculture et trop peu de contact aussi avec le monde agricole.

### XII. DIRECTION DÉPARTEMENTALE
#### DES AFFAIRES DÉPARTEMENTALES ET COMMUNALES

#### A. — *Propositions.*

**1º *Attributions :***

| | |
|---|---|
| Budget du département........ | Gestion financière des propriétés et des établissements départementaux. |
| Budget des communes. | Tutelle et contrôle de l'Administration communale. |

**2º *Personnel :***

*Origine.*

| | |
|---|---|
| Un directeur. . . . . | Pris parmi les chefs de division actuels. |
| Des employés de bureau (en nombre variable suivant l'importance du département). | Composé des employés actuels des bureaux des préfectures (et sous-préfectures). |
| Un inspecteur des Affaires départementales et communales (commun avec la Direction des Affaires générales). | Pris parmi les sous-préfets supprimés. |

B. — *Observations.*

Nous nous sommes si nettement expliqué, croyons-nous, touchant la transformation en directions des bureaux des préfectures que nous croyons superflu d'y revenir (Voir *supra*, pp. 217 et suiv.).

La Direction dont il s'agit groupera, comme on l'a vu, tout ce qui touche à l'administration du département et des communes proprement dite, en tant que personnes morales. Quant à l'inspecteur, il aura naturellement un rôle très itinérant d'*inspection* de l'Administration départementale et communale — et de *conseil* aux administrateurs communaux.

XIII. DIRECTION DÉPARTEMENTALE

DU TRAVAIL, DE LA PRÉVOYANCE ET DES ŒUVRES SOCIALES

A. — *Propositions.*

1º *Attributions :*

Retraites ouvrières. — Placement gratuit de la main-d'œuvre. — Application des lois réglementant le travail. — Syndicats professionnels. — Accidents du travail. — Enseignement technique.

Habitations à bon marché. — Banques populaires. — Coopératives de production, de consommation et d'épargne. — Caisses d'épargne. — Monts-de-piété.

Accession des travailleurs à la petite propriété. — Crédit agricole. — Coopératives agricoles. — Syndicats agricoles. — Sociétés d'assurances mutuelles agricoles. — Améliorations agricoles.

Sociétés de secours mutuels. — Natalité. — Orphelinats. — Œuvres complémentaires de l'école; des bibliothèques communales; — des cercles de la jeunesse; — de préservation morale de l'enfance, etc... — Contrôle des poids et mesures.

2° *Personnel :*

| | |
|---|---|
| Un directeur. . . . . | pris parmi les chefs de division actuels (à recruter au concours dans l'avenir). |
| Des employés de bureau . . . . . . . | Composé d'employés de préfecture et sous-préfectures. |
| Deux inspecteurs, l'un plus spécialement pour le contrôle des lois du travail et le contrôle des poids et mesures — l'autre plus spécialement pour l'impulsion et le contrôle des institutions de prévoyance et les œuvres sociales . . | pris parmi les inspecteurs du travail.<br><br>pris parmi les sous-préfets ou conseillers de préfecture supprimés. |

### B. — *Observations.*

La nécessité de regrouper en une direction unique tous les services épars que nous avons compris dans ses attributions nous paraît impérieuse.

Nous en avons dit les raisons, en des chapitres différents de notre travail, car elles sont d'ordre multiple. Nous ne croyons pas devoir reprendre ces exposés.

Nous avons indiqué (Voir *supra*, p. 174 *quater*) que nous ne maintenions aux circonscriptions régionales du *travail* — et des *poids et mesures*, qu'un caractère d'*inspection ;* et que nous proposions de fusionner les attributions des inspecteurs du travail avec celles des vérificateurs des poids et mesures.

## XIV. Direction départementale
### DES AFFAIRES GÉNÉRALES

### A. — *Propositions.*

1º *Attributions :*

Cette direction comprendrait toutes les affaires ne rentrant pas dans le cadre des compétences des autres directions et notamment :

Les élections.

Les affaires militaires.

La police (dans les départements peu importants où l'institution d'une direction spéciale de ce service ne serait pas justifiée).

Les affaires ressortissant aux ministères, qui ne trouvent pas leur incorporation rationnelle dans l'une des directions instituées.

2º *Personnel :*

*Origine*

| | |
|---|---|
| Un directeur. . . . . | pris parmi les chefs de division actuels des préfectures et parmi les employés de la Direction par la suite. |
| Des employés de bureaux. . . . . . . | pris parmi les employés des bureaux de la préfecture. |

Un inspecteur (commun avec la Direction des Affaires départementales et communales).

### B. — *Observations.*

La Direction, dont il s'agit, groupera, comme on l'a vu, tout ce qui touche à l'Administration du département et des communes proprement dits, en tant que personnes morales; quant à l'inspecteur il aurait naturellement un rôle très itinérant d'inspection de l'Administration communale — et de conseil aux administrateurs communaux.

### XV. Direction départementale de la police

#### A. — *Propositions.*

1° *Attributions :*

Il paraît superflu de faire une énumération des attributions de la police, d'ordre judiciaire ou administratif. Elles sont connues de tous : la direction nouvelle les groupera complètement.

2° *Personnel :*

Un directeur (le Commissaire central du chef-lieu);

Du personnel de bureau pour les services divers que doit comporter la Direction;

Un inspecteur (commissaire spécial), chargé de certaines missions ou enquêtes et du contrôle des services extérieurs (police des communes autres que le chef-lieu).

#### B. — *Observations.*

La Direction départementale de la police que nous proposons d'instituer est en germe dans les suggestions du rapport de M. Louis Marin, à propos du rôle qu'il assigne au Commissaire central du chef-lieu de département; mais l'honorable président de la Commission des économies, entrevoit l'utilité de la création de directions régionales, pour la centralisation notamment des services de recherches.

Nous croyons devoir écarter cette modalité. Nous craignons, en effet, de voir se réaliser, par la création de directions régionales, une accumulation telle de documents qu'un personnel considérable devrait y être attaché pour les classer et les utiliser, ces archives faisant double emploi avec la centralisation qui doit nécessairement en être réalisée dans la capitale.

Certes, le rôle des brigades mobiles, qui ont rendu de si grands services, pourrait être étendu à la surveillance des étrangers qu'il est difficile de suivre dans leurs déplacements avec l'organisation départementale, mais nous estimons que la police administrative doit avoir ses organes départementaux et un chef responsable à leur tête.

Nous ne pensons pas qu'on puisse songer, comme le propose M. Louis Marin, à instituer la police d'État dans toutes les communes de France, si souhaitable que puisse paraître cette réforme : elle pourrait être limitée aux villes de plus de 5.000 habitants, les autres communes étant dans l'obligation d'avoir un ou plusieurs gardes champêtres, soumis à des conditions de recrutement déterminées et au contrôle des services départementaux de police (Voir les modifications que nous proposons d'apporter dans ce sens à la loi du 5 avril 1884, art. 102.).

Il est en effet hors de doute que si la police est à peu près assurée dans les agglomérations importantes, elle ne l'est pas du tout dans les campagnes. Chacun sait que les gardes champêtres remplissent toutes sortes de fonctions sauf celle de gardiennage; et les plaintes se font sans cesse plus vives dans les campagnes de vols de récoltes, et, même sur certains points, d'une certaine insécurité pour les personnes.

La fusion des services de police de la préfecture avec ceux du commissariat central du chef-lieu, constituant la direction que nous proposons aura pour résultats :

1° D'exercer sur tous les services de police du département une action d'impulsion et de contrôle par un homme compétent;

2° De réaliser de très notables économies, étant donné que la plupart des archives sont en ce moment constituées en double dans les bureaux du Commissariat central et de la préfecture (exemple : pour les dossiers et fiches d'étrangers qui occupent dans les préfectures importantes, correspondant à des chefs-lieux également importants, plusieurs employés affectés uniquement à ces services à la préfecture et au commissariat).

Nous pensons que si dans chaque département une direction était ainsi constituée avec ses archives tenues à jour, y compris ses fiches anthropométriques, la recherche serait rendue extrêmement facile des malfaiteurs de tous ordres, soit pour les brigades régionales, soit pour les services centraux.

Quant à la gendarmerie elle-même, nous estimons qu'il n'y a pas lieu d'envisager son rattachement au ministère de l'Intérieur. Sans doute peut-on concevoir une meilleure utilisation de ces modestes mais incomparables serviteurs de l'ordre social, surchargés de travaux qui ne ressortissent pas à leur destination, — telle la distribution à domicile de quantité de communications dont l'Administration des postes pourrait assumer la charge.

Mais il importe de conserver à la gendarmerie son caractère militaire : — il constitue un élément essentiel du maintien à sa haute valeur actuelle de ce corps d'élite d'une si belle tenue morale dans son ensemble et dont ceux-là qui le raillent ont sans doute l'excuse d'ignorer quels exemples y sont donnés tous les jours de dévouement et même d'héroïsme obscur, pour un salaire modique. En vérité, pire que l'ignorance, la prévention nous aveugle : qui osera dire, — sans crainte du ridicule dont souffrent malheureusement, dans notre pays les entreprises de moralisation de cette nature, — nous en avons personnellement fait l'expérience à propos du cinéma —, qui osera dire les méfaits de guignol qui nous accoutume dès l'enfance, — et puis sur toutes les scènes — et sous toutes les formes —, d'applaudir au gendarme rossé, — à l'autorité bafouée?

Comme si les égards que nous portons au bien du voisin — c'est-à-dire à sa liberté d'être et de disposer — ne s'étaient accrus, depuis quelques centaines d'années, moins par une atténuation de nos tendances mauvaises que par une amélioration des services de police !

### XVI. DIRECTION DÉPARTEMENTALE DES ARCHIVES ET DES BEAUX-ARTS

#### A. — *Propositions.*

1º *Attributions :*

Cette Direction évoquerait toutes les affaires touchant aux Archives départementales et communales — aux bibliothèques communales, au dépôt légal, et aux musées, sites, monuments historiques, etc...

2° *Personnel* :

Actuel maintenu. . . { Un directeur : l'archiviste départemental.

Noùveau . . . . . . { Des employés en nombre variable selon
l'importance du département, pris
parmi les employés de préfecture.

B. — *Observations.*

Nous avons choisi pour lui adjoindre le service des Beaux-Arts et le placer à la tête de la Direction nouvelle le fonctionnaire du département qui nous a paru le plus compétent pour en connaître.

Les attributions actuelles de l'archiviste départemental ne seront pas notablement augmentées — la modification de son titre lui donnera toutefois une autorité morale accrue.

# CHAPITRE V

## LES ORGANISMES DÉLIBÉRATIFS. — LES CONSEILS

Principes de l'organisation des conseils départementaux. — Composition
et attributions des conseils : tableau synoptique sommaire.

———

### § 1. — **Principes de l'organisation des conseils départementaux**

Le nombre des conseils, comités et commissions est allé se
multipliant pour tous les ordres d'activité administrative, sans
plan d'ensemble, nombreux auprès de certains compartiments
administratifs, faisant défaut dans d'autres, sans qu'ils aient
tous des attributions précises et suffisantes, pour justifier le
déplacement de leurs membres et les inciter à y participer.

Aussi bien, dans plusieurs de ces commissions sont-ce toujours
les mêmes membres, dans une grande proportion, qui les composent, dont on dissémine ainsi l'activité et dont, par voie de
conséquence, on diminue singulièrement l'ardeur à s'occuper
de la Chose publique.

Nous avons entendu certains d'entre eux expliquer leur
abstention à certaines réunions par la crainte du ridicule dont
ils croient pouvoir être atteints, tenant à leurs entrées successives dans tous les conseils, comme des figurants de théâtre, ou
des Maître-Jacques de l'Administration.

La plupart de ces conseils ou commissions, ainsi multipliés,
n'ont, d'ailleurs, qu'à tenir des séances très espacées, n'ayant
plus entre elles aucune liaison. Enfin, leurs membres ne reçoi-

vent, dans la plupart des cas, aucune rétribution pour leurs déplacements.

Pour toutes les raisons que nous venons d'énumérer, il devient extrêmement difficile d'obtenir, pour certaines de ces commissions, qu'elles se réunissent en nombre suffisant et surtout qu'elles délibèrent utilement.

Leurs attributions chevauchent d'ailleurs souvent les unes sur les autres (et notamment en ce qui a trait à la santé publique). La plupart n'ont d'ailleurs qu'à émettre des avis sur la suite desquels elles sont rarement fixées.

Il en est des membres de ces commissions comme des fonctionnaires : ni leur autorité, ni leur responsabilité ne sont déterminées, pas plus que leur initiative. A tous ces collaborateurs bénévoles, il faut aussi trouver les moyens de donner du « cœur à l'ouvrage » : c'est dans cet esprit que nous envisagerons la réorganisation de ces corps.

Nous instituerions, en principe, un conseil auprès de chacun des grands compartiments administratifs, que nous avons déterminés et étudiés plus haut ayant des attributions consultatives au point de vue des principes administratifs à appliquer et contentieuses au point de vue des recours des administrés ou des collectivités publiques.

C'est par la création — ou le réajustement — de ces conseils ou commissions que nous entendrions notamment, ainsi que nous l'expliquerons, faciliter la suppression des *conseils de préfecture* en attribuant à ceux-là la partie la plus importante, quant au nombre, des affaires actuellement dévolues aux tribunaux administratifs.

Ces conseils tels que nous les concevons, auraient aussi et *surtout l'avantage d'associer plus directement les citoyens à l'Administration de la Chose publique* en leur assignant un rôle actif sans cependant qu'il ait pour résultat de contrarier l'action administrative.

Nous pensons que leurs pouvoirs pourraient être par la suite élargis, mais qu'il y aurait lieu, comme pour toute innovation, de procéder par étapes, en s'inspirant des leçons de l'expérience, dans les conditions où nous proposons de la tenter.

A notre avis, ces conseils pourraient être institués dans

l'esprit de certains de ceux qui fonctionnent déjà, tel le Conseil départemental de l'Enseignement primaire, ou le Conseil départemental d'hygiène.

Nous allons d'ailleurs indiquer, dans le tableau synoptique, ci-après, comment nous comprenons la composition et les attributions de chacun de ces organismes.

§ 2. — **Composition et attributions des Conseils départementaux.**

§ 2. — **Composition et attributions**

*Tableau*

| DÉNOMINATION<br>des<br>CONSEILS<br><br>1 | COMPOSITION<br>DU<br>CONSEIL<br><br>2 | DIRECTION<br>auprès de laquelle<br>le Conseil est institué<br>et dont dépendent<br>les affaires relevant<br>de la compétence<br>dudit Conseil<br>3 |
|---|---|---|
| Conseil général. | (Voir les modifications proposées à la loi du 10 août 1871. *supra*, page 270.) | |
| Commission départementale. | *Idem.* | |
| Conseil départemental de l'Enseignement primaire. | Composition actuelle. | Direction départementale de l'Enseignement primaire. |
| Conseil départemental des Services financiers. | Le préfet, président, ou le secrétaire général de la préfecture;<br><br>Le directeur départemental de la Trésorerie;<br><br>Le directeur départemental des Contributions directes;<br><br>Le directeur départemental des Contributions indirectes;<br><br>Le directeur départemental de l'Enregistrement;<br>(Ou leur représentant.)<br><br>Deux conseillers généraux désignés par le Conseil général;<br><br>Deux membres de la Chambre de Commerce désignés par cette Chambre;<br><br>Deux membres de la Chambre d'Agriculrure désignés par cette Chambre. | Direction de la Trésorerie.<br><br>Direction des Contributions directes<br><br>Direction des Contributions indirectes. |
| (A suivre.) | | |

**des Conseils départementaux.**

*synoptique sommaire.*

| COMPÉTENCE DU CONSEIL | | |
|---|---|---|
| **A**<br>Attributions provenant des Conseils et Commissions existants dont nous réalisons la suppression<br>4 | **B**<br>Attributions provenant de la ventilation des affaires ressortissant aux Conseils de préfecture supprimés<br>5 | **C**<br>Attributions résultant des modifications que nous proposons à la loi du 5 avril 1884<br>6 |
| Conseil départemental actuel de l'Enseignement primaire. | | |
| Commission départementale des évaluations foncières (L. 29 mars 1914, art. 9). | Réclamation en matière de contributions directes (toutes impositions). | Voir au tableau ci-après (pages 308 et suivantes) les articles 137, 157, 159. |
| Conseil technique départemental (L. 2 mai 1888, art. 9). | Apurement des comptes des communes, bureaux de bienfaisance, hôpitaux, établissements publics, etc. (Avec appel devant la Cour des Comptes.) | |
| Commission de classement des candidatures aux débits de tabacs de 2º classe. | Réclamation en matière d'impôts sur le chiffre d'affaires. | |
| Commission de classement des hôtels, restaurants, cafés, villas (L. 31 déc. 1921, art. 40). | | |
| Commission de classement des bals (L. 31 déc. 1921, art. 40). | | |

| DÉNOMINATION des CONSEILS | COMPOSITION DU CONSEIL | DIRECTION auprès de laquelle le Conseil est institué et dont dépendent les affaires relevant de la compétence dudit Conseil |
|---|---|---|
| 1 | 2 | 3 |
| Conseil départemental des Services financiers (*suite*). | | Direction de l'Enregistrement et des Domaines. |
| Conseil départemental des Travaux publics et des Transports. | Le préfet ou le secrétaire général de la préfecture; <br> Le directeur des Travaux publics et des Transports; <br> Le directeur des Postes, Télégraphes et Téléphones; <br> Le directeur des Affaires départementales et communales; <br> L'architecte du département; <br> Deux conseillers généraux désignés par le Conseil général; <br> Deux membres de la Chambre de Commerce désignés par cette Chambre; <br> Deux inspecteurs, l'un de la direction des travaux publics, l'autre des Postes, Télégraphes et Téléphones. | Direction départementale des Travaux publics et des Transports. <br><br> Direction départementale des Postes, Télégraphes et Téléphones. |
| Conseil départemental de l'Assistance et de la Santé publique. <br><br> (*A suivre.*) | Le préfet ou le secrétaire général de la préfecture; <br> Le directeur de la Santé publique; <br> Le directeur des Travaux publics et des Transports; <br> L'architecte départemental; <br> Deux conseillers généraux désignés par le Conseil général; <br> Le directeur départemental des services vétérinaires; <br> Deux maires désignés par leurs collègues du département; | Direction de la Santé publique. |

| COMPÉTENCE DU CONSEIL | | |
| --- | --- | --- |
| A<br>Attributions provenant des Conseils et Commissions existants dont nous réalisons la suppression<br>4 | B<br>Attributions provenant de la ventilation des affaires ressortissant aux Conseils de préfecture supprimés<br>5 | C<br>Attributions résultant des modifications que nous proposons à la loi du 5 avril 1884<br>6 |
| Commission départementale de concentration des services financiers (Décis. min. Fin. 7 oct. 1920).<br><br>Commission départementale permanente du domaine national (recensement et contrôle de l'affectation des biens (Décr. 20 sept. 1923).<br><br>Commission de fixation des salaires des cantonniers.<br>Commission des bâtiments civils.<br><br>Comité départemental d'hygiène sociale et de préservation antituberculeuse.<br>Commission départementale de la natalité.<br>Commission départementale de l'assistance publique et de la bienfaisance privée.<br>Conseil de famille des enfants assistés.<br>Comité départemental de la protection des enfants du premier âge.<br>Conseil départemental d'hygiène. | Recours contre les arrêtés municipaux en matière de logements insalubres (L. 15 févr. 1902).<br><br>Opposition à la création d'établissements dangereux, incommodes et insalubres.<br><br>Contestations relatives au domicile de secours.<br><br>Désaccords entre les commissions administratives des hospices et les préfets | |

| DÉNOMINATION des CONSEILS | COMPOSITION DU CONSEIL | DIRECTION auprès de laquelle le Conseil est institué et dont dépendent les affaires relevant de la compétence dudit Conseil |
|---|---|---|
| 1 | 2 | 3 |
| Conseil départemental de l'Assistance et de la Santé publique (*suite*). | Deux médecins désignés par leurs collègues du département; Un médecin désigné par l'Administration de la Guerre; Un médecin désigné par l'Administration de la Marine (dans les départements maritimes); Le directeur du laboratoire départemental ou municipal du chef-lieu; Deux représentants des œuvres de bienfaisance et d'assistance privées du département désignés par ces œuvres; Les inspecteurs départementaux d'assistance et d'hygiène; Deux représentants des commissions administratives des hôpitaux et hospices désignés par leurs collègues. | Direction de la Santé publique |
| Conseil départemental des Eaux et Forêts. | Le préfet, président ou le secrétaire général de la préfecture; Le conservateur des Forêts de la région; Le directeur départemental des Eaux et Forêts; Deux conseillers généraux désignés par le Conseil général; Deux membres de la Chambre de Commerce désignés par cette Chambre; Deux maires désignés par leurs collègues du département; Les inspecteurs des Forêts du département. | Direction départementale des Eaux et Forêts |
| Conseil départemental des Services économiques. (*A suivre.*) | Le préfet, président ou le secrétaire général de la préfecture; Le directeur départemental des Services économiques; Quatre membres de la Chambre d'Agriculture désignés par cette Chambre; | Direction départementale des Services économiques. |

COMPÉTENCE DU CONSEIL

| A<br>Attributions provenant des Conseils et Commissions existants dont nous réalisons la suppression<br>4 | B<br>Attributions provenant de la ventilation des affaires ressortissant aux Conseils de préfecture supprimés<br>5 | C<br>Attributions résultant des modifications que nous proposons à la loi du 5 avril 1884<br>6 |
|---|---|---|
| Commission départementale des allocations familiales.<br>Commissions sanitaires.<br>Commissions cantonales d'assistance. | ou entre elles et les communes (L. 15 juill. 1898, 14 juill. 1905, 17 juin et 1er juill. 1913). | |
| Commission consultative de la chasse.<br>Comité départemental de la pêche fluviale.<br>Comité départemental des incendies de forêts. | Règlement des indemnités relatives à la pêche fluviale.<br>Répartition des coupes affouagères.<br>Rachat des droits de pâturages.<br>Litiges s'élevant à l'occation de l'application des articles 50, 64, 65 et 67 du Code forestier. | |
| Comité départemental de retour à la terre.<br>Commission d'études sur le coût de la vie.<br>Commission de contrôle des primes à la sériciculture.<br>Comité départemental de ravitaillement.<br>Commission d'évaluation des réquisitions. | | |

| DÉNOMINATION des CONSEILS | COMPOSITION DU CONSEIL | DIRECTION auprès de laquelle le Conseil est institué et dont dépendent les affaires relevant de la compétence dudit Conseil |
|---|---|---|
| 1 | 2 | 3 |
| Conseil départemental des Services économiques *(suite)*. | Un officier de l'Intendance désigné par le général commandant la région ; Deux conseillers généraux désignés par le Conseil général ; Deux maires désignés par leurs collègues du département ; Les professeurs d'agriculture du département. | Direction départementale des Services économiques. |
| Conseil départemental des Affaires communales. | Le préfet, président ou le secrétaire général de la préfecture. Le directeur des Affaires départementales et communales. Deux conseillers généraux désignés par le Conseil général. Deux maires désignés par leurs collègues du département. L'inspecteur de la Direction des Affaires départementales et communales. Deux secrétaires de mairies désignés par leurs collègues. | Direction départementale des Affaires départementales. |
| Conseil départemental du Travail et de la Prévoyance. | Le préfet, président ou le secrétaire général de la préfecture. Le directeur départemental du Travail, de la Prévoyance et des œuvres sociales. Deux membres du Conseil général désignés par le Conseil général. Deux maires désignés par leurs collègues du département. Deux membres des Chambres de Commerce désignés par ces Chambres. Deux membres des Chambres des Arts et Manufactures du département désignés par ces Chambres. Deux délégués des sociétés de S. M. | Direction départementale du Travail et de la Prévoyance sociale. |
| *(A suivre.)* | | |

COMPÉTENCE DU CONSEIL

| A | B | C |
|---|---|---|
| Attributions provenant des Conseils et Commissions existants dont nous réalisons la suppression | Attributions provenant de la ventilation des affaires ressortissant aux Conseils de préfecture supprimés | Attributions résultant des modifications que nous proposons à la loi du 5 avril 1884 |
| 4 | 5 | 6 |
| Commission chargée de l'évaluation des dommages causés aux capitaux par les calamités publiques. Conseil consultatif départemental des taxations des denrées et subsistances. Commission de la médaille d'honneur communale. Commission départementale de la revision des évaluations foncières. Commission d'examen des candidats aux emplois communaux réservés. Commission de classement des candidats aux emplois communaux réservés. Commission départementale d'aménagement et d'extension des villes et villages. Comité mixte pour l'examen des projets de constructions scolaires. Conseil départemental de l'Enseignement technique. Comité de patronage départemental des habitations à bon marché. Comité de patronage des ouvriers italiens. Commission mixte de détermination du salaire moyen des ouvriers agricoles. Commission départementale de détermination des salaires normaux. | Contestations relatives à l'administration des monts-de-piété. | Voir au tableau ci-après, pages 308 et suivantes, les articles 2, 3, 5, 6, 12, 75, 119, 120, 123, 124, 133, 137, 149, 150, 163. |

| DÉNOMINATION des CONSEILS | COMPOSITION DU CONSEIL | DIRECTION auprès de laquelle le Conseil est institué et dont dépendent les affaires relevant de la compétence dudit Conseil |
|---|---|---|
| 1 | 2 | 3 |
| Conseil départemental du Travail et de la Prévoyance (*suite*). | Deux délégués des syndicats ouvriers du département. Un délégué du Conseil départemental de la Santé publique. Deux représentants des caisses d'épargne désignés par leurs collègues. Deux délégués des offices d'habitations à bon marché. | Direction départementale du Travail et de la Prévoyance sociale. |
| Conseil départemental des Beaux-Arts. | Le préfet, président ou le secrétaire général de la préfecture. Le directeur des Travaux publics et des Transports. Deux conseillers généraux désignés par le Conseil général. Deux membres des Sociétés savantes désignés par celles-ci. Deux architectes du département désignés par leurs collègues. L'architecte départemental. Le directeur départemental des Archives et des Beaux-Arts. | Direction départementale des Archives et des Beaux-Arts. |

| COMPÉTENCE DU CONSEIL | | |
| --- | --- | --- |
| A<br>Attributions provenant des Conseils et Commissions existants dont nous réalisons la suppression<br>4 | B<br>Attributions provenant de la ventilation des affaires ressortissant aux Conseils de préfecture supprimés<br>5 | C<br>Attributions résultant des modifications que nous proposons à la loi du 5 avril 1884<br>6 |
| Commission départementale des sites et monuments naturels.<br>Commission départementale des plans d'aménagements et d'extension des villes. | | |

# CHAPITRE VI

## LE CONTENTIEUX ADMINISTRATIF

Généralités. — Des divers projets de réforme des conseils de préfecture.
— Proposition de suppression des conseils de préfecture et de répartition de leurs attributions. — Transfert des attributions des conseils
de préfecture supprimés : tableau de répartition.

### § 1. — Généralités.

Depuis la loi du 28 pluviôse an VIII, qui avait créé les conseils
de préfecture, de nombreux projets ou propositions de loi ont
vu le jour tendant à leur réformation. Beaucoup de bons esprits considèrent en effet qu'ils constituent des juridictions im-
parfaites, et cela pour diverses raisons. D'abord la situation
médiocre faite aux fonctionnaires qui les composent, les chances
minimes d'avenir qu'ils peuvent trouver dans cette carrière
en éloignent les meilleurs éléments. D'autre part, le petit nombre d'affaires importantes que ces juridictions sont appelées
à trancher, dans la plupart des départements, ne leur permettent
pas, en général, de se former à l'exercice de leur rôle. Enfin,
comme le fait remarquer M. H. Berthèlemy (*Traité élémentaire
du droit administratif*, p. 980), « une dernière raison de l'imperfection des conseils vient du mélange de leurs attributions et
de leur subordination aux préfets. La confusion de la fonction
active et de la fonction juridictionnelle est un vice contre lequel
on ne saurait trop s'élever ».

Il suffit d'ailleurs d'examiner le nombre considérable de projets de réformes qui se sont succédé dans ces dernières années
pour se rendre compte que la réorganisation des conseils de préfecture n'a cessé de s'imposer à l'attention publique.

## § 2. — **Projets divers de réforme.**

Comme nous aurons l'occasion de le voir, les réformateurs envisagent, suivant leurs tendances, trois solutions : soit la création de tribunaux administratifs régionaux; soit l'institution d'un juge unique; soit enfin la suppression pure et simple de la juridiction administrative du premier degré et le renvoi du contentieux administratif aux tribunaux ordinaires.

### A. — *Création de tribunaux administratifs régionaux.*

Le premier projet visant cette création fut déposé par M. Goblet sur le bureau des Chambres en janvier 1887. Le Conseil d'État, chargé de l'examiner le renvoya au Gouvernement avec un avis défavorable à son adoption.

L'économie de ce projet fut reprise par M. Barthou le 27 octobre 1896 et par M. Clemenceau le 22 juin 1907 avec le même insuccès.

En 1920 la Chambre avait eu à s'occuper des conseils de préfecture au moment du vote du budget et un courant s'était établi en faveur des tribunaux administratifs régionaux.

Plusieurs propositions de loi furent déposées : celles de MM. Louis Marin, Hennessy, Steeg.

Mais tous ces projets de réformes échouèrent devant la volonté du Sénat de ne se prononcer qu'après un examen approfondi de la question et la disjonction fut votée.

La question fut reprise lors de la discussion du budget de 1921. Ce fut ce qui amena M. Marraud, ministre de l'Intérieur, à élaborer un projet de loi qui fut déposé sur le bureau du Sénat le 7 juin 1921.

Ce projet, encore en suspens, porte suppression des conseils de préfecture actuels et création de conseils administratifs régionaux, à raison d'un par ressort de cour d'appel. La compétence de ces tribunaux administratifs serait la même que celle des conseils de préfecture auxquels ils doivent être substitués. Mais ils connaîtraient en outre des litiges relatifs à l'exécution des marchés de fournitures passés par l'État, des actions dirigées contre les départements, les communes et les établissements publics en réparation des dommages causés par leurs services publics, des litiges relatifs à l'exécution des contrats par les départements, les communes ou les autres établissements publics.

On prévoit pour ces nouveaux tribunaux administratifs le droit de statuer en dernier ressort sur certaines affaires peu importantes.

Une amélioration sérieuse est également prévue pour les litiges relatifs aux contributions directes. Avant toute procédure contentieuse le directeur est appelé à statuer sur les demandes en dégrèvement qui lui sont adressées. Ce n'est qu'en cas de rejet partiel ou total de la demande que le réclamant peut se pourvoir contre cette décision devant le tribunal administratif.

Enfin le 12 juillet 1921 M. Milliaux, député, déposait une proposition tendant à une réorganisation complète des conseils de préfecture.

Il convient de remarquer, tout d'abord, que ce projet a l'avantage de marquer un pas de plus vers la séparation absolue entre l'administration active et la juridiction administrative, d'assurer une meilleure utilisation des membres de ce nouveau tribunal et d'en espérer un rendement bien supérieur à celui des conseils de préfecture.

Ce projet, dans l'esprit de ses rédacteurs, était conçu surtout dans le but de réaliser des économies par la suppression des conseils de préfecture par trop inoccupés : or il ne semble pas que la régionalisation de ces tribunaux puisse permettre d'en escompter.

L'institution des tribunaux administratifs régionaux paraît plutôt, dans l'esprit de la plupart de ses protagonistes, constituer une première étape vers l'organisation régionale de l'Administration.

Quelque opinion que l'on ait sur l'avantage que le pays pourrait retirer, au point de vue de la bonne marche de l'Administration, de la substitution de la région au département — nous nous sommes déjà expliqué à ce sujet — il semble, dans la question qui nous occupe, qu'il y ait un inconvénient sérieux à éloigner les juges des justiciables. Ce faisant on aboutit à un ralentissement considérable de la procédure et à une augmentation très sensible des frais que les plaideurs seront appelés à exposer.

En outre, il serait impossible que les conseils projetés pussent mener leur tâche à bien avec un nombre de membres aussi restreint que celui qui est prévu dans le projet de 1921. Dono, la dépense résultant de l'augmentation du personnel, nécessairement mieux rétribué d'ailleurs que les conseillers de préfecture, dépasserait, même à ce seul point de vue, l'économie escomptée.

Ainsi *point d'économies quant au personnel à attendre de la création* des *tribunaux régionaux, dépenses importantes de locaux à couvrir, éloignement du justiciable de ses juges,* auditions difficiles de témoins, *longueur accrue des procès.*

## B. — *Institution du juge unique.*

Le projet de création de tribunaux administratifs régionaux déposé en 1907 fut presque immédiatement retiré pour faire place à un second projet qui maintenait, au contraire, les conseils de préfecture, mais diminuait le nombre de leurs membres en introduisant dans la juridiction administrative du premier degré le juge unique. Ce projet échoua devant le Parlement.

Il ne paraît pas, en effet, du moins quant à présent, être susceptible d'être mis en application. Nos mœurs y semblent opposées. Le principe de la collégialité est la règle en France ; il n'est fait une exception que pour le juge de paix, mais nous savons que le rôle de ce magistrat est de juger plutôt en équité qu'en droit et que les affaires qui sont portées devant lui sont toujours de minime importance. Il n'en est pas de même pour les conseils de préfecture qui sont au contraire souvent appelés à statuer sur des procès où des intérêts pécuniaires considérables peuvent être en présence. Il paraît donc nécessaire dans ces conditions d'accorder aux personnes publiques et aux particuliers qui y sont engagés la garantie d'une délibération à trois personnes.

C. — *Suppression pure et simple des conseils de préfecture et transfert de leurs attributions aux tribunaux ordinaires.*

En 1872 une commission, dite de décentralisation, déposa un projet sur le bureau de l'Assemblée nationale qui avait pour but de transférer les attributions contentieuses des conseils de préfecture aux tribunaux ordinaires. Malgré un rapport favorable de M. Lefèvre Pontalis ce projet n'aboutit pas. Le 16 juin 1921, une proposition de loi fut déposée par M. Lafaye et plusieurs de ses collègues qui tendait au même but Le même sort lui fut d'ailleurs réservé.

Leur échec s'explique par le fait que l'on a opposé à la mise en application de ces projets de nombreuses objections de principe. La première est relative à la séparation des pouvoirs. D'après la législation positive française, dit-on, le partage d'attributions entre les tribunaux administratifs et les tribunaux judiciaires repose sur le principe constitutionnel de la séparation des pouvoirs. La compétence réservée aux tribunaux administratifs est considérée comme une garantie donnée au pouvoir exécutif dans ses rapports avec l'autorité judiciaire.

Si donc on transférait le contentieux administratif aux tribunaux on violerait le principe de la séparation des pouvoirs car on soumettrait le pouvoir exécutif au contrôle du pouvoir judiciaire.

Cette objection, purement théorique d'ailleurs, n'est pas acceptable. En effet, il convient de considérer la séparation des pouvoirs, non pas comme d'ordre politique, mais plutôt comme d'ordre fonctionnel, comme étant en somme une application, dans le domaine constitutionnel, de la division du travail.

Il n'y a donc dans ces conditions aucune bonne raison de séparer entre deux pouvoirs autonomes la fonction de juger. Ce rôle doit être confié à un seul et même pouvoir, le pouvoir judiciaire, quelle que soit la nature du litige ou la qualité des parties en cause (Voir JACQUELIN, *La Juridiction administrative dans le droit constitutionnel; principes dominants du contentieux administratif;* ARTHUR, *Séparation des pouvoirs et séparation des fonctions*).

Il n'est pas indispensable non plus qu'à un genre spécial d'affaires corresponde un juge spécial : un tribunal administratif aux litiges administratifs. On peut constater en effet que l'institution des tribunaux de commerce n'est pas générale et que, très souvent, les procès commerciaux sont portés, à défaut de juridiction consulaire, devant les tribunaux civils sans que les plaideurs aient beaucoup à le regretter.

Il n'y a pas lieu également de tenir compte de l'obligation qui, dit-on, devrait être faite aux juges du contentieux administratif d'être « imbus de l'esprit administratif », qu'ils devraient puiser au contact de l'administration active. On peut faire remarquer en effet que la section du Contentieux du Conseil d'État, la plus haute juridiction administrative, n'est composée que de magistrats issus tous de l'auditorat, sans rapport direct avec l'Administration, et qu'il ne vient à l'idée de personne de leur dénier une compétence et un esprit d'équité que tout le monde se plaît au contraire à reconnaître et à louer.

On a objecté enfin, pour refuser à l'autorité judiciaire le jugement des litiges administratifs, ce fait que l'Administration, dans le commerce juridique, bénéficie du privilège d'action directe ou d'exécution préalable et que, en conséquence, dans les procès que peuvent engendrer ses actes, elle bénéficie d'une situation particulièrement favorable et bien différente de celle d'un plaideur ordinaire.

Cela n'est évidemment pas contestable. Mais il convient de remarquer que, quelle que soit la façon dont sont engagés les procès qu'ont à soutenir les personnes publiques, soit par action directe soit par titre exécutoire, elles doivent, comme tous les plaideurs ordinaires, se soumettre à la loi pour la détermination des conséquences de leurs actes. Cette loi, ce sont les tribunaux qui ont pour mission de la faire respecter car elle est au-dessus de l'Administration.

D'ailleurs, de l'aveu même des partisans de la juridiction administrative, une grande partie du contentieux administratif, celui que MM. Laferrière et Berthélemy appellent le contentieux administratif par la détermination de la loi, ressortit d'une façon tout à fait rationnelle à la compétence des tribunaux judiciaires : c'est celui qui a pour objet les actes de gestion que les administrateurs accomplissent soit pour le profit du domaine privé, soit pour le fonctionnement des services publics dans les conditions où les particuliers opèrent pour leurs propres affaires.

Le vicomte d'Avenel, dans l'ouvrage que nous avons déjà cité sur la « réforme administrative », se montre tout à fait favorable à cette thèse qui a également nos préférences.

« Si, dit-il, l'on passe en revue une à une les matières de ce code hétéroclite, depuis les procès relatifs aux marchés passés avec les administrations communales, départementales et l'État, jusqu'au contentieux électoral et aux rapports des pouvoirs spirituels et temporels, on voit qu'il est aisé de les renvoyer toutes aux juges du droit commun, dont elles forment un chapitre comme le droit commercial, le droit civil et le droit criminel en forment d'autres. C'est ce qu'ont fait des nations voisines, la Belgique depuis soixante ans, et l'Italie depuis vingt-cinq ans, sans parler des pays, plus nombreux encore, où n'a jamais existé cette juridiction amphibie. C'est ce qu'ont proposé, en France, d'excellents esprits dans leurs critiques contre cette institution, dont le crédit depuis cinquante ans n'a pas augmenté. »

Les tribunaux sont actuellement compétents pour connaître des actes contractuels accomplis dans le fonctionnement des services publics et de toutes les contestations relatives au domaine privé de l'État, des départements et des communes. Il n'y a donc aucune bonne raison de refuser à l'autorité judiciaire l'examen des marchés de travaux publics, des marchés de fournitures de l'État, qui sont des actes contractuels faits en vue de la marche des services publics et des litiges relatifs au domaine public.

Aussi bien trouvons-nous dans la procédure de l'expropriation pour cause d'utilité publique une confirmation de notre thèse. Cette opération directement poursuivie par l'Administration constitue au premier chef un acte de puissance publique.

Elle est en effet basée sur le principe que la propriété privée peut être confisquée, sauf dédommagement ultérieur, dans un but d'intérêt général dont les collectivités administratives ont la charge et que les particuliers qui refusent de céder à l'amiable leur propriété peuvent y être contraints en vue de la réalisation d'entreprises indispensables au bien de tous.

C'est là, à notre avis, la mise en œuvre la plus certaine et la plus grave en somme de cette « prérogative d'action directe » dévolue à la puissance publique et qui constitue pour les partisans d'un contentieux administratif autonome le plus solide argument en faveur de son maintien.

Malgré ce caractère et bien que l'expropriation n'ait son origine que dans un acte de volonté unilatérale de l'autorité administrative, le législateur a donné, à bon droit, compétence aux tribunaux ordinaires, à l'exclusion de la juridiction administrative, pour prononcer en cette matière le transfert de propriété.

Il n'y a donc aucune raison valable pour exclure de la compétence du juge de droit commun les marchés de fournitures ou les marchés de travaux publics, par exemple, qui, sans mettre en jeu, comme l'expropriation, le privilège de la puissance publique, constituent entre les parties une relation purement contractuelle, pareille à celles du commerce juridique ordinaire sur lesquelles les tribunaux civils ont seuls la mission de statuer.

## § 3. — Proposition de suppression des conseils de préfecture et de répartition de leurs attributions.

*Pour tous ces motifs nous sommes d'avis qu'il y a lieu de supprimer les conseils de préfecture,* étant bien entendu cependant que *la procédure suivie devant les juridictions administratives, qui est expéditive et peu coûteuse, sera maintenue,* comme le propose M. d'Avenel : « Une seule chose survivrait, dit-il, à la juridiction administrative actuelle : sa procédure. En fusionnant avec la justice ordinaire qui lui fournirait ses magistrats inamovibles et indépendants, elle garderait ses formes simples, peu coûteuses, faciles à comprendre, et plaisant aux parties par tous ces motifs. » De même, *l'appel devant le Conseil d'État* serait conservé afin de permettre le maintien d'une jurisprudence administrative uniforme, basée en même temps sur un large esprit d'équité et sur le respect de la loi.

Quant à la répartition des attributions des conseils de préfecture, voici quel en serait le principe, les détails de cette ventilation faisant l'objet du tableau synoptique ci-après :

### A. — *Attributions des conseils de préfecture transférées aux tribunaux ordinaires.*

Nous proposons de passer la majeure partie des attributions des conseils de préfecture aux tribunaux ordinaires pour les raisons que nous avons déjà exposées.

Ce transfert du contentieux administratif aurait en outre l'avantage de réaliser une économie certaine d'argent et de personnel, d'assurer le rapprochement des justiciables et du juge et de faire disparaître les conflits d'attributions.

Nous ne craignons pas notamment de proposer de confier le jugement des contestations électorales aux tribunaux civils avec appel au Conseil d'État, la tendance se manifestant de plus en plus d'associer l'autorité judiciaire aux diverses opérations électorales et ceci dans un but d'impartialité.

### B. — *Attributions des conseils de préfecture transférées aux juges de paix.*

En matière de grande voirie les conseils de préfecture ont, d'une part, une compétence civile qui leur permet de statuer sur les anticipations commises au préjudice de la voie publique et, d'autre part, une compétence pénale pour toutes les contraventions résultant d'usurpations, de dégradations, de violations des règlements, etc...

En matière de petite voirie, les conseils de préfecture n'ont qu'une compétence civile, la compétence pénale appartenant au juge de paix conformément à la loi du 9 ventôse an XIII.

Il est nécessaire d'unifier à ce sujet la compétence et de déférer en premier et dernier ressort toutes les anticipations de grande et de petite voirie, tant au point de vue civil que pénal, aux juges de paix.

C. — *Attributions des conseils de préfecture*
*transférées aux conseils départementaux.*

Il est enfin d'autres attributions des conseils de préfecture que nous proposons non pas de confier à l'autorité judiciaire, mais aux divers conseils statuant en matière contentieuse dont nous avons par ailleurs défini le rôle (Voir *supra*, p. 262).

Ces conseils statueront toujours à charge d'appel devant le Conseil d'État.

Tableau

§ 4. — **Ventilation des attribution**

*Tableau d*

| AUX TRIBUNAUX ORDINAIRES | AUX JUGES DE PAIX |
|---|---|
| Litiges relatifs : Aux travaux publics de l'État, des départements, des communes et des établissements publics. A la sauvegarde de la propriété privée. A la conservation du domaine public et privé des personnes morales publiques. Aux anticipations et détériorations aux **rivières navigables** et flottables (Loi du 14 floréal an IX). Au classement des propriétés, à la perception des taxes, à l'exécution des travaux en matière d'associations syndicales (L. des 21 juin 1865 et 20 avril 1881). Aux mines (L. des 21 avril 1810 et 27 avril 1838). Aux servitudes militaires défensives (L. des 20 juillet 1851 et 22 juin 1854). Aux partages des biens communaux. Aux édifices menaçant ruine (L. du 21 juin 1898). Contentieux électoral (conseils d'arrondissement, conseils municipaux, conseils de prud'hommes, délégués sénatoriaux, maires et adjoints). | Contraventions de grande et petite voirie (Usurpation, dégradations, violations des règlements) tant au point de vue civil qu'au point de vue pénal. |

(1) Voir *supra*, page 262.
(2) Voir tableau synoptique sommaire : *supra*, page 266.

**des conseils de préfecture supprimés.**

---

*répartition.*

| AUX CONSEILS<br>DONT NOUS AVONS PROPOSÉ L'INSTITUTION (1)<br>et réglé les attributions (2) | DÉNOMINATION<br>DU CONSEIL COMPÉTENT |
|---|---|
| Réclamations en matière de contributions directes (Demandes en décharges, réductions, mutation de cotes, etc.). | Conseil départemental des services financiers. |
| Réclamations en matière d'impôts sur le chiffre d'affaires. | |
| Apurement des comptes des communes, bureaux de bienfaisance, hôpitaux, syndicats, établissements publics (monts-de-piété, asiles) et comptabilités occultes. Appel à la Cour des Comptes. | |
| Recours contre les arrêtés municipaux en matière de logements insalubres (L. du 15 février 1902). | Conseil départemental de l'assistance et de la santé publique. |
| Opposition à la création d'établissements dangereux, incommodes et insalubres. | |
| Contestations relatives au domicile de secours. Désaccord entre les commissions administratives des hospices et les préfets et entre elles et les communes (L. des 15 juillet 1893, 14 juillet 1905, 17 juin et 1er juillet 1913). | |
| Règlement des indemnités relatives à la pêche fluviale. | Conseil départemental des Eaux et Forêts. |
| Répartition des coupes affouagères. | |
| Rachats de droit de pâturage. | |
| Litiges s'élevant à l'occasion de l'application des articles 50, 64, 65 et 67 du Code forestier. | |
| Contestations relatives à l'administration des monts-de-piété. | Conseil départemental du travail et de la prévoyance sociale. |

# TITRE V

## L'ARRONDISSEMENT

### CHAPITRE UNIQUE

### LA CIRCONSCRIPTION D'ARRONDISSEMENT ET SES AGENTS

Si la division administrative départementale ne souleva pas d'objections sérieuses, lors de la discussion de la loi de pluviôse, il en fut tout autrement de la circonscription d'arrondissement.

Cette institution fut notamment combattue par Gillet au Tribunat en des termes qu'il nous paraît intéressant de reproduire (1) :

« Qu'est-ce, en effet, que l'Administration, suivant la définition du Conseil d'État?

« D'un côté c'est l'urgence des communications réciproques entre la volonté publique et les intérêts particuliers : or, cette communication est nécessairement plus rapide et plus simultanée ne parcourant que deux degrés que si elle en a trois à parcourir.

« De l'autre côté, *c'est action directe et procuration d'action :* ainsi, elle ne consiste qu'en deux seuls mouvements, dont l'état actuel des choses est l'exemple. L'action directe, ce sont les municipalités qui l'exercent; la procuration d'action, ce sont les administrations centrales.

---

(1) Tribunat. Présidence du citoyen Demeunier. Séance du 24 pluviôse. Discours du citoyen Gillet (*Archives parlementaires des Chambres françaises*, p. 192 à 20).

« Comment cette division, si juste dans la définition, n'a pas frappé les rédacteurs de la loi et comment ils ne l'ont pas adoptée pour le principe de la distribution des pouvoirs ?

« Que sera-ce, en effet, que le sous-préfet? Veut-on dire que c'est à lui qu'appartiendra l'action directe? Mais alors à quoi serviraient les municipalités?

« Sera-t-il le procurateur de l'action? Mais voilà donc la procuration d'action dans deux mains différentes, d'abord dans celle du préfet, puis, dans celle du sous-préfet; alors, la force du mouvement se perd par un frottement inutile.

« On croit répondre à cette objection en disant que le sous-préfet a véritablement l'action directe pour l'administration générale et que les municipalités ne sont instituées que pour l'administration, en quelque sorte domestique, de leur commune.

« Mais, dans la vérité du fait, il me paraît impossible à moi que le sous-préfet exerce par lui-même son action directe. Il y a une multitude d'affaires, qui quoiqu'elles tiennent à l'administration générale, ont besoin cependant de connaissances locales. »

Aussi bien, son utilité n'apparaissant pas à tous, n'investit-on pas l'arrondissement de la personnalité morale.

Aux conseillers d'arrondissement ne furent allouées que des attributions dérisoires; et si ces fonctions sont encore recherchées cela tient à ce que beaucoup de candidats y voient un moyen de s'imposer à l'attention publique, ou d'y faire leur apprentissage politique, afin d'accéder ensuite à d'autres mandats électifs.

L'augmentation des attributions de l'assemblée d'arrondissement compte donc peu de partisans, de même que la collation de la personnalité morale à cette circonscription.

M. Charles Lallemand, dans le rapport que nous avons déjà cité, déclare que la commission dont il était le rapporteur, après avoir envisagé cette question, l'a résolue par la négative.

« La Commission, dit-il (1), a reconnu que le département suffit pour pourvoir à toutes les nécessités générales auxquelles ne satisfait point l'État et qui excèdent les facultés des communes.

_______________

(1) Rapport C.

« L'unité départementale n'est assez forte pour assumer de grandes entreprises que parce que, dans son sein, les ressources d'arrondissements inégalement riches s'équilibrent; souvent un arrondissement pris isolément, ayant d'autant plus de besoins qu'il serait plus déshérité naturellement, se trouverait dans l'impossibilité d'y faire face.

« Le budget d'arrondissement que l'on créerait serait donc souvent exsangue, mais il n'entraînerait pas moins pour les contribuables de nouvelles charges sans qu'on pût en attendre aucun profit appréciable.

« L'administration se trouverait certainement compliquée, l'effort départemental serait souvent paralysé et l'effort communal constamment absorbé, annihilé, l'arrondissement ne pouvant manifester son activité qu'au détriment du département ou de la commune. Car il est difficile de concevoir les attributions que pourrait exercer une assemblée d'arrondissement sans dépouiller en particulier le département.

« On ferait là une œuvre purement factice, en jetant un organisme mort-né, parasitaire, au milieu d'organismes vivants; ce serait un véritable recul, non un  progrès. »

Nous ne pensons pas que depuis 1909, date où ce sentiment était exprimé, et où il paraît qu'il répondait bien à l'opinion générale, celle-ci se soit modifiée.

Mais si l'accord paraît être fait quant à l'inutilité de donner une vie administrative plus intense à l'entité administrative d'arrondissement, les opinions divergent pour ce qui est des fonctionnaires exerçant dans le cadre de l'arrondissement et notamment pour le sous-préfet.

« La multiplicité croissante des attributions dévolues aux conseils municipaux et aux maires, dit à ce sujet M. Lallemand (1), la complexité toujours plus grande de leurs devoirs et de leurs responsabilités, ne sont ignorées de personne. Les intéressés, les premiers, déclarent à qui veut l'entendre, qu'elles excèdent les capacités qu'ils possèdent, le temps dont ils disposent, les moyens d'action mis à leur service.

« Il ne faut pas, en effet, oublier de parti pris que dans l'im-

_______________

(1) Rapport C.

mense majorité des communes, les élus arrivent aux affaires sans la préparation préalable à laquelle la meilleure volonté ne saurait entièrement suppléer, que le plus souvent ils n'y restent pas assez longtemps pour y acquérir l'expérience nécessaire et qu'ils ont rarement à leur disposition des collaborateurs capables. C'est donc, on ne peut plus approximativement que les choses se font dans la plupart des mairies.

« Qu'adviendrait-il si on réduisait à un seul par département, à 88 pour la France entière, au regard de 36.000 municipalités, les administrateurs de carrière qui peuvent seuls conseiller les élus et remédier à tant de lacunes? »

Et M. Lallemand de conclure que le sous-préfet est absolument indispensable, au moins dans un certain nombre d'arrondissements (il propose d'en réduire le nombre) pour exercer auprès des municipalités ce rôle de sollicitude dans la tutelle et le contrôle réclamé par les municipalités elles-mêmes.

Nous serions tout à fait d'accord avec ces conclusions si les sous-préfets n'avaient pas, hélas! en tout cas nombre d'entre eux, justifié leur suppression par l'exagération qu'ils ont mise à réaliser leur mérite politique et par contre l'insuffisance que trop d'entre eux ont montrée à remplir leur tâche administrative.

Ce qui a fait apparaître comme vicieuse l'institution des sous-préfectures, c'est ainsi le rendement insuffisant de trop de titulaires de ces fonctions.

A cela deux causes : la première tient dans un recrutement quelquefois un peu discutable; la deuxième, et celle sur laquelle nous insisterons très particulièrement, réside dans ce fait que dans beaucoup de cas, ces collaborateurs du préfet, qui peuvent jouer un rôle si utile au point de vue économique et social, n'y ont pas été expressément conviés.

Combien de sous-préfets auront fait figure de fonctionnaires inutiles parce qu'ils se sont trouvés dépossédés de l'autorité qu'ils devaient exercer et qui devait avoir le corollaire d'une responsabilité effective! Pour quelques-uns, par contre, c'eût été le critérium de leur incapacité, assurant leur éviction.

Quoi qu'il en soit, il n'est pas douteux que l'opinion publique réclame, comme une mesure d'économie impérieuse, la suppression des sous-préfets.

Nous ne croyons pas qu'il s'agisse là d'une économie considérable; nous venons d'affirmer avec M. Lallemand qu'on eût pu tirer de la fonction sous-préfectorale un parti extrêmement intéressant, mais nous craignons bien que tous les avocats de ces fonctionnaires n'aient, comme nous-même, le sentiment de plaider une cause perdue.

Et puisque nos propositions tendent à la suppression de l'arrondissement, il nous paraît oiseux de prolonger à ce sujet, une discussion doctrinale.

C'est pourquoi nous avons proposé l'institution d'une inspection départementale des services administratifs qui, bien agencée, peut faire qu'on n'ait point à regretter la suppression des sous-préfets. C'est d'ailleurs la proposition de M. L. Marin (1).

L'arrondissement supprimé, les affaires ressortissant au Conseil d'arrondissement seront évoquées par le Conseil général (Voir *supra*, p. 202) les décisions appartenant actuellement au sous-préfet seront transférées au préfet et les affaires traitées dans les bureaux des sous-préfectures seront réparties dans les directions conformément aux propositions que nous avons dressées (Voir *supra*, p. 226 et suiv.).

Est-ce à dire que la suppression des organes administratifs de l'arrondissement doive nécessairement conduire à la disparition *de tous les services* ayant leur siège ou leur succursale au chef-lieu de l'arrondissement : tribunaux, gendarmerie, prison, etc...? Nous ne croyons pas que cette question puisse être résolue de manière absolue, mais c'est là un sujet en dehors du cadre de notre travail.

------

(1) Rapport cité.

# TITRE VI

# LE CANTON

—

## CHAPITRE UNIQUE

## LA CIRCONSCRIPTION CANTONALE ET SES AGENTS

—

Bien que de fort intéressants projets aient été présentés récemment pour faire du canton une réalité administrative, nous ne pensons pas que cette création ou plutôt cette reviviscence soit opportune.

Que l'agrégation de communes pour la poursuite de buts déterminés puisse être recommandable, et nous pensons que dans de nombreux cas, elle doit en effet être encouragée, nous aurons plus loin l'occasion d'en discuter (1). Mais nous estimons que la superposition d'une administration cantonale et son interposition entre l'administration municipale et l'administration départementale ne sont point de nature à faciliter l'administration, mais plutôt à la compliquer.

Il est assez curieux de voir les régionalistes, qui se fondent, pour défendre leur système, sur la rapidité moderne des communications permettant un vaste élargissement de la division départementale, proposer eux-mêmes la création de la division cantonale.

______

(1) Voir *infra*, p. 334.

Celle-ci aurait, entre autres inconvénients manifestes, celui de créer une autre couche de fonctionnaires qui ne manquerait pas de se développer.

Nous nous déclarons donc hostiles à l'organisation du canton et nous avons même proposé la suppression de la plupart des commissions notamment au point de vue de l'assistance, qui fonctionnent dans le cadre du canton et ne donnent aucun résultat satisfaisant.

M. Ch. Lallemand, dans son rapport déjà cité, conclut dans ce sens :

« L'Assemblée cantonale voudrait, à tout prix, essayer de légitimer son institution et se donner de l'importance; elle se livrerait dans ce but à des dépenses superflues, elle contrecarrerait l'initiative départementale, entrant aisément en conflit avec le Conseil général; elle étoufferait l'initiative communale. On aurait abouti simplement à beaucoup de désordre en détournant des attributions qui sont aujourd'hui logiquement placées.

« Il n'y aurait donc aucun intérêt, il y aurait, au contraire, de redoutables inconvénients à faire du canton autre chose que ce qu'il est : une circonscription judiciaire et électorale. »

Nous nous rallions entièrement à cette manière de voir.

# TITRE VII

## LA COMMUNE

---

### CHAPITRE I

## LA CELLULE COMMUNALE
## SES SERVICES ET SES AGENTS

Généralités. — La décentralisation. — Les finances communales. — Les agents de la commune (maire, conseil municipal, employés de la commune). — La codification des règlements départementaux. — Modifications proposées à la loi du 5 avril 1884.

---

### § 1. — Généralités.

Premier stade de l'évolution sociale qui a conduit les tribus errantes, après s'être fixées sur une partie du sol, à déterminer le champ de leur activité, l'exercice et la préservation de leurs droits et à organiser la vie en commun, l'origine de la cellule communale se perd ainsi dans la nuit des temps historiques.

La nature comme les conditions d'exercice des pouvoirs qu'elle a pu s'attribuer ou conquérir, ou qui lui ont été conférés, ont inévitablement été fonction de l'état social et du régime du pays.

La lutte s'est donc poursuivie entre les représentants de la nation dès qu'elle a été organisée et l'entité communale, celle-ci se défendant contre les emprises de l'État, ceux-là excipant de leurs droits à établir une législation d'ensemble et de leur devoir de contrôle pour la sauvegarde des intérêts de tous contre la carence ou les excès des administrations communales et la protection des minorités.

La loi du 5 avril 1884 représente le dernier état de la question et constitue, comme on sait, la charte de l'administration communale.

Après avoir passé en revue les problèmes que soulève dans les circonstances actuelles le fonctionnement de cette administration, nous compléterons et nous préciserons nos propositions, en indiquant, article par article, quelles modifications nous paraissent pouvoir être apportées à ladite loi.

### § 2. — La décentralisation.

C'est dans le sens d'une plus grande autonomie communale qu'est généralement comprise la décentralisation réalisée au profit de cette cellule administrative.

Nous sommes de ceux qui pensent qu'il y a lieu de se montrer extrêmement circonspect pour étendre dans ce sens les dispositions de la loi de 1884. Nous avons pour cela plusieurs raisons.

En premier lieu, la charge chaque jour croissante imposée aux municipalités pour l'application des lois en général, qui absorbe en grande partie les facultés d'activité et de vigilance des administrateurs communaux : nous aurons l'occasion de revenir sur ce point de vue.

En second lieu, et quelque confiance que méritent dans leur ensemble les assemblées communales et les édiles qu'elles placent à leur tête, il n'en est pas moins vrai que, vis-à-vis d'un certain nombre, la tutelle du pouvoir et son contrôle sont indispensables pour éviter, soit leur inaction, soit leurs excès.

Nous avons déjà marqué cette préoccupation dans les chapitres que nous avons consacrés à la décentralisation en général, en entourant notre avis de hautes références.

« Tous ceux, dit encore M. Henry Ripert (1), qui ont partagé la vie des petites communes savent tout ce que la liberté des

---

(1) Extrait de la *Revue des Sciences Politiques*, III. Mai-juin 1911. H. RIPERT.

administrés peut avoir à souffrir des potentats de village, surtout dans un pays où, par la force des choses, les questions politiques se trouvent, à tout instant, mélangées aux questions administratives. Il faut donc conserver précieusement, dans l'intérêt même des administrés, le contrôle des agents du pouvoir central sur les autorités locales. »

Et M. Henri Chardon (2), avec l'opinion duquel nous sommes heureux de nous rencontrer une fois de plus, va courageusement plus loin :

« Il n'y a pas, à proprement parler, de services publics communaux; il y a seulement des services publics que le conseil municipal doit contrôler et payer. Mais les conseils municipaux n'ont ni la fixité, ni l'impartialité, ni compétence nécessaires pour choisir discrétionnairement les agents de ces services. La nation doit mettre ces agents à la disposition du conseil municipal, avec toutes les garanties que peut donner un recrutement national. Sans doute, certains maires bondissent, quand on leur dit qu'ils n'ont pas qualité pour désigner les agents de police ou de l'hygiène. Mais pendant qu'ils bondissent, les secrétaires de mairies s'organisent, demandant impérieusement à devenir une organisation nationale et les commissions du ministère de l'Intérieur appuient leur demande. Ainsi se dessinent peu à peu les lignes du régime municipal très différent de celui qu'enseignent encore les manuels. Ce n'est plus la tutelle, mais une collaboration étroite entre les agents de la nation, agents d'exécution et le conseil municipal, corps de contrôle. »

Nous croyons bien avec l'éminent conseiller d'État que c'est dans le sens de cette collaboration étroite qu'il y a lieu de s'orienter sans se laisser hypnotiser par des conceptions d'idéalisme autonomiste. Le mieux est souvent l'ennemi du bien et que d'exemples on pourrait trouver de la disparition d'intéressantes institutions qui ont pâti de l'exagération du parti qu'ont voulu tirer d'elles des esprits généreux, mais insuffisamment avertis.

Précisément des restrictions se sont imposées déjà au régime de liberté institué par la loi de 1884, pour les services de police par exemple.

---

(1) *Op. cit.*, p. 263.

« Or, les municipalités, écrit M. Henry Ripert (1), dans beaucoup d'endroits, se sont montrées impuissantes à organiser d'une façon satisfaisante un service pourtant essentiel à la sécurité et au bon ordre d'une ville. Les plaintes ont été si vives dans quelques grandes villes qu'une réaction centralisatrice s'en est suivie et qu'une loi du 30 août 1908 est même venue enlever la police municipale au maire de Marseille pour la confier au préfet des Bouches-du-Rhône. Cette loi, intéressante à signaler, marque un acheminement vers la transformation de la police municipale en police d'État. Ici, d'ailleurs, les communes seraient mal venues à se plaindre du mouvement centralisateur puisqu'il est né de leur impuissance à assurer un service essentiel que l'État paraît mieux à même de gérer. »

Nous avons déjà indiqué (Voir *supra*, p. 258) comment nous entendions l'amélioration de la police en traitant de la direction départementale de ce service, en concordance d'idées à peu près avec M. H. Ripert.

### § 3. — Les finances communales.

Nous sommes d'avis qu'il y a lieu de maintenir un contrôle vigilant du pouvoir central par l'entremise des préfets sur les finances des communes.

Tout est dans tout et on ne saurait comprendre unitairement un régime d'économies s'appliquant aux dépenses de l'État si les autres collectivités peuvent en marge se livrer à des dépenses somptuaires.

Le contribuable, en effet, masse la somme de ses impositions et s'il en discute le montant, il ne fait généralement aucune différence, avec raison d'ailleurs, quant à leur origine

Et non seulement, il convient à notre sens de faire obstacle aux excès des conseils municipaux, dont les décisions pourraient léser gravement les intérêts d'une minorité, mais même contre les abus d'une assemblée, répondant aux entraînements irréfléchis de toute une population éblouie par la satisfaction de

--------

(1) Article cité.

désirs inconsidérés et dont elle n'aurait pas mesuré les incidences désastreuses pour l'avenir de la cité et son crédit.

Les budgets communaux ont subi, dans les grandes villes notamment, une enflure considérable en ces derniers temps. D'une part, en raison des nécessités du développement de celles-ci, des besoins de commodité qui s'accentuent chaque jour pour répondre à la conception moderne que nous nous faisons de l'hygiène et de la salubrité publiques, avec l'aggravation correspondante, pour ces objets comme pour tous autres, de l'augmentation du prix de la vie. D'autre part, en suite de l'incidence dans les budgets communaux de certaines dispositions législatives qui en ont réparti les charges entre les trois grandes collectivités : État, département, commune.

M. Joseph Barthélemy (1), dans un article de la *Revue du droit public et de la science politique*, proteste véhémentement contre cette tendance où on ne peut voir, dit-il, une mesure de véritable décentralisation, mais bien plutôt le contraire. Il accuse le législateur d'avoir obéi à des considérations politiques :

« Le but, dit-il, est de décharger le budget de l'État au détriment des budgets locaux; cela ne décharge nullement le contribuable, qui est toujours le même; mais cet artifice crée une complication de comptabilité destinée à lui masquer la masse de ses charges et surtout à déplacer la responsabilité de leur augmentation. Le Parlement, qui en fait est souverain, vote d'un côté des réformes démocratiques, beaucoup pour obéir à ses convictions, un peu, peut-être, pour séduire sa clientèle électorale; mais il met les frais de ces réformes à la charge des budgets locaux, pour tâcher d'éviter l'impopularité qui s'attache à l'accroissement des dépenses. »

Nous ne voulons rien retenir de ce procès.

Nous avons déjà exprimé notre sentiment touchant l'incorporation dans le budget du département d'une partie des dépenses résultant notamment des services d'assistance.

Il ne s'agit pas de donner le change au contribuable sur l'origine des charges fiscales qu'il subit; mais, en associant la collec-

---

(1) *Op. cit.*

tivité communale au règlement d'une partie des dépenses découlant de certaines lois, à activer sa collaboration au fonctionnement de celles-ci et au contrôle de l'emploi des deniers publics. Il y a là, quoi qu'on dise, une mesure de décentralisation, non seulement administrative, mais démocratique, qui ne nous paraît pas contestable.

## § 4. — Les agents de la commune.

Nous avons fait allusion plus haut à la tâche, sans cesse accrue, imposée à l'administration communale, sur les services de laquelle l'application de toutes les lois a son incidence immédiate.

Nous allons examiner de quels moyens elle dispose pour cela.

*a*) Le conseil municipal :

Nous n'avons pas à nous étendre sur l'organisation et le fonctionnement du conseil municipal tels qu'ils résultent de la loi de 1884 puisque, aussi bien, les modifications qu'ils nous paraissent devoir subir sont indiquées dans le tableau ci-après (Voir *infra*, p. 308).

*b*) Le maire :

Le maire est devenu l'agent d'exécution, non seulement de toutes les lois proprement administratives, mais pour les services de la justice, de la guerre, de la marine, etc...

« Il est bien naturel, dit M. Favareille (1), que dans l'impossibilité matérielle et financière où se trouve l'État, d'avoir un représentant spécial dans chaque commune, il ait songé à confier au maire certaines fonctions d'ordre général, et d'autant plus qu'au début ce dernier n'était pas élu, mais nommé par l'État lui-même. Il est, dès lors, naturel que pour cet ordre de fonctions le maire soit un véritable fonctionnaire, un subordonné du préfet. Mais ce système a été poussé à un tel excès que peu à peu le maire est devenu beaucoup plus un fonctionnaire gratuit, dont l'État use et abuse à tout propos, que le gestionnaire des intérêts communaux. Les lois dites de prévoyance et d'assistance ont particulièrement poussé dans ce sens. Ces lois,

---

(1) *Op. cit.*, p. 12.

étant toutes des extensions de l'action de l'État, auraient été impossibles si ce dernier avait dû les exécuter par ses propres moyens fonctionnaristes; il a donc trouvé plus simple de fonctionnariser les maires. C'est ainsi qu'à ses attributions en matière de police générale et judiciaire, de listes électorales et d'élections, de contributions directes, de recrutement, logement de troupes, réquisitions, délivrances de certificats, présidences de commissions de toutes sortes, direction et réglementation de l'hygiène, surveillance des prisons, des asiles d'aliénés, des écoles, etc... sont venues s'ajouter l'assistance aux malades, aux vieillards, aux femmes en couches, aux familles nombreuses, aux familles de militaires, les retraites ouvrières, etc..., etc...; le maire est ainsi devenu le fonctionnaire le plus important de France, surchargé de correspondance avec le préfet, accablé de feuilles statistiques et de feuilles multicolores et multiformes. Ajoutons qu'un grand nombre de ses fonctions, notamment le service de l'hygiène, sont moralement inexécutables par un homme élu qui ne peut, sans héroïsme, exercer une contrainte et une police journalières sur ses électeurs. »

En parodiant une boutade célèbre, nous pourrions nous demander si, eu égard aux connaissances théoriques et pratiques que doit posséder un maire, combien de ministres seraient capables de remplir impromptu cette fonction !

En plus de l'amélioration de la qualité de ces collaborateurs pour les raisons et par les moyens que nous allons exposer, peut-être serait-il possible, au moins dans les grandes villes (au-dessus de 20.000 habitants par exemple, c'est ce que nous proposerons), de répartir effectivement les responsabilités du maire entre certains de ses collègues, ses adjoints. C'est l'idée qu'exprimait M. Paul Deschanel (1).

« Nous pourrions, écrit-il, prendre pour modèle le système belge; c'est, à peu de chose près, l'ancienne organisation française. Il serait bien facile de l'adapter à nos institutions actuelles; il suffirait d'étendre, de généraliser ce qui se fait déjà dans nos grandes villes et d'attribuer au maire et aux adjoints — en augmentant, au besoin, le nombre de ceux-ci — ce que la loi attribue

_______________

(1) *La Décentralisation. Op. cit.*, p. 10.

au maire seul; le maire deviendrait le simple président de la municipalité; chaque adjoint serait chargé spécialement d'un service. »

Mais nous pensons qu'il conviendrait de déterminer dans la
loi quelles sont les fonctions dont le maire doit se décharger sur
ses adjoints, ceux-ci devant en prendre devant lui la responsabilité, le conseil municipal, en cas de conflit, étant appelé naturellement à les départager.

*c)* Les employés communaux :

Dans les grandes villes dont l'importance permet d'organiser de véritables bureaux, avec un personnel spécialisé, les
édiles y trouvent des conseillers expérimentés. Ainsi palliant
dans une certaine mesure les inconvénients des changements
fréquents dans la composition des municipalités, ces employés
assurent la tradition et une certaine continuité dans l'action.

Mais combien sont-ils, ces centres importants où l'administration municipale peut avoir cette assiette? On peut s'en faire
rapidement une idée en jetant un coup d'œil sur la répartition
des 38.000 communes de France par rapport au nombre de leurs
habitants :

| | | |
|---|---|---|
| 15 seulement ont plus de . . . . . . | 100.000 | habitants |
| 315 dépassent . . . . . . . . . . . | 10.000 | — |
| 394 ont plus de . . . . . . . . . | 5.000 | — |
| 6.168 plus de . . . . . . . . . . | 1.000 | — |
| et enfin *31.086 ne comptent pas* . . . . | 1.000 | — |

Dans toutes les communes où le chiffre de la population est
inférieur à 3.000 habitants, *a fortiori* dans celles moins peuplées,
quel peut être dans ces microcosmes administratifs le secrétariat de la mairie? Il n'est plus qu'un organisme de fortune
confié tantôt à l'instituteur, tantôt au curé, ou encore exercé
par le maire lui-même, bien plus rarement par un fonctionnaire
de carrière.

Or, dans ces petites agglomérations, le maire arrive souvent
à l'hôtel de ville sans aucune connaissance administrative;
il est presque toujours animé du désir de bien faire, mais c'est,
souvent, tout son bagage.

S'il ne trouve pas un secrétaire compétent comment ce nouvel
élu se tirera-t-il d'affaire?

Le courrier lui apportera chaque jour une volumineuse correspondance émanant de tous les compartiments administratifs, dont la destination autant que les solutions qu'elle comporte lui échapperont pour la plupart. Et le découragement aura vite fait de s'emparer de ce citoyen de bonne volonté.

Sans doute, le sous-préfet est-il là tout proche aujourd'hui, auprès duquel on peut aller prendre conseil : nous avons dû consentir à sa suppression.

Et si nous avons organisé aussi largement que possible l'inspection départementale des services administratifs, cet organe ne pourra suppléer complètement à la disparition de l'autre.

Il convient donc de prévoir les mesures appropriées pour obtenir qu'un personnel compétent et stable soit à la disposition de toutes les municipalités, soit que la commune étant assez importante puisse avoir un ou plusieurs secrétaires en propre, soit que pour les toutes petites formations communales, un secrétaire assure le service jumelé de deux ou de plusieurs d'entre elles.

Il conviendrait, à notre avis, de créer une organisation à cadre départemental permettant les mutations et les avancements et comportant des garanties de recrutement.

C'est le vœu, croyons-nous, des secrétaires de mairies, qui légitimement conscients de constituer la cheville ouvrière de l'administration municipale et au dévouement desquels nous sommes heureux de rendre ce témoignage, se plaignent d'être traités comme quantité négligeable.

*Nous confierions volontiers le contrôle de ce personnel au conseil des affaires communales, dont nous avons proposé l'institution.*

Notre solution, un peu différente de celle de M. Henri Chardon qui tend à la nationalisation de ces agents, nous paraît plus facilement et plus immédiatement réalisable au moins comme premier stade.


### § 5. — La codification des règlements départementaux.

Nous avons déjà indiqué combien il était désirable pour simplifier le fonctionnement des services administratifs, faciliter la tâche des administrateurs communaux, rendre plus aisée pour eux et pour les administrés, la connaissance des lois et de tous les règlements auxquels ils sont astreints, qu'une codification intervienne sans délai pour le passé et que, dans l'avenir, les textes nouveaux y soient incorporés.

Cette nécessité apparaît non seulement pour la loi proprement dite, nous l'avons signalé, mais pour tout ce qui est de réglementation en marge ou en prolongement de la loi.

Il en est ainsi des règlements départementaux, auxquels s'appliquent toutes les réflexions que nous avons faites et sur lesquelles nous ne reviendrons pas, consignées qu'elles sont dans le chapitre I de notre étude, paragraphe 5 (p. 14).

Nous avons fait allusion plus haut à la besogne si diverse qui échoit aux administrateurs communaux et à leurs collaborateurs et nous pensons que ce serait grandement faciliter leur mission que de mettre à leur portée des règlements unifiés, qu'ils doivent à l'heure actuelle rechercher dans le fouillis du *Recueil des Actes administratifs*. Or, les textes chevauchent si souvent les uns sur les autres qu'on ne peut plus distinguer quelles parties en ont été abrogées.

Les maires éprouvent ainsi les plus grandes difficultés et à remplir utilement leur rôle administratif et à renseigner avec précision et diligence les administrés qui s'adressent à eux.

Aussi bien les récriminations se font-elles chaque jour plus vives dans les mairies, où l'on ne manque pas d'ailleurs d'invoquer, pour se disculper de l'inapplication de certains règlements essentiels, de l'ignorance qu'on en avait.

Dans un département où cette codification a été entreprise en commençant par tout ce qui a trait à *la santé publique*: assistance, hygiène, bienfaisance, etc... on aura une idée de ce qu'elle peut présenter d'intérêt et d'utilité par le nombre des articles que comporte ce règlement général : il est de plus de 800 (1).

Mais un travail analogue est au moins aussi important pour les autres compartiments et notamment pour tout ce qui a trait à la *législation sociale;* nous nous sommes expliqué à cet égard au début de notre étude. Si l'on veut appeler, comme c'est

---

(1) *Guide manuel de la Santé publique.* Impr. Olivier Joulian, Draguignan.

indispensable, tous les citoyens à s'intéresser à l'application de la bienfaisante législation dont il s'agit, il convient de la mettre à leur portée : c'est d'évidence. Or, à l'heure présente, il faut à ceux qui s'aventurent sur ce terrain, la foi et la persévérance de prospecteurs pour trouver dans la forêt des textes la réponse qui résulte de leur combinaison.

TABLEAUX

### § 6. — Modifications proposées

| TEXTE ACTUEL | MOTIFS DE LA MODIFICATION |
|---|---|
| *Art. 2.* — Le changement de nom d'une commune est décidé par décret du Président de la République sur la demande du conseil municipal, le conseil général consulté et le Conseil d'État entendu. | Il convient de remplacer l'avis du conseil général par celui du conseil des affaires communales. |
| *Art. 3.* — Transfert du chef-lieu ou modification de la consistance des communes. | Modification du dernier paragraphe de cette disposition pour les mêmes raisons que dessus. |
| *Art. 5.* — Il ne peut être procédé à l'érection d'une commune qu'en vertu d'une loi après avis du conseil général et le Conseil d'État entendu. | Aucune raison sérieuse ne saurait justifier l'intervention du Parlement pour l'érection des communes. Un décret rendu en Conseil d'État après accomplissement des formalités réglementaires d'instruction devrait suffire après avis du conseil départemental des affaires communales. |
| *Art. 6.* — Si les changements proposés modifient la circonscription du département, d'un arrondissement ou d'un canton, il est statué par une loi, les conseils généraux et le Conseil d'État entendus.<br>Dans tous les autres cas, il est statué par un décret rendu en Conseil d'État, les conseils généraux entendus. | Mise en concordance avec les modifications prévues pour l'article 5. |
| *Art. 12.* — Le sectionnement. | On ne voit pas pour quelles raisons le conseil général est compétent en l'espèce.<br>Le préfet, par arrêté motivé, pris sur avis du conseil des affaires communales, devrait pouvoir décider des sectionnements. |
| *Art. 29.* — Le procès-verbal des opérations est dressé par le secrétaire, il est signé par lui et par les autres membres du bureau. Une copie également signée du secrétaire et des membres du bureau est aussitôt envoyée par l'intermédiaire du sous-préfet au préfet, etc... | Cette rédaction doit être modifiée pour tenir compte de la suppression prévue des sous-préfets. |

à la loi du 5 avril 1884.

TEXTE PROPOSÉ

. . . . . . . . . . . . . . . . . . . . . . . . . . . . . . . . . . . . .
sur la demande du conseil municipal, le conseil des affaires communales consulté et le Conseil d'État entendu.

. . . . . . . . . . . . . . . . . . . . . . . . . . . . . . . . . . . . .
et la proposition est soumise au conseil départemental des affaires communales.

*Art. 5.* — Il ne peut être procédé à l'érection d'une commune qu'en vertu d'un décret rendu en Conseil d'État, après avis du conseil départemental des affaires communales.

*Art. 6.* — Si les changements proposés modifient la circonscription du département, d'un canton, et d'une manière générale dans tous les cas, il est statué par décret rendu en Conseil d'État, les conseils départementaux des affaires communales entendus.
Néanmoins, le préfet statue définitivement par arrêté motivé pris sur avis du conseil départemental des affaires communales lorsque les communes... (le reste sans changement).

*Art. 12.* — Le sectionnement est fait par arrêté motivé du préfet pris après avis du conseil départemental des affaires communales, sur l'initiative soit du préfet, soit du conseil municipal ou d'électeurs de la commune intéressée.
Aucune décision de sectionnement ne peut être prise qu'après enquête dans la commune intéressée et avis du conseil municipal.
Les sectionnements ainsi opérés subsistent jusqu'à nouvelle décision. Chaque année dans le courant de juin, le préfet dresse le tableau de ces opérations, Ce tableau sert pour les élections à faire dans l'année. Il est publié... (sans changement).
Le sectionnement effectué par le préfet est représenté par un plan déposé à la préfecture ou à la mairie de la commune intéressée. Tout électeur pourra le consulter et en prendre copie.
Avis de ce dépôt... (sans changement).

*Art. 29, § 2.* — Le procès-verbal des opérations est dressé par le secrétaire et il est signé de lui et par les membres du bureau. Une copie également signée du secrétaire et des membres du bureau en est aussitôt envoyée au préfet, etc...

| TEXTE ACTUEL | MOTIFS DE LA MODIFICATION |
|---|---|
| *Art. 33.* — Les préfets, sous-préfets, secrétaires généraux, conseillers de préfectures, etc...<br>7° Les employés de préfectures et de sous-préfectures. | La suppression des sous-préfectures et des conseils de préfecture et la création de directions envisagées plus haut entraîne la modification de cet article. |
| *Art. 34.* — 1° De préfet, de sous-préfet et de secrétaire général. | Mêmes raisons que dessus. |
| *Art. 36.* — Tout conseiller municipal qui pour une cause survenue postérieurement à sa nomination se trouve dans un cas d'exclusion ou d'incompatibilité prévu par la présente loi, est immédiatement déclaré démissionnaire par le préfet, sauf réclamation devant le conseil de préfecture dans les dix jours de la notification et sauf recours au Conseil d'État conformément aux articles 38, 39 et 40 ci-après. | En matière électorale, les juges de droit commun sont déjà investis d'un pouvoir de décision par l'article 23 de la loi municipale. La suppression des conseils de préfecture doit leur faire confier, à notre avis, au moins au même degré, le contentieux des élections. |
| *Art. 37, § 2.* — Les réclamations doivent être consignées au procès-verbal, sinon être déposées, à peine de nullité, dans les cinq jours qui suivent l'élection, ou à la sous-préfecture ou à la préfecture. Elles sont immédiatement adressées au préfet et enregistrées par ses soins au greffe du conseil de préfecture. Le préfet, s'il estime que les conditions et les formes légalement prescrites n'ont pas été remplies, peut également, dans le délai de quinzaine à dater de la réception du procès-verbal, déférer les opérations au conseil de préfecture. Dans l'un et l'autre cas le préfet donne immédiatement connaissance de la réclamation par la voie administrative, aux conseillers dont l'élection est contestée, les prévenant qu'ils ont cinq jours pour tout délai à l'effet de déposer leurs défenses au secrétariat de la mairie, de la sous-préfecture ou de la préfecture. | En matière électorale, les juges de droit commun sont déjà investis d'un pouvoir de décision par l'article 23 de la loi municipale. La suppression des conseils de préfecture doit leur faire confier, à notre avis, au moins au même degré, le contentieux des élections. |
| *Art. 38.* — Le conseil de préfecture statue sauf recours au Conseil d'État. Il prononce sa décision dans le délai d'un mois à compter de l'enregistrement des pièces au greffe de la préfecture et le préfet la fait notifier dans la huitaine de sa date. En cas de renouvellement général, le délai est porté à deux mois. S'il intervient une décision ordonnant une preuve, le conseil de préfecture doit statuer définitivement dans le mois à partir de cette décision. Les délais ci-dessus fixés ne commencent à courir, dans le cas prévu à l'ar- | Mêmes raisons que ci-dessus. |

TEXTE PROPOSÉ

*Art. 33.* — 1° Les préfets, secrétaires généraux et dans les colonies, etc...
7° Les directeurs et employés des directions départementales... (le reste sans changement).

*Art. 34.* — 1° De préfet, de directeur départemental d'un service public et de secrétaire général de préfecture.

*Art. 36.* — Tout conseiller municipal qui pour une cause survenue postérieurement à sa nomination se trouve dans un cas d'exclusion ou d'incompatibilité prévu par la présente loi, est immédiatement déclaré démissionnaire par le préfet, sauf appel devant le tribunal civil dans les dix jours de la notification et sauf recours devant le Conseil d'État, conformément aux articles 38, 39 et 40 ci-après.

*Art. 37, § 2.* — Les réclamations doivent être consignées au procès-verbal, sinon être déposées à peine de nullité dans les cinq jours qui suivent l'élection à la préfecture. Elles sont immédiatement adressées au préfet qui les fait enregistrer au greffe du tribunal civil.
Le préfet, s'il estime que les conditions et les formes légalement prescrites n'ont pas été remplies, peut également dans le délai de quinzaine à dater de la réception du procès-verbal, déférer les opérations au tribunal civil.
Dans l'un et l'autre cas, le préfet donne immédiatement connaissance de la réclamation aux conseillers dont l'élection est contestée, les prévenant qu'ils ont cinq jours pour tout délai à l'effet de déposer leurs défenses au secrétariat de la mairie ou de la préfecture... etc...

*Art. 38.* — Le tribunal civil statue, sauf recours au Conseil d'État.
Il prononce sa décision dans le délai d'un mois à compter de l'enregistrement des pièces au greffe du tribunal civil et le greffier la fait notifier dans la huitaine de sa date. En cas de renouvellement, le délai est porté à deux mois.
S'il intervient une décision ordonnant une preuve, le tribunal civil doit statuer définitivement dans le mois à partir de cette décision.
Les délais ci-dessus fixés ne commencent à courir, dans le cas prévu à l'article 39, que du jour où le jugement sur la question préjudicielle est devenu définitif.
Faute par le tribunal d'avoir statué dans les délais ci-dessus fixés, la réclamation est considérée comme rejetée. Le tribunal civil est dessaisi, le greffier en informe la partie intéressée qui peut porter sa réclamation devant le Conseil d'État. Le recours est notifié dans les cinq jours au préfet.

| TEXTE ACTUEL | MOTIFS DE LA MODIFICATION |
|---|---|
| ticle 39 que du jour où le jugement sur la question préjudicielle est devenu définitif. Faute par le conseil d'avoir statué dans les délais ci-dessus fixés la réclamation est considérée comme rejetée. Le conseil de préfecture est dessaisi, le préfet en informe la partie intéressée qui peut porter sa réclamation devant le Conseil d'État. Le recours est notifié dans les cinq jours au secrétariat de la préfecture. | |
| *Art. 39.* — Dans tous les cas où une réclamation formée en vertu de la présente loi implique la solution préjudicielle d'une question d'état, etc... | En matière électorale les juges de droit commun sont déjà investis d'un pouvoir de décision par l'article 23 de la loi municipale. La suppression des conseils de préfecture doit leur faire confier, à notre avis, au moins au même degré, le contentieux des élections. |
| *Art. 40.* — Le recours au Conseil d'État contre la décision du conseil de préfecture, est ouvert soit au préfet, soit aux parties intéressées, etc... | Mêmes raisons que ci-dessus. |
| *Art. 44,* § 2. — Dans les huit jours qui suivent la dissolution ou l'acceptation de la démission, cette délégation spéciale est nommée par décret du Président de la République et dans les colonies par arrêté du gouverneur.<br>. . . . . . . . . . . . . . . . . . .<br>§ 4. — Le décret ou l'arrêté qui l'institue en nomme le président et au besoin le vice-président. | On ne voit pas la nécessité d'un décret pour la nomination de la délégation spéciale. En fait, le décret qui intervient actuellement ne fait qu'entériner les propositions du préfet. Celui-ci étant sur place et connaissant les personnes capables d'administrer la commune en l'absence de la municipalité, ainsi que les besoins locaux, devrait avoir, en l'espèce, un pouvoir de décision. Il est d'ailleurs difficile d'observer le délai de huit jours imparti pour l'institution de la délégation. La nomination de la délégation devrait donc s'effectuer, à notre sens, par simple arrêté préfectoral. |
| *Art. 46,* § 2. — La durée de chaque session est de quinze jours, elle peut être prolongée avec l'autorisation du sous-préfet. | A modifier pour tenir compte de la suppression des sous-préfets. |
| *Art. 47,* § 1. — Le préfet ou le sous-préfet peut prescrire la convocation extraordinaire du conseil municipal. Le maire peut également réunir le conseil municipal chaque fois qu'il le juge utile. Il est tenu de le convoquer, etc... | Mêmes raisons que ci-dessus. |

*Art. 39.* — Dans tous les cas où une réclamation formée en vertu de la présente loi implique la solution préjudicielle d'une question d'état, le tribunal renvoie les parties à se pourvoir devant les juges compétents et la partie doit justifier de ses diligences dans le délai de quinzaine; à défaut de cette justification, il sera passé outre et la décision du tribunal civil devra intervenir dans le mois à partir de l'expiration de ce délai de quinzaine.

*Art. 40.* — Le recours au Conseil d'État contre la décision du tribunal civil est ouvert soit au préfet, soit aux parties intéressées.

Il doit, à peine de nullité, être déposé au secrétariat de la préfecture dans le délai d'un mois qui court, à l'encontre du préfet, à partir de la décision, et à l'encontre des parties, de la notification qui leur est faite.

Le préfet donne immédiatement connaissance du recours aux parties intéressées en les prévenant qu'elles ont quinze jours pour tout délai à l'effet de déposer leurs défenses au secrétariat de la préfecture.

*Art. 44, § 2.* — Dans les huit jours qui suivent la dissolution ou l'acceptation de la démission, cette délégation spéciale est nommée par le préfet et, dans les colonies, par arrêté du gouverneur.

. . . . . . . . . . . . . . . . . . . . . . . . . . . . . . . . . . . . . . . . . . . . . . . . . . . . . .

§ 4. — L'arrêté qui l'institue en nomme le président et au besoin le vice-président... (le reste sans changement).

*Art. 46, § 2.* — La durée de chaque session est de quinze jours, elle peut être prolongée avec l'autorisation du préfet.

*Art. 47, § 1.* — Le préfet peut prescrire la convocation du conseil municipal.

Le maire peut également réunir le conseil municipal chaque fois qu'il le jugera utile. Il est tenu de le convoquer quand une demande motivée lui en est faite par la majorité en exercice du conseil municipal. Dans l'un et l'autre cas, en même temps qu'il convoque le conseil, il donne avis au préfet de cette réunion et des motifs qui la rendent nécessaire.

| TEXTE ACTUEL | MOTIFS DE LA MODIFICATION |
| --- | --- |
| *Art. 48,* § 2. — En cas d'urgence le délai peut être abrégé par le préfet ou le sous-préfet. | Mêmes raisons que ci-dessus. |
| *Art. 49,* § 3. — Un double du tableau reste déposé dans les bureaux de la mairie, de la sous-préfecture et de la préfecture, où chacun peut en prendre communication ou copie. | Mêmes raisons que ci-dessus. |
| *Art. 52.* — Dans ce cas, le maire peut, même quand il ne serait plus en fonctions, assister à la discussion, mais il doit se retirer au moment du vote. Le président adresse directement la délibération au sous-préfet. | Mêmes raisons que ci-dessus. |
| *Art. 57,* § 1. — Les délibérations sont inscrites par ordre de date sur un registre coté et paraphé par le préfet ou le sous-préfet. | Mêmes raisons que ci-dessus. |
| *Art. 60.* — Tout membre du conseil municipal qui, sans motifs reconnus légitimes par le conseil, a manqué à trois convocations successives, peut être, après avoir été admis à fournir ses explications, déclaré démissionnaire par le préfet, sauf recours dans les dix jours de la notification devant le conseil de préfecture. Les démissions..., etc... | On ne voit pas la nécessité de maintenir le recours contre la décision du préfet. En fait ce recours ne paraît pas être utilisé Il est, du reste, inutile. |
| *Art. 61,* § 5. — Il dresse chaque année une liste contenant un nombre double de celui des répartiteurs et des répartiteurs suppléants à nommer et sur cette liste le sous-préfet nomme les cinq..., etc... | Disposition à modifier pour tenir compte de la suppression des sous-préfets. |
| *Art. 62.* — Expédition de toute délibération est adressée dans la huitaine par le maire au sous-préfet qui en constate la réception sur un registre et en délivre immédiatement récépissé. | Le délai de huitaine fixé par cet article est rarement observé. Quant à l'enregistrement des délibérations sur un registre tenu à la sous-préfecture ou à la préfecture, cette formalité n'est jamais accomplie, pas plus d'ailleurs que celle ayant trait à la délivrance d'un récépissé. Le timbre à date doit suffire pour enregistrement. |
| *Art. 65.* — La nullité de droit est déclarée par le préfet en conseil de préfecture. Elle peut être prononcée par le préfet et proposée ou opposée par les parties intéressées à toute époque. | Cette disposition est à modifier en raison de la suppression des conseils de préfecture. |

TEXTE PROPOSÉ

*Art. 48, § 2.* — En cas d'urgence, la délai peut être abrégé par le préfet.

*Art. 49, § 3.* — Un double du tableau reste déposé dans les bureaux de la mairie et de la préfecture où chacun peut en prendre connaissance ou copie.

*Art. 52, § 3.* — Dans ce cas, le maire peut, même quand il ne serait plus en fonctions, assister à la discussion, mais il doit se retirer au moment du vote.
Le président adresse directement la délibération au préfet.

*Art. 57, § 1.* — Les délibérations sont inscrites par ordre de date sur un registre coté et paraphé par le préfet.

*Art. 60.* — Tout membre du conseil municipal qui, sans motifs reconnus légitimes par le conseil, a manqué à trois convocations successives, peut être, après avoir été admis à fournir ses explications, déclaré démissionnaire par le préfet.
Les démissions sont adressées au préfet, elles sont définitives à partir de l'accusé de réception par le préfet et, à défaut de cet accusé de réception, un mois après un nouvel envoi de la démission, constaté par lettre recommandée.

*Art. 61, § 5.* — Il dresse chaque année une liste contenant un nombre double de celui des répartiteurs et des répartiteurs suppléants à nommer, et, sur cette liste, le préfet nomme les cinq... etc...

*Art. 62.* — Expédition de toute délibération est adressée dans la huitaine à la préfecture.
Elle doit être timbrée à date dès réception.

*Art. 65.* — La nullité de droit est déclarée par arrêté motivé du préfet. Elle peut être prononcée, par le préfet et proposée ou opposée par les parties à toute époque.

| TEXTE ACTUEL | MOTIFS DE LA MODIFICATION |
|---|---|
| *Art. 66.* — L'annulation est prononcée par le préfet en conseil de préfecture. Elle peut être provoquée d'office par le préfet dans un délai de trente jours à partir du dépôt du procès-verbal de la délibération à la sous-préfecture ou à la préfecture. Elle peut être aussi demandée par toute personne intéressée et par tout contribuable de la commune. Dans ce dernier cas, la demande en annulation doit être déposée, à peine de déchéance, à la sous-préfecture ou à la préfecture dans un délai de quinze jours à partir de l'affichage à la porte de la mairie. Il en est donné récépissé, etc... | Cette disposition est à modifier en raison de la suppression des sous-préfectures. |
| *Art. 68.* — 8º Les frais de loyer et de réparation du local de la Justice de Paix ainsi que ceux d'achat et d'entretien de son mobilier, dans les communes chefs-lieux de canton. | Les juges de paix étant des fonctionnaires de l'État, celui-ci devrait prendre en charge, non seulement les traitements de ces magistrats, mais encore leurs frais de loyer, de chauffage et de mobilier. Ce paragraphe nous paraît, par suite, devoir être supprimé. |
| *Art. 68.* — 13º... Les délibérations qui ne sont pas soumises à l'approbation préfectorale ne deviendront néanmoins exécutoires qu'un mois après le dépôt qui aura été fait à la préfecture ou à la sous-préfecture.<br>Le préfet pourra, par un arrêté, abréger ce délai. | Cette disposition est à modifier pour tenir compte de la suppression des sous-préfets.<br><br>Nous devons saisir l'occasion pour signaler que si l'article 61 est le plus important de la loi municipale, l'article 68 est aussi un article essentiel. C'est lui, en effet, qui précise les questions que le conseil municipal ne peut trancher définitivement.<br>Peut-être pourrait-on, en vue d'accorder une plus large autonomie aux communes, placer sous le pouvoir réglementaire des conseils municipaux certaines des affaires pour lesquelles ledit article exige l'approbation préfectorale. Si l'on devait envisager la modification de l'article 68 dans ce sens, les objets pour lesquels l'approbation de l'autorité supérieure pourrait ne plus être exigée sont, à notre sens, ceux figurant aux 1º, 4º et 5º. Il est à noter que pareille modification entraînerait la mise en concordance de l'article 69). |
| *Art. 69, § 2.* — Le préfet statue par arrêté en conseil de préfecture dans les cas prévus aux numéros 1, 2, 4, 6 de l'article précédent. | Paragraphe à modifier en raison de la suppression des conseils de préfecture. |

*Art. 66.* — L'annulation est prononcée par arrêté motivé du préfet.

Elle peut être provoquée d'office par le préfet dans un délai de trente jours à partir du dépôt du procès-verbal de la délibération à la préfecture.

Elle peut être aussi demandée par toute personne intéressée et par tout contribuable de la commune.

Dans ce dernier cas, la demande en annulation doit être déposée, à peine de déchéance, à la préfecture dans le délai de quinze jours à partir de l'affichage à la porte de la mairie.

Il en est donné récépissé.

Le préfet statuera dans le délai d'un mois.

Passé ce délai de quinze jours sans qu'aucune demande ait été produite, le préfet peut déclarer qu'il ne s'oppose pas à la délibération.

*Art. 68.* — 13° Les délibérations qui ne sont pas soumises à l'approbation préfectorale ne deviendront néanmoins exécutoires qu'un mois après le dépôt qui aura été fait à la préfecture.

Le préfet pourra, par un arrêté, abréger ce délai.

*Art. 69, § 2.* — Le préfet statue par arrêté motivé dans les cas prévus aux numéros 1, 2, 4, 6 et 13 de l'article précédent.

| TEXTE ACTUEL | MOTIFS DE LA MODIFICATION |
|---|---|
| *Art. 74.* — Les fonctions de maires, adjoints, conseillers municipaux sont gratuites. Elles donnent seulement droit au remboursement des frais que nécessite l'exécution des mandats spéciaux. Les conseils municipaux peuvent voter sur les ressources ordinaires de la commune des indemnités pour frais de représentation. | Les fonctions de maires, d'adjoints sont, chaque jour, plus absorbantes. Déjà dans les communes de moyenne importance, ces administrateurs doivent consacrer plusieurs heures par jour aux affaires communales. Et dans les grandes villes on peut dire que tout leur temps est pris pour la chose municipale. Il paraît équitable, dès lors, de les autoriser à recevoir sur les fonds communaux une indemnité de fonction qui leur serait payée mensuellement. L'allocation de pareille indemnité permettrait d'ailleurs à certaines personnes qui réunissent les conditions de capacité et de moralité voulues, de briguer les fonctions de maires, alors qu'ils s'en éloignent actuellement, leur situation de fortune ne leur permettant pas de consacrer gratuitement plusieurs heures par jour à l'administration d'une commune. |
| *Art. 75.* — Lorsqu'un obstacle quelconque ou l'éloignement rend difficiles, dangereuses ou momentanément impossibles les communications entre le chef-lieu et une fraction de commune, un poste d'adjoint spécial peut être institué sur la demande du conseil municipal par un décret rendu en conseil d'État. | Dans un but de décentralisation, il semble qu'il convient de donner au préfet le pouvoir de créer les postes d'adjoint spécial. La loi permet aux Conseils généraux de statuer sur les sectionnements électoraux, opération qui revêt une autre importance que la création d'un poste d'adjoint. |
| *Art. 78.* — | Suppression des sous-préfets. |
| *Art. 88, § 3.* — Il peut faire assermenter et commissionner les agents nommés par lui mais à la condition qu'ils soient agréés par le préfet ou le sous-préfet. | A modifier pour tenir compte de la suppression des sous-préfets. |
| *Art. 89.* — Lorsque le maire procède à une adjudication pour le compte de la commune, il est assisté de deux membres du conseil municipal désignés d'avance par le conseil ou, à défaut de cette désignation, appelés dans l'ordre du tableau.<br>Le receveur municipal, etc... | Il y aurait intérêt à notre sens de permettre la désignation par le maire lui-même des deux conseillers municipaux qui doivent l'assister. C'est d'ailleurs ce qui a lieu dans la pratique. |
| *Art. 93.* — Le maire ou à son défaut le sous-préfet, pourvoit d'urgence à ce que toute personne décédée soit ensevelie et inhumée décemment sans distinction de culte ni de croyance. | A modifier pour tenir compte de la suppression des sous-préfets. |

*Art. 74.* — Les maires et adjoints pourront recevoir sur les ressources ordinaires de la commune une indemnité fixée par le conseil municipal dans la limite du maximum qui sera fixé par un règlement d'administration publique, lequel devra intervenir dans le délai de six mois.

Les fonctions de conseillers municipaux sont gratuites. Elles donnent seulement droit au remboursement des frais que nécessite l'exécution de mandats spéciaux.

*Art. 75.* — Lorsqu'un obstacle quelconque ou l'éloignement rend difficiles, dangereuses ou momentanément impossibles les communications entre le chef-lieu et une fraction de commune un poste d'adjoint spécial peut être institué sur la demande du conseil municipal par le préfet après avis du conseil des affaires communales... (le reste sans changement).

*Art. 78.* — Deuxième phrase : Elles sont, dans le même délai, notifiées au préfet.

*Art. 88, § 3.* — Il peut faire assermenter et commissionner les agents nommés par lui, mais à la condition qu'ils soient agréés par le préfet.

*Art. 89.* — Lorsque le maire procède à une adjudication pour le compte de la commune, il est assisté de deux membres du conseil municipal.

Le receveur municipal et... (le reste sans changement).

*Art. 93.* — Le maire ou, à son défaut, le préfet, pourvoit d'urgence à ce que toute personne décédée soit ensevelie et inhumée décemment, sans distinction de culte ni de croyance.

| TEXTE ACTUEL | MOTIFS DE LA MODIFICATION |
|---|---|
| *Art. 95-§ 1.* | La suppression des sous-préfets entraîne la réunion des deux paragraphes. |
| *Art. 96.* — Les arrêtés du maire ne sont obligatoires, qu'après avoir été portés à la connaissance des intéressés par voie de publications et d'affiches, toutes les fois qu'ils contiennent des dispositions générales, et, dans tous les autres cas, par voie de notification individuelle.<br>La publication, etc... | En fait, dans les villes d'une certaine importance, la publication n'a pas lieu et la population n'est pas toujours suffisamment informée des prescriptions édictées par les arrêtés de police. Il y aurait intérêt à exiger l'insertion dans un journal d'annonces légales, toutes les fois qu'un arrêté de cette nature intervient, d'un avis faisant connaître l'objet essentiel et le lieu d'affichage dudit arrêté. |
| *Art. 102.* — Toute commune peut avoir un ou plusieurs gardes champêtres. Les gardes champêtres sont nommés par le maire, ils doivent être agréés et commissionnés par le sous-préfet ou le préfet dans l'arrondissement du chef-lieu. Le préfet ou le sous-préfet devra faire connaître son agrément ou son refus d'agréer dans le délai d'un mois. Ils doivent être assermentés. Ils peuvent être suspendus par le maire. La suspension ne pourra durer plus d'un mois. Le préfet, seul, peut les révoquer. En dehors de leurs fonctions relatives à la police rurale, les gardes champêtres sont chargés de rechercher, chacun dans le territoire pour lequel il est assermenté, les contraventions aux règlements et arrêtés de police municipale. Ils dressent des procès-verbaux pour constater ces contraventions. | Au lieu d'être une faculté, la création d'un ou de plusieurs gardes champêtres, devrait être une obligation. Il convient de réprimer sévèrement les soustractions de fruits, récoltes, qui sont constatées dans les campagnes et d'assurer la jouissance du fruit de son travail à celui qui peine. Ce but ne peut être atteint qu'en nommant dans chaque commune des gardes champêtres. Ces considérations conduisent à établir une réglementation pour les communes rurales et une autre pour les communes de plus de 5.000 habitants. |
| *Art. 103.* — Dans les villes de plus de 40.000 habitants l'organisation du personnel chargé du service de la police est réglée sur l'avis du conseil municipal par décret du Président de la République.<br>Si un conseil municipal n'allouait pas les fonds exigés pour la dépense ou n'allouait qu'une somme insuffisante, l'allocation nécessaire serait inscrite au budget par décret du Président de la République, le Conseil d'État entendu. Dans toutes les communes les inspecteurs de police, les brigadiers ou sous-brigadiers et les agents de police nommés par le maire doivent être agréés par le préfet ou le sous-préfet. Ils peuvent être suspendus par le maire, mais le préfet, seul, peut les révoquer. | Dans un but de décentralisation il convient, à notre sens, de donner compétence au ministre de l'Intérieur pour l'organisation de la police des villes de plus de 40.000 habitants et de laisser au préfet le soin d'inscrire d'office, s'il y a lieu, le crédit nécessaire pour le fonctionnement du service. |

TEXTE PROPOSÉ

*Art. 95.* — Les arrêtés pris par le maire sont immédiatement adressés au préfet qui peut les annuler ou en suspendre l'exécution.

*Art. 96.* — Les arrêtés du maire ne sont obligatoires lorsqu'ils contiennent des dispositions générales, qu'après avoir été portés dans les communes rurales à la connaissance des intéressés par voie de publications et d'affiches et dans les villes de plus de 5.000 habitants qu'après avoir été affichés et après insertion dans un journal de l'arrondissement, d'un avis indiquant l'objet essentiel de l'arrêté et le lieu d'affichage. Dans tous les autres cas, les arrêtés sont notifiés individuellement.

La publication, l'affichage et l'insertion, s'il y a lieu, sont constatés par une déclaration certifiée par le maire.

La notification est établie par le récépissé de la partie intéressée ou, à son défaut, par l'original de la notification conservé dans les archives de la mairie.

Les arrêtés, actes de publication, d'insertion, d'affichage ou de notification, sont inscrits à leur date sur le registre de la mairie.

*Art. 102.* — Toute commune de moins de 5.000 habitants doit avoir un ou plusieurs gardes champêtres.

Ces agents sont pris parmi les anciens militaires et choisis d'après leur rang au tableau des emplois réservés. Ils doivent être assermentés.

Ils peuvent être suspendus par le maire. La suspension ne pourra durer plus d'un mois. Le préfet peut, seul, les révoquer.

Ils sont les auxiliaires des services de la gendarmerie et de police et, en cette qualité, soumis au contrôle de ces deux services sous la haute autorité du préfet.

En dehors de leurs fonctions relatives... (le reste sans changement).

*Art. 102 bis.* — Dans les villes de 5.000 à 40.000 habitants l'organisation du personnel chargé du service de la police est réglée, sur l'avis du conseil municipal, par arrêté du préfet.

*Art. 103.* — Dans les villes de plus de 40.000 habitants, l'organisation du personnel chargé du service de la police est réglée, sur l'avis du conseil municipal, par arrêté du ministre de l'Intérieur.

Si un conseil municipal n'allouait pas les fonds exigés pour la dépense ou n'allouait qu'une somme insuffisante, l'allocation nécessaire serait inscrite au budget par arrêté motivé du préfet, sauf recours au Conseil d'État.

| TEXTE ACTUEL | MOTIFS DE LA MODIFICATION |
|---|---|

*Art. 111.* — Le conseil municipal statue définitivement sur l'acceptation des dons et legs faits à la commune quand ils ne donnent pas lieu à des réclamations des familles. Toutefois, si la donation ou le legs a été fait à un hameau ou quartier d'une commune qui n'est pas encore à l'état de section ayant la personnalité civile, les habitants du hameau ou du quartier seront appelés à élire une commission syndicale conformément à l'article 129 ci-dessous. La commission syndicale délibérera sur l'acceptation de la libéralité et dans aucun cas l'autorisation d'accepter ne pourra être accordée que par décret rendu dans la forme des règlements d'administration publique.

M. Lallemand, dans le rapport qu'il a présenté au nom de la deuxième sous-commission de réorganisation administrative, a indiqué qu'il convenait de ne pas laisser se constituer intempestivement des sections de commune par l'accession de hameaux ou quartiers dépourvus de la personnalité qui, en la leur conférant, peut entraîner des charges, conséquences et complications à éviter pour eux-mêmes et pour la commune. Nous ne pouvons qu'adopter son sentiment et nous rallier au nouveau texte qu'il a proposé.

*Art. 115.* — Les communes peuvent passer des traités de gré à gré pour les travaux, transports et fournitures quelconques, dont la valeur n'excède pas, dans les communes de moins de 10.000 habitants de population municipale, la somme de 6.000 francs; dans les communes de plus de 10.000 habitants cette somme est augmentée de 2.000 francs par 10.000 habitants ou fraction de 10.000 habitants sans que le maximum ainsi atteint puisse dépasser 20.000 francs. Ces traités peuvent, en outre, être conclus, sans limitation de somme, pour les travaux et fournitures énumérés aux paragraphes 1, 2, 3, 4, 5, 6 et 7 de l'ordonnance du 14 novembre 1837.

Les traités de gré à gré passés par les communes pour tous travaux ainsi que pour les fournitures et transports se rattachant directement à l'exécution de travaux, les traités portant concession, à titre exclusif ou pour une durée de plus de trente années, des grands services municipaux et les traités relatifs aux pompes funèbres, sont approuvés par le préfet ou par décret dans le cas prévu par l'article 145, § 3.

Les traités de gré à gré pour les fournitures et transports ne se rattachant pas directement à l'exécution de travaux sont approuvés dans tous les cas par le préfet. Si l'autorité chargée de donner l'approbation à un traité de gré à gré n'a pris aucune décision dans le délai de quarante jours à partir de la

Tel qu'il est actuellement rédigé, l'article 115 soumet les traités pour travaux des villes ayant plus de 5 millions de revenus à l'approbation de l'autorité supérieure, alors même que ces traités s'appliqueraient à des dépenses de quelques centaines de francs et il permet au préfet d'approuver les traités de transports et de fournitures dont la valeur atteint 20.000 francs. Pour les fournitures énumérées aux paragraphes 1, 2, 3, 4, 5, 6 et 7 de l'article 2 de l'ordonnance du 14 novembre 1837, le préfet est compétent à quelque chiffre que s'élève la dépense. Il convient que l'autorité qui approuve soit la même dans tous les cas et cela non seulement pour décongestionner le Pouvoir central, mais surtout dans un but de simplification. Il est, en effet, parfois difficile de savoir si un traité a le caractère de traité de travaux ou de traité de fournitures.

*Art. 111, § 2.* — . . . . . . . . . . . . . . . . . . . . . . . . . . . . . . . .
Toutefois, si la donation ou le legs a été fait à un hameau ou quartier d'une commune qui n'est pas encore à l'état de section ayant la personnalité civile, les habitants du hameau ou quartier seront appelés à élire une commission syndicale conformément à l'article 129 ci-dessous. La commission syndicale délibérera sur l'acceptation de la libéralité et l'autorisation d'accepter si elle l'a sollicitée sera donnée par arrêté préfectoral s'il y a accord entre elle et le conseil municipal, par décret en Conseil d'État s'il y a désaccord.

*Art. 115.* — Les communes peuvent passer des traités pour les travaux, transports et fournitures quelconques dont la valeur n'excède pas, dans les communes de moins de 10.000 habitants de population municipale, la somme de 6.000 francs; dans les communes de plus de 10.000 habitants cette somme est augmentée de 2.000 francs par 10.000 habitants ou fraction de 10.000 habitants sans que le maximum ainsi atteint puisse dépasser 20.000 francs. Ces traités peuvent, en outre, être conclus sans limitation de somme pour les travaux et fournitures énumérés aux paragraphes 1, 2, 3, 4, 5, 6 et 7 de l'ordonnance du 14 novembre 1837.
Les traités de gré à gré passés par les communes pour travaux, transports et fournitures, ainsi que les traités portant concession, à titre exclusif ou pour une durée de plus de trente années, des grands services municipaux et les traités relatifs aux pompes funèbres, sont approuvés par le préfet dans tous les cas.
Si le préfet n'a pris aucune décision dans le délai de quarante jours à partir de la réception du traité, il peut être passé outre à l'exécution de ce traité.
Les communes... (le reste sans changement).

| TEXTE ACTUEL | MOTIFS DE LA MODIFICATION |
|---|---|
| réception du traité, il peut être passé outre à l'exécution de cet acte.<br>Les communes sont dispensées de passer des marchés écrits pour les travaux, transports et fournitures dont la dépense n'excède pas 1.200 francs dans les communes de moins de 10.000 habitants et 3.000 francs dans les communes d'une population supérieure.<br>Les syndicats de communes bénéficient du traitement de celle des communes syndiquées qui compte la plus forte population.<br>Les maxima prévus pour les traités de gré à gré et pour les achats sans marché concernant les communes, sont applicables aux traités de gré à gré et aux achats sans marché des établissements publics de bienfaisance régis par l'ordonnance du 14 novembre 1837.<br>Il n'est pas dérogé aux dispositions de l'article 15 de la loi du 7 août 1851. | |
| *Art. 117, § 2.* — Les préfets et les sous-préfets des départements comprenant les communes intéressées pourront toujours assister à ces conférences. | A modifier pour tenir compte de la suppression des sous-préfets. |
| *Art. 119.* — Les délibérations des commissions administratives des hospices et autres établissements charitables communaux concernant un emprunt sont exécutoires en vertu d'un arrêté du préfet sur avis conforme du conseil municipal lorsque la somme à emprunter ne dépasse pas le chiffre des revenus ordinaires de l'établissement et que le remboursement doit être effectué dans un délai de douze années.<br>Si la somme à emprunter dépasse ledit chiffre ou si le délai de remboursement excède douze années, l'emprunt ne peut être autorisé que par un décret du Président de la République.<br>Le décret est rendu en Conseil d'État si l'avis du conseil municipal est contraire ou s'il s'agit d'un établissement ayant plus de 100.000 francs de revenus...<br>L'emprunt ne peut être autorisé que par une loi lorsque la somme à emprunter dépasse 500.000 francs ou lorsque ladite somme réunie à d'autres emprunts non encore remboursés dépasse 500.000 francs. | La compétence en matière d'emprunts des établissements charitables comporte actuellement quatre degrés. Dans un but de décentralisation, il y aurait lieu de ne laisser subsister que trois degrés, selon la durée de l'emprunt et selon aussi que l'avis du conseil municipal est favorable ou contraire à l'emprunt. Cela reviendrait à soumettre lesdits emprunts à une législation analogue à celle des emprunts communaux. |

*Art. 117*, § 2. — Les préfets des départements comprenant les communes intéressées pourront toujours assister à ces conférences.

*Art. 119.* — Les délibérations des commissions administratives des hospices et autres établissements charitables communaux concernant un emprunt, sont exécutoires en vertu d'un arrêté du préfet lorsque l'avis du conseil municipal est favorable et que la durée du remboursement ne dépasse pas trente ans.

Lorsque l'avis du conseil municipal est contraire et que la durée ne dépasse pas trente ans, le préfet statue après avis du conseil départemental des affaires communales et par arrêté motivé.

Si le délai de remboursement excède trente années, l'emprunt ne peut être autorisé que par décret en Conseil d'État, que l'avis du conseil municipal soit favorable ou contraire.

| TEXTE ACTUEL | MOTIFS DE LA MODIFICATION |
| --- | --- |
| *Art. 120.* — Les délibérations par lesquelles les commissions administratives chargées de la gestion des établissements publics communaux changeraient en totalité ou en partie l'affectation des locaux ou objets immobiliers ou mobiliers appartenant à ces établissements, dans l'intérêt d'un service public ou privé quelconque ou mettraient à la disposition soit d'un autre établissement public ou privé, soit d'un particulier, lesdits locaux et objets, ne sont exécutoires qu'après avis du conseil municipal et en vertu d'un décret rendu sur la proposition du ministre de l'Intérieur. | Il ne semble pas qu'il y ait grand inconvénient à laisser au préfet un pouvoir de décision en l'espèce, en s'entourant, bien entendu, des conseils nécessaires. La nécessité de décongestionner le pouvoir central milite d'ailleurs en faveur de cette thèse. |
| *Art. 123.* — Tout contribuable inscrit au rôle de la commune a le droit d'exercer, tant en demandant qu'en défendant, à ses frais et risques, avec l'autorisation du conseil de préfecture, les actions qu'il croit appartenir à la commune. | Cette disposition doit être modifiée pour tenir compte de la suppression des conseils de préfecture. Le contribuable qui se substitue à une commune le faisant à ses risques et périls, il semble qu'il convient de lui laisser une plus grande liberté d'action que ne le permet la législation actuelle. |
| *Art. 124.* — Aucune action judiciaire autre que les actions possessoires ne peut, à peine de nullité, être intentée contre une commune qu'autant que le demandeur a préalablement adressé au préfet ou au sous-préfet un mémoire exposant l'objet et les motifs de sa réclamation. Il lui en est donné récépissé. L'action ne peut être portée devant les tribunaux qu'un mois après la date du récépissé, sans préjudice des actes conservatoires. La présentation du mémoire interrompt toute prescription ou déchéance si elle est suivie d'une demande en justice dans le délai de trois mois. | Il y a lieu de tenir compte de la suppression des sous-préfets dans la rédaction de cet article. De plus, il ne serait pas sans intérêt que le conseil municipal fût éclairé sur la valeur juridique des griefs faisant l'objet du mémoire au moment où le mémoire lui est soumis, sans préjuger bien entendu de la décision pouvant être rendue par les tribunaux. |
| *Art. 125.* — Le préfet ou le sous-préfet adresse immédiatement le mémoire au maire avec invitation de convoquer le conseil municipal dans le plus bref délai pour en délibérer. | Disposition à supprimer, la formalité qu'elle prévoit ayant été prescrite par les propositions concernant l'article précédent. |
| *Art. 133.* — 13° Du produit de la taxe de balayage dans les communes de France et d'Algérie, où elle sera établie sur leur demande, conformément aux dispositions de la loi du 26 mars 1873, en vertu d'un décret rendu dans la forme des règlements d'administration publique. | Dans un but de décentralisation on pourrait, semble-t-il, donner au préfet un pouvoir de décision en la matière après consultation du Conseil départemental des affaires communales. |

*Art. 120.* — Les délibérations par lesquelles les commissions administratives chargées de la gestion des établissements publics communaux changeraient en totalité ou en partie l'affectation des locaux ou objets immobiliers ou mobiliers appartenant à ces établissements, dans l'intérêt d'un service public ou privé quelconque ou mettraient à la disposition soit d'un autre établissement public ou privé, soit d'un particulier, lesdits locaux et objets, ne sont exécutoires qu'après avis du conseil municipal et en vertu d'un arrêté préfectoral motivé sur avis du Conseil départemental des affaires communales.

*Art. 123.* — Tout contribuable inscrit aux rôles de la commune a le droit d'exercer, tant en demandant qu'en défendant, à ses frais et risques, un mois après avoir porté son intention à la connaissance du Conseil départemental des affaires communales, les actions qu'il croit appartenir à la commune ou à la section et que celle-ci, préalablement appelée à en délibérer, a refusé ou négligé d'exercer.
Au cas où il obtiendrait satisfaction, les honoraires d'avocat, s'il y a lieu, devraient lui être remboursés par la commune.

*Art. 124.* — Aucune action judiciaire autre que les actions possessoires ne peut, à peine de nullité, être intentée contre une commune qu'autant que le demandeur a préalablement adressé au préfet un mémoire exposant l'objet de sa réclamation. Il lui en est donné récépissé. Le préfet soumet ce mémoire au Conseil départemental des affaires communales et l'adresse ensuite, avec l'avis de cette assemblée, au conseil municipal pour qu'il en délibère dans le plus bref délai.
L'action ne peut être portée devant les tribunaux que deux mois après la date du récépissé sans préjudice des actes conservatoires.
La présentation du mémoire interrompt toute prescription ou déchéance, si elle est suivie d'une demande en justice dans le délai de trois mois.

*Art. 125.* — A supprimer.

*Art. 133.* — 13° Du produit de la taxe de balayage dans les communes de France et d'Algérie, où elle sera établie sur leur demande, conformément aux dispositions de la loi du 26 mars 1873, par arrêté motivé du préfet après avis du Conseil départemental des affaires communales.

| TEXTE ACTUEL | MOTIFS DE LA MODIFICATION |
|---|---|
| *Art. 136.* — Les recettes du budget ordinaire se composent : 1° des revenus, etc... | Les modifications apportées aux articles 102 et 103 font ressortir la nécessité d'insérer un additif à cet article pour les dépenses de police. |
| *Art. 137.* — L'établissement des taxes d'octroi votées par les conseils municipaux, ainsi que les règlements relatifs à leur perception autorisés par des décrets du Président de la République rendus en Conseil d'État après avis du conseil général ou de la Commission départementale dans l'intervalle des sessions. Il en sera de même, etc... | Dans un but de décentralisation, il y aurait lieu, au moins pour l'établissement des taxes ordinaires, de donner au préfet un pouvoir de décision sur la proposition du directeur des Contributions indirectes et après avis du Conseil départemental des Services financiers et du Conseil départemental des affaires communales. |
| *Art. 137-§ 8.* — Doivent être pareillement approuvées par décret du Président de la République rendu en Conseil d'État, après avis du conseil général ou de la Commission départementale dans l'intervalle des sessions. | Paragraphe à supprimer pour tenir compte de la modification proposée. |
| *Art. 138.* — Sont exécutoires sur l'approbation du préfet conformément aux dispositions de l'article 69 de la présente loi, mais toutefois après avis du conseil général ou de la Commission départementale dans l'intervalle des sessions, les délibérations prises par les conseils municipaux concernant la suppression ou la diminution des taxes d'octroi. | Les délibérations portant sur la suppression ou la diminution des taxes pourraient, semble-t-il, être approuvées par le Préfet, sans qu'il soit besoin de consulter soit l'assemblée départementale, soit les conseils dont nous préconisons l'institution. |
| *Art. 145.* — Le budget de chaque commune est proposé par le maire, voté par le conseil municipal, etc... | Nous proposons de donner au préfet le pouvoir d'approuver tous les budgets communaux sans exception. L'intervention de l'autorité supérieure ne paraît pas indispensable pour l'approbation des budgets des grandes villes. |
| *Art. 148.* — Le décret du Président de la République ou l'arrêté du préfet qui règle le budget d'une commune peut rejeter ou réduire les dépenses qui y sont portées sauf dans les cas prévus par le paragraphe 2 de l'article 145 et par le paragraphe 2 de l'article 147 ; mais il ne peut en introduire de nouvelles qu'autant qu'elles sont obligatoires. | Disposition à modifier pour tenir compte de nos propositions concernant l'article précédent. |
| *Art. 149.* — Si un conseil municipal n'allouait pas les fonds exigés par une dépense obligatoire, ou n'allouait qu'une somme insuffisante, l'allocation serait inscrite au budget par décret du Président de la République, pour les communes dont le revenu est de 3 millions et au-dessus, et par arrêté du préfet en conseil de préfecture pour celles dont le revenu est inférieur. Avant inscription d'office, etc... | A notre avis, l'inscription d'office doit pouvoir être effectuée par le préfet dans tous les cas, après avis du Conseil départemental des affaires communales. |

*Art. 136.* — 21° Les dépenses de police dans les conditions déterminées par les articles 102 et 108 de la présente loi.

*Art. 137.* — L'établissement des taxes d'octroi votées par les conseils municipaux, ainsi que les règlements relatifs à leur perception, sont approuvés par arrêté préfectoral motivé après avis du Conseil financier et du Conseil départemental des affaires communales.
Il en sera de même de toute délibération portant augmentation ou prorogation de taxes pour une période de plus de cinq ans, ainsi que des délibérations concernant :
1° Les modifications aux règlements ou aux périmètres;
2° (Sans changement jusqu'au 8° paragraphe à supprimer).

*Art. 138.* — Sont exécutoires, sur l'approbation du préfet, conformément aux dispositions de l'article 69 de la loi, les délibérations prises par les conseils municipaux concernant la suppression ou la diminution des taxes d'octroi.

*Art. 145.* — Le budget de chaque commune est proposé par le maire, voté par le conseil municipal et réglé par le préfet.
Lorsqu'il pourvoit à toutes les dépenses obligatoires et qu'il n'applique aucune recette extraordinaire aux dépenses soit obligatoires, soit facultatives ordinaires ou extraordinaires, les allocations portées audit budget pour les dépenses facultatives ne peuvent être modifiées par l'autorité préfectorale.

*Art. 148.* — L'arrêté du préfet qui règle le budget d'une commune peut rejeter ou réduire les dépenses qui y sont portées, sauf dans les cas prévus par le paragraphe 2 de l'article 145 et par le paragraphe 2 de l'article 147, mais il ne peut en introduire de nouvelles qu'autant qu'elles sont obligatoires.

*Art. 149.* — Si un conseil municipal n'allouait pas les fonds exigés pour une dépense obligatoire ou n'allouait qu'une somme insuffisante, l'allocation serait inscrite au budget par arrêté motivé du préfet, après avis du Conseil départemental des affaires communales.
Aucune inscription d'office ne peut être opérée (Voir dernier paragraphe).

| TEXTE ACTUEL | MOTIFS DE LA MODIFICATION |
| --- | --- |
| *Art. 150.* — Dans le cas où, pour une cause quelconque, le budget d'une commune n'aurait pas été définitivement réglé avant le commencement de l'exercice, les recettes et les dépenses ordinaires continuent, jusqu'à l'approbation de ce budget, à être faites conformément à celui de l'année précédente. Dans le cas où il n'y aurait eu aucun budget antérieurement voté, le budget serait établi par le préfet en conseil de préfecture. | La dernière phrase de cet article est à modifier pour tenir compte de la suppression des Conseils de préfecture. |
| *Art. 152.* — Le maire peut, seul, délivrer des mandats.<br>S'il refusait, etc... | A modifier pour les mêmes raisons que dessus. |
| *Art. 154.* — Toutes les recettes municipales pour lesquelles les lois et règlements n'ont pas prescrit un mode spécial de recouvrement, s'effectuent sur les états dressés par le maire. Ces états sont exécutoires après qu'ils ont été visés par le préfet ou le sous-préfet. Les oppositions, lorsque la matière est de la compétence des tribunaux ordinaires, sont jugées comme affaires sommaires et la commune peut y défendre sans autorisation du conseil de préfecture. | On ne s'explique pas que cet article fasse encore allusion à l'autorisation du conseil de préfecture pour ester en justice, la loi du 8 janvier 1905 ayant supprimé cette autorisation. Il y a d'ailleurs lieu de modifier la rédaction dudit article pour tenir compte de la suppression proposée des sous-préfets et des conseils de préfecture. |
| *Art. 156,* § 4. — Il est nommé par le préfet dans les communes dont le revenu ne dépasse pas 500.000 francs et par le Président de la République sur la proposition du ministre des Finances dans les communes dont le revenu est supérieur. | Dans un but de décentralisation, il y aurait lieu de laisser le pouvoir de nomination au préfet dans tous les cas. |
| *Art. 157.* — Les comptes du receveur municipal sont apurés par le conseil de préfecture, sauf recours à la Cour des Comptes, etc... | Rédaction à modifier pour tenir compte de la suppression des conseils de préfecture. |
| *Art. 159.* — Les comptables qui n'ont pas présenté leurs comptes dans les délais prescrits par les règlements peuvent être condamnés par l'autorité chargée de juger lesdits comptes à une amende de 10 francs à 100 francs par chaque mois de retard pour les receveurs et trésoriers justiciables des conseils de préfecture, etc... | A modifier en raison de la suppression des conseils de préfecture. |

*Art. 150.* — Dans le cas où, pour une cause quelconque, le budget d'une commune n'aurait pas été définitivement réglé avant le commencement de l'exercice, les recettes et les dépenses ordinaires continuent, jusqu'à l'approbation de ce budget, à être faites conformément à celui de l'année précédente.

Dans le cas où il n'y aurait eu aucun budget antérieurement voté, le budget serait établi par le préfet après avis du Conseil départemental des affaires communales.

*Art. 152, § 2.* — S'il refusait d'ordonnancer une dépense régulièrement autorisée et liquide, il serait prononcé par le préfet par arrêté motivé.

*Art. 154.* — Toutes les recettes municipales pour lesquelles les lois et règlements n'ont pas prescrit un mode spécial de recouvrement, s'effectuent sur les états dressés par le maire. Ces états sont exécutoires après qu'ils ont été visés par le préfet.

Les oppositions sont jugées comme affaires sommaires.

*Art. 156, § 4.* — Il est nommé par le préfet.

*Art. 157.* — Les comptes du receveur municipal sont apurés par le Conseil départemental des services financiers sur la proposition du directeur des Contributions directes auquel ces comptes seront transmis par les soins du préfet, sauf recours à la Cour des Comptes pour les communes dont les ressources ordinaires dans les trois dernières années n'excèdent pas 60.000 francs.

Ils sont apurés et définitivement réglés par la Cour des Comptes pour les communes dont le revenu est supérieur.

Ces distinctions sont applicables aux comptes des trésoriers des hôpitaux et autres établissements de bienfaisance.

*Art. 159.* — Les comptables qui n'ont pas présenté leurs comptes dans les délais prescrits par les règlements peuvent être condamnés par l'autorité chargée de juger lesdits comptes à une amende de 10 à 100 francs par chaque mois de retard pour les receveurs et trésoriers justiciables du Conseil départemental des services financiers et de 50 à 500 francs... (le reste sans changement).

| TEXTE ACTUEL | MOTIFS DE LA MODIFICATION |
|---|---|
| *Art. 161.* — Lorsque plusieurs communes possèdent des biens indivis, un décret du Président de la République instituera, si l'une d'elles le réclame, une Commission spéciale composée de délégués des conseils municipaux des communes intéressées.<br>Chacun des conseils élira dans son sein, au scrutin secret, le nombre de délégués qui aura été déterminé par le décret du Président de la République.<br>La Commission syndicale sera présidée par un syndic élu par les délégués et pris parmi eux, etc... | Il conviendrait, à notre sens, de donner au préfet le pouvoir de décision actuellement détenu par l'autorité supérieure. |
| *Art. 163.* — En cas de désaccord entre les conseils municipaux, le préfet prononcera, sur l'avis du conseil général ou, dans l'intervalle des sessions, de la Commission départementale, si les.... etc... | On pourrait, semble-t-il, dans un but de simplification, s'abstenir de soumettre le différend à l'appréciation du conseil général. |
| *Art. 164,* §§ 2 et 3. — Par dérogation aux articles, etc...<br>§§ 5 et 6. — | Ces paragraphes doivent être supprimés pour tenir compte de nos propositions aussi bien que dans un but de décentralisation. |
| *Art. 173,* § 7. — Le préfet ou le sous-préfet ont entrée dans ce Comité. Ils sont toujours entendus quand ils le demandent. Ils peuvent se faire représenter par un délégué. | A modifier pour tenir compte de la suppression des sous-préfets. |

TEXTE PROPOSÉ

*Art. 161.* — Lorsque plusieurs communes possèdent des biens indivis, un arrêté préfectoral motivé instituera, si l'une d'elles le réclame, une Commission syndicale composée de délégués des conseils municipaux des communes intéressées.

Chacun des conseils élira dans son sein, au scrutin secret, le nombre de délégués qui aura été déterminé par l'arrêté d'institution.

La Commission... (le reste sans changement).

*Art. 163, § 3.* — En cas de désaccord entre les conseils municipaux, le préfet prononcera, sur avis du Conseil départemental des affaires communales.

Si les conseils... (le reste sans changement).

*Art. 173, § 7.* — Le préfet a entrée dans le Comité. Il est toujours entendu quand il le demande. Il peut se faire représenter par un délégué.

# CHAPITRE II

## LA PLUS GRANDE COMMUNE

———

Il est manifeste que si le cadre départemental peut être trop étroit pour la poursuite de certains grands projets qui appellent l'association de plusieurs d'entre eux et s'il convient, comme il est dans notre pensée, d'encourager ces formations, variables selon la nature du but poursuivi, cette nécessité apparaît plus encore dans le cadre communal.

Nous ne croyons pas plus pour les communes que nous ne le pensons pour les départements, qu'il convienne d'imposer à celles-là certaines agrégations déterminées et immuables, soit en réunissant des communes, soit en leur superposant une nouvelle circonscription, tel le canton : nous avons déjà écarté cette solution.

Aussi bien, non seulement dans la pratique et sauf dans la périphérie des grandes villes, ne fusionne-t-on pas les communes entre elles, mais la tendance s'est-elle affirmée depuis de nombreuses années d'ériger en communes certains hameaux, soit en raison de leur développement, soit que leur situation excentrique et les difficultés de leur administration par le chef-lieu aient conduit à les en distraire.

Mais les communes peuvent trouver dans les syndicats qu'elles sont autorisées à former depuis la loi de 1890, l'organisme leur permettant de mener à bonne fin, en commun, les entreprises édilitaires qu'il peut être de leur intérêt de ne pas poursuivre en ordre dispersé.

M. Joseph Barthelémy (1), à l'érudition duquel nous faisons appel encore une fois, parle dans les termes ci-après de ce qu'il appelle « l'extension des communes ».

———

(1) J. BARTHELÉMY, *Revue du Droit public et de la Science politique en France et à l'étranger*. Tome XXVI, n° 1.

« Par l'expression extension géographique, dit-il, nous faisons allusion à la reconnaissance, par la loi du 22 mars 1890, d'intérêts intercommunaux de la compétence des syndicats de communes. Depuis le milieu du xviii<sup>e</sup> siècle, les publicistes et les législateurs se sont préoccupés à de multiples reprises du problème des petites communes. Un grand nombre d'entre elles sont réduites à l'impuissance par suite de l'insuffisance de leurs ressources; il leur est souvent impossible, par exemple, malgré le vœu de la loi, d'entretenir, à elles seules, un bureau de bienfaisance. Nous ne parlons que de l'insuffisance des ressources et non de celle des hommes. A cette situation on avait prétendu remédier par l'organisation effective du canton : la Constitution de l'an III fit, dans ce sens, une tentative malheureuse, que la Législative de 1848 aurait peut-être renouvelée si le 2 Décembre n'était pas venu mettre brusquement fin à ses travaux. Au problème des petites communes, la loi de 1884 n'essaya pas d'apporter un remède aussi absolu; elle introduisit un simple palliatif : les conseils municipaux étaient autorisés à créer des ententes sur des objets d'utilité communale; ces ententes étaient réalisées par des conférences composées de délégués des conseils municipaux qui se bornaient à préparer des projets de délibération qui devaient être ratifiés par chacun des conseils municipaux intéressés. Cette organisation ne tarda pas à se révéler insuffisante; elle ne donnait pas aux communes assez de sécurité pour leur permettre d'instituer des services communs dont le bon fonctionnement aurait exigé une organisation indépendante et stable. La loi du 22 mars 1890 s'est proposé de remédier à cette insuffisance : elle prétend subvenir à la faiblesse et à l'étroitesse des communes; mais inspirée par le respect traditionnel de leur individualité, elle évite de créer de nouvelles circonscriptions administratives permanentes. Elle donne au Gouvernement, sur l'initiative des conseils municipaux, le droit de créer des syndicats de communes, investis de la personnalité civile, gérés par un comité dont les actes sont assimilés à ceux d'un véritable conseil municipal et capables de diriger la gestion d'un service intercommunal quelconque. Est-ce à cause de l'instabilité de ces organismes qui peuvent être détruits par un décret simple, sur l'initiative des communes intéressées, ou d'of-

fice par un décret en Conseil d'État? Est-ce par suite d'une exagération de l'égoïsme local, peu conscient de ses véritables intérêts? C'est difficile à déterminer. Quoi qu'il en soit, les communes
hésitent à recourir à cette forme d'action; les particuliers ne
songent pas à l'encourager par des libéralités; ils sont loin de
remplir le rôle en vue duquel ils ont été constitués.

« La création des syndicats de communes peut donc être considérée comme un progrès décentralisateur intéressant au point
de vue théorique; mais il ne semble pas qu'elle ait répondu aux
espérances du législateur. »

Ces craintes étaient exprimées en 1909. Il semble qu'après
un long sommeil qui les justifie, la loi de 1890 commence à recevoir de nombreuses applications et notamment en matière de
distribution d'énergie électrique.

Nous pensons que c'est là un premier pas. La modification
qui est d'ailleurs intervenue à cette loi et qui habilite le préfet
à autoriser la constitution de ces syndicats, alors qu'un décret
devait intervenir, semble devoir permettre d'accélérer la formation de ces nouvelles entités administratives temporaires.

Nous pourrions donner d'autres exemples de beaucoup plus
vastes entreprises qui sont actuellement poursuivies dont l'une
groupe 27 communes (1). Nous sommes convaincu que, mieux
connue et mieux appréciée, et au bénéfice de l'expérience qui
en aura été faite sur quelques points du pays, la loi de 1890
recevra une application de plus en plus étendue dont on peut
attendre les plus heureux effets.

*Avril 1924.*

---

(1) Syndicat pour l'aménagement, l'extension et la mise en valeur de la Côte
d'Azur varoise. Voir communication au Congrès international d'urbanisme de
Strasbourg (1923). Cf. « Où en est l'urbanisme en France et à l'étranger? » Léon
Eyrolles, éditeur, Paris.

## DERNIERS PROPOS

Nous avions entrepris et rédigé ce travail, terminé depuis plus d'un an, hors toute pensée de le livrer à l'impression.

Car si de consigner sur le papier les résultats de nos spéculations n'est qu'une inoffensive distraction, il est plus grave de nourrir la prétention de les « montrer aux gens ». Oronte, pour avoir osé cela, reçut une dure leçon. Et encore si de pareil sévère jugement nous étions menacé, nous voudrions bien qu'il fût aussi injuste que celui du terrible contempteur sur le fameux sonnet, fort convenable « quoi qu'on die »!

Mais il se trouve toujours auprès des détenteurs de manuscrits de dangereuses conseillères auxquelles la maligne providence a confié la mission de remporter sur les scrupules de publication de ceux-là une victoire souvent facile! Nous avons, nous aussi, hélas, entendu semblables voix, qui nous assurèrent de l'intérêt que pouvait présenter notre prospection dans les champs administratifs pour nombre de ceux qui se penchent sur les grands problèmes de l'heure présente... Dans quelle mesure cette appréciation a-t-elle été influencée par leur amitié? nous ne l'avons peut-être pas suffisamment approfondi... Peut-on sainement réfléchir quand susurrent les sirènes?

Toujours est-il qu'un obligeant éditeur s'étant rencontré dans la même opinion nous nous sommes décidé à présenter notre étude au public.

Puissent ses lecteurs convenir, à tout le moins, que si, en matière d'art, la bonne volonté n'est rien, elle peut légitimer au contraire tous les efforts que le seul souci du bien public inspire : qu'on nous pardonne, — pour ce qu'elle peut comporter de fatuité, — de nous prévaloir de cette excuse!

*Août 1925.*

IMPRIMERIE BERGER-LEVRAULT, NANCY-PARIS-STRASBOURG — 1926

9 782329 206073